教育部人文社会科学基金青年项目（21YJC630083）
国家社会科学基金一般项目（23BGL150）
陕西省普通高校哲学社会科学特色学科建设项目

数智化背景下的
品牌营销前沿研究

刘伟 等著

Frontiers on Branding
in the Digital and AI Era

·北京·

图书在版编目（CIP）数据

数智化背景下的品牌营销前沿研究／刘伟等著．--
北京：中国经济出版社，2024.5
ISBN 978-7-5136-7776-9

Ⅰ.①数… Ⅱ.①刘… Ⅲ.①数字技术-应用-品牌营销 Ⅳ.①F713.3-39

中国国家版本馆CIP数据核字（2024）第103320号

责任编辑	贺　静
责任印制	李　伟
封面设计	任燕飞工作室

出版发行	中国经济出版社
印 刷 者	河北宝昌佳彩印刷有限公司
经 销 者	各地新华书店
开　　本	710mm×1000mm　1/16
印　　张	17
字　　数	244千字
版　　次	2024年5月第1版
印　　次	2024年5月第1次
定　　价	69.00元

广告经营许可证　京西工商广字第8179号

中国经济出版社　网址 http://epc.sinopec.com/epc/　社址 北京市东城区安定门外大街58号　邮编 100011
本版图书如存在印装质量问题，请与本社销售中心联系调换（联系电话：010-57512564）

版权所有　盗版必究（举报电话：010-57512600）
国家版权局反盗版举报中心（举报电话：12390）　　服务热线：010-57512564

前 言
PREFACE

近十年来,新兴技术对市场营销和品牌管理产生了深远影响。以人工智能、自动化、大数据、移动互联网、虚拟现实、云计算等为代表的新兴技术重构或颠覆了以往传统的品牌营销方式,驱动企业不断探索和实施数智化转型升级战略。同时,随着居民消费水平和审美水平的持续提高,消费结构不断优化升级,企业所面对的市场也发生了巨大变化。当今,具有新奇性、趣味性、实用性、互动性的数字化内容越来越受到年轻消费者的欢迎,这使得品牌营销者更多采用短视频等新兴媒体开展营销传播;基于用户行为数据的个性化推送使用户产生被了解的感觉,从而加强了与相关品牌的认同感和联结感;随着"国潮风"的兴起,品牌需要更多地从本土文化元素中吸取设计灵感,才能激发消费者的文化认同和更高的购买兴趣。品牌营销者必须了解和掌握新的品牌营销方式,才能提升自身在数智化时代的竞争力。

本书是笔者近年来带领研究生团队在"数智化营销和品牌管理"这一研究方向上所取得的最新成果,主要关注了在线内容与病毒式营销、在线零售 App 的价值维度、短视频内容的价值维度、员工的短视频内容营销主题、基于 AI 的个性化推荐、App 智能推荐体验、品牌国潮化设计以及中国城市品牌口号等八个问题。本书的相关研究内容从各自不同的理论视角出发,采用多样化的研究方法,试图探讨数智化时代背景下的品牌营销前沿问题,对相关研究领域具有一定的理论贡献,也为企业在数智化时代开展营销提供了一些建议和启示。

本书共分为 8 章,各章所讨论的话题如下:

第 1 章以在线内容的病毒式分享机制为主题,从内容特征、心理动机、情绪反应、情境因素以及个体特征五个方面系统梳理了在线内容的病毒式分享机制相关研究，可以为品牌和自媒体有效提高在线内容的分享转发率提供理论指导。

第2章以在线零售App的价值维度及其影响为主题，通过访谈、问卷调查等方法，研究了在线零售App的信息性、娱乐性、社交性和感官吸引力四个维度与在线品牌契合、消费者持续使用意愿的关系。

第3章以短视频内容的价值维度及其影响为主题，基于积极情绪的理论视角，探究了短视频内容的功能、娱乐、体验和互动四个价值维度及其对消费者社交媒体融入行为的影响。

第4章以员工的短视频内容营销及其影响为主题，基于扎根理论、说服理论和刺激—有机体—反应理论，揭示了员工的短视频内容营销主题及其对消费者积极反应的作用机制。

第5章以基于AI的个性化推荐及其消费者反应为主题，探讨了基于AI的个性化推荐的内涵及其在顾客旅程中的作用，并综述了基于AI个性化推荐的消费者反应研究。

第6章以App智能推荐体验的量表开发为主题，通过三个研究对App智能推荐体验进行了概念界定、维度划分、量表开发和效度检验，以期从消费者体验角度对App智能推荐进行整体评估和测量，进一步深化智能推荐领域的消费者行为研究。

第7章是以品牌国潮化设计的维度及其影响为主题，基于扎根理论和S-O-R理论，引入文化认同、积极情绪、自我表达三个中介变量和产品类型、品牌来源国两个调节变量，构建了品牌国潮化设计维度对消费者购买意愿的影响机制模型。

第8章以中国城市品牌口号的内容研究为主题，通过内容分析考察了中国296个旅游目的地的口号特征，为创造更有效的城市品牌口号提出相关建议。

在本书中，笔者负责全程指导各专题的选题、文献综述、数据收集、数据分析、写作和最终文字审定工作，本人撰写字数约18万字。同时，相关研究也离不开一些同学的积极参与和贡献，在此一并表示感谢：刘昱彤参与并撰写了第1章的部分研究内容；韩倩玉参与并撰写了第2章的部分研究内容；陈夕参与并撰写了第3章的部分研究内容；吴香梦参与并撰写了第4章的部分研究内容；李妍静参与了第5章和第6章的研究工作；

董悦参与并撰写了第 7 章的部分研究内容（字数约 10287 字）；卢萌参与并撰写了第 8 章的部分研究内容（字数约 10375 字），并对全书进行了初步编辑。最后，感谢中国经济出版社的编辑对全文的编辑和校对工作。由于水平所限，本书相关研究内容如有不足之处，敬请谅解。

刘　伟

西北大学经济管理学院

2023 年 9 月 21 日

目 录
CONTENTS

1 在线内容的病毒式分享机制研究 ……………………………… 001
- 1.1 引言 ………………………………………………………… 001
- 1.2 引发病毒式分享的内容特征 ……………………………… 002
  - 1.2.1 新奇性 ………………………………………………… 003
  - 1.2.2 趣味性 ………………………………………………… 003
  - 1.2.3 实用性 ………………………………………………… 004
- 1.3 引发病毒式分享的心理动机 ……………………………… 006
  - 1.3.1 自我强化 ……………………………………………… 006
  - 1.3.2 社会联结 ……………………………………………… 007
  - 1.3.3 利他 …………………………………………………… 008
- 1.4 引发病毒式分享的情绪反应 ……………………………… 009
  - 1.4.1 积极情绪反应 ………………………………………… 010
  - 1.4.2 消极情绪反应 ………………………………………… 010
- 1.5 引发病毒式分享的情境因素 ……………………………… 011
  - 1.5.1 社会关系强度 ………………………………………… 011
  - 1.5.2 消费者品牌关系强度 ………………………………… 013
  - 1.5.3 其他情境因素 ………………………………………… 014
- 1.6 个体特征 …………………………………………………… 015
- 1.7 总结与讨论 ………………………………………………… 016
  - 1.7.1 对病毒式营销策略的启示 …………………………… 016
  - 1.7.2 对未来研究的展望 …………………………………… 017
- 参考文献 ………………………………………………………… 019

2 在线零售 App 的价值维度及其影响研究 ················· 023

2.1 引言 ··· 023
2.2 文献综述 ··· 025
2.2.1 在线零售 App 价值维度的相关文献综述 ········· 025
2.2.2 在线品牌契合的相关文献综述 ····················· 028
2.2.3 持续使用意愿的相关文献综述 ····················· 031
2.3 理论模型与研究假设 ····································· 033
2.3.1 理论模型构建 ·· 033
2.3.2 研究假设 ··· 034
2.4 在线零售 App 价值维度的探索性研究 ················ 039
2.4.1 访谈对象 ··· 039
2.4.2 访谈结果分析 ·· 041
2.4.3 访谈结果汇总 ·· 043
2.5 在线零售 App 价值维度与在线品牌契合、持续使用意愿的关系研究 ·· 044
2.5.1 研究设计 ··· 044
2.5.2 样本特征与信度分析 ································ 046
2.5.3 探索性因子分析 ····································· 047
2.5.4 验证性因子分析 ····································· 048
2.5.5 共同方法偏差 ·· 051
2.5.6 假设检验 ··· 052
2.6 结论与讨论 ··· 054
2.6.1 研究结论与理论贡献 ································ 054
2.6.2 营销启示 ··· 055
2.6.3 研究局限与展望 ····································· 056
参考文献 ·· 057

3 短视频内容的价值维度及其影响研究 ····················· 069

3.1 引言 ··· 069
3.2 文献综述 ··· 071
3.2.1 短视频 ·· 071
3.2.2 社交媒体融入 ·· 073

目 录

  3.2.3 积极情绪 ·············· 075
  3.2.4 积极情绪与社交媒体融入相关研究 ·············· 076
 3.3 理论模型与研究假设 ·············· 078
  3.3.1 短视频内容功能价值对消费者社交媒体融入的影响 ·············· 078
  3.3.2 短视频内容娱乐价值对消费者社交媒体融入的影响 ·············· 079
  3.3.3 短视频内容体验价值对消费者社交媒体融入的影响 ·············· 079
  3.3.4 短视频内容互动价值对消费者社交媒体融入的影响 ·············· 080
  3.3.5 积极情绪中介作用的相关假设 ·············· 080
 3.4 关于短视频内容价值维度的探索性研究 ·············· 081
  3.4.1 访谈对象 ·············· 081
  3.4.2 编码可视化 ·············· 082
  3.4.3 情感分析 ·············· 086
  3.4.4 访谈结果总结 ·············· 087
 3.5 短视频内容的价值维度对社交媒体融入的影响研究 ·············· 088
  3.5.1 研究设计 ·············· 088
  3.5.2 描述性统计分析 ·············· 089
  3.5.3 信度、效度分析 ·············· 091
  3.5.4 验证性因子分析 ·············· 092
  3.5.5 共同方法偏差 ·············· 095
  3.5.6 假设检验 ·············· 095
 3.6 结论与展望 ·············· 100
  3.6.1 研究结论与理论贡献 ·············· 100
  3.6.2 营销启示 ·············· 100
  3.6.3 研究不足与未来展望 ·············· 102
 参考文献 ·············· 102

4 员工的短视频内容营销及其影响研究 ·············· 110

 4.1 引言 ·············· 110
 4.2 文献综述 ·············· 111
  4.2.1 关于"人"的品牌 ·············· 111
  4.2.2 员工品牌化 ·············· 112
  4.2.3 内容营销和品牌态度 ·············· 114
  4.2.4 员工社交媒体行为 ·············· 114

4.2.5 社交媒体融入 ·· 115
4.3 研究一：基于扎根理论的质性研究 ································ 117
4.3.1 研究方法与案例选择 ·· 117
4.3.2 概念模型设计 ··· 119
4.3.3 结果分析 ··· 124
4.4 研究二：基于问卷调查法的实证研究 ····························· 129
4.4.1 研究假设 ··· 129
4.4.2 研究设计 ··· 131
4.4.3 数据分析 ··· 133
4.4.4 假设检验 ··· 138
4.5 结论与展望 ·· 142
4.5.1 研究结论与理论贡献 ·· 142
4.5.2 实践启示 ··· 144
4.5.3 不足与未来研究展望 ·· 145
参考文献 ·· 146

5 基于AI的个性化推荐及其消费者反应研究 ···························· 155

5.1 引言 ·· 155
5.2 基于AI的个性化推荐 ·· 156
5.2.1 AI个性化推荐的定义 ·· 156
5.2.2 个性化推荐的算法和技术 ···································· 158
5.3 基于AI的个性化推荐与消费者旅程 ································ 160
5.3.1 决策阶段 ··· 161
5.3.2 购买阶段 ··· 162
5.3.3 评估阶段 ··· 162
5.4 基于AI的个性化推荐与消费者反应 ································ 162
5.4.1 积极反应 ··· 163
5.4.2 消极反应 ··· 166
5.5 结论 ·· 167
5.5.1 实践启示 ··· 167
5.5.2 未来研究展望 ·· 168
参考文献 ·· 169

6 App 智能推荐体验的量表开发研究 ·········· 176

6.1 引言 ·········· 176
6.2 文献综述 ·········· 178
6.2.1 基于人工智能算法的智能推荐 ·········· 178
6.2.2 智能推荐的特征及其消费者反应研究 ·········· 179
6.3 研究一：App 智能推荐体验的概念化与维度构建 ·········· 180
6.3.1 理论抽样 ·········· 180
6.3.2 数据收集 ·········· 182
6.3.3 数据编码 ·········· 183
6.3.4 理论饱和度检验 ·········· 186
6.4 研究二 a：App 智能推荐体验的初始量表开发 ·········· 186
6.4.1 初始量表生成 ·········· 186
6.4.2 探索性因子分析 ·········· 187
6.5 研究二 b：App 智能推荐体验量表的验证性因子分析 ·········· 189
6.6 研究三：App 智能推荐体验量表的网络法则效度 ·········· 191
6.6.1 研究假设 ·········· 191
6.6.2 研究设计与样本特征 ·········· 194
6.6.3 数据分析与研究结果 ·········· 195
6.7 结论与讨论 ·········· 199
6.7.1 研究结论与理论贡献 ·········· 199
6.7.2 实践启示 ·········· 200
6.7.3 研究局限与展望 ·········· 201
参考文献 ·········· 202

7 品牌国潮化设计的维度及其影响研究 ·········· 208

7.1 引言 ·········· 208
7.2 文献回顾 ·········· 210
7.2.1 国潮概念的内涵 ·········· 210
7.2.2 中国元素与购买意愿 ·········· 210
7.2.3 审美体验与购买意愿 ·········· 211
7.3 研究一：关于品牌国潮化设计的扎根理论 ·········· 212
7.3.1 访谈设计 ·········· 212

7.3.2 开放式编码 ·· 214
7.3.3 结果分析 ·· 216
7.4 研究二：品牌国潮化设计维度对消费者购买意愿的影响机制研究 ······ 220
7.4.1 理论模型与研究假设 ·· 220
7.4.2 研究设计与样本特征 ·· 223
7.4.3 数据分析与研究结果 ·· 224
7.5 结论与讨论 ··· 228
7.5.1 研究结果与理论贡献 ·· 228
7.5.2 实践启示 ·· 229
7.5.3 研究局限与展望 ·· 229
参考文献 ·· 230

8 中国城市品牌口号的内容研究 ·································· 237

8.1 引言 ·· 237
8.2 城市口号文献综述 ·· 239
8.2.1 城市品牌与城市口号 ·· 239
8.2.2 品牌口号的特点 ·· 239
8.2.3 城市口号的作用 ·· 240
8.3 研究设计与过程 ·· 242
8.3.1 样本来源 ·· 242
8.3.2 研究方案 ·· 243
8.3.3 研究过程 ·· 244
8.4 统计结果 ·· 245
8.4.1 城市口号的结构 ·· 245
8.4.2 城市口号的内容倾向 ·· 247
8.4.3 城市口号体现的地理环境 ···································· 248
8.4.4 城市口号的焦点 ·· 248
8.4.5 城市口号的语义场 ·· 250
8.5 研究结论与建议 ·· 250
8.5.1 研究结论 ·· 250
8.5.2 建议 ·· 251
8.6 研究局限与展望 ·· 253
参考文献 ·· 254

1

在线内容的病毒式分享机制研究

摘　要　通过社交网络发布优质在线内容以引发消费者的主动分享从而使该内容像病毒一样传播开来的营销方式被称为病毒式营销。在线内容的病毒式分享机制主要包括内容特征、心理动机、情绪反应、情境因素以及个体特征五个方面，可以为品牌和自媒体有效提高在线内容的分享转发率提供系统的理论指导。未来研究需要进一步探索某些具体情绪的作用机制，识别出更多本土背景下的情境因素，关注病毒式营销的效果评估和心理行为后果，并采用更加多样化的研究方法。

关键词　在线内容；病毒式营销；分享意愿；转发

1.1　引言

近年来，刷屏级的营销传播现象越来越多。一些品牌可以在一夜之间就成为人人皆知的"网红"。比如，华为 MateX 折叠屏手机的新品发布新闻、999 感冒灵发布的暖心广告《有人偷偷爱着你》、网易推出的互动网页游戏《测测你的哲学气质》等优质内容在社交网络上都引发了"10 万+"的分享转发量。不同于传统的大众传播方式，这种通过在社交网络上发布优质在线内容（包括文章、图片、视频、网页互动游戏和广告等）来引发消费者主动分享从而使该内容像病毒一样传播开来的营销方式被学者们形象地称为病毒式营销（Viral Marketing，Petrescu，and Korgaonkar，2011）。它是在社交网络这一新的媒体环境下产生的一种成本低、传播速度快、高效的营销传播方式，对于品牌（尤其是不知名的、预算少的初创品牌）借助社交网络迅速提高其知名度、促进消费者的在线融入行为以及加强消费者和品牌之间的情感联系都有着十分重要的意义。那么，这种刷屏现象形成的原理是什么呢？究竟什么样的内容更容易形成病毒式分享？人们又是出于什么原因来分享这些内容的？而且，在什么情况下什么样的人更愿意分享呢？这些正是病毒式营销的核心问题。

在相关理论方面，伴随社交网络的兴起，病毒式营销近年来开始受到市场营销、消费心理和信息科学等多个领域学者们的关注，逐渐成为一个多学科交叉的前沿热点话题（Berger，2014）。目前，学者们从不同的理论视角运用不同的研究方法已经对病毒式分享过程中的内容特征（黄敏学、雷蕾、朱华伟，2016；范钧、潘健军，2016；Lee and Hong，2016）、心理动机（Fu et al.，2017；Vries et al.，2017）、情绪反应（Berger，2011；李宏、刘菲菲，2018；Jones，Gillespie，and Libert，2019）、情境因素（Hayes，Shan，and King，2018；Consiglio，Angelis，and Costabile，2018）和个体特征（Teixeira，2012；Yuki，2015）五个方面的内容进行了大量研究，形成了丰硕成果。一些学者指出，病毒式营销已经成为营销研究中一个逐渐成熟且至关重要的领域（Berger，2014），是现代营销最为有效的工具之一，代表了线上营销的发展趋势（Petrescu and Korgaonkar，2011）。

然而，以往研究还不够充分和深入，尚有很大空间值得挖掘。而且，这些研究比较零散和碎片化，缺乏对在线内容的病毒式分享机制进行系统、清晰的总结。另外，以往的研究主要源自国外数据和样本，国内的相关研究才刚刚起步，基于本土特殊情境的病毒式营销研究还十分缺乏。因此，通过系统梳理和述评相关领域的已有文献，本文首次从内容特征、心理动机、情绪反应、情境因素以及个体特征五个方面较为全面地总结提炼出在线内容的病毒式分享机制的整体理论框架，从而将该领域的已有研究成果和结论全景式地呈现出来，为品牌和自媒体有效提高在线内容的分享转发率提供系统的理论指导。同时，本文也展望了该领域的未来研究方向，以期推动学者们对病毒式营销的关注和进一步研究。

1.2 引发病毒式分享的内容特征

究竟什么样的内容更容易引发病毒式分享呢？这是病毒式营销要回答的首要问题。已有研究发现，容易引发病毒式分享的在线内容一般都具有很高的新奇性、趣味性、实用性以及一些形式方面的特征。

1.2.1 新奇性

Berger（2014）在其关于口碑和人际沟通的理论综述中认为，从印象管理的角度来看，人们总是爱谈论那些他人还不知道的、新发生的、令人意外的、与众不同的事情，以衬托自己新潮、前卫、消息灵通以及个性的正面形象。实际上，人们对在线内容的分享也遵循同样的心理。通过对《纽约时报》上那些被分享最多的文章按照不同主题和属性进行编码和分析，Berger 和 Milkman（2009）发现新奇的（新鲜的、令人意外的、有创意的、独特的）在线内容很容易被人们主动分享以至于达到病毒式传播的效果，比如耸人听闻的标题文章、突发的重大新闻、令人大开眼界的产品创新介绍以及富有创意的广告等。同样，通过对著名的文章投票评论网站 Digg.com 上的文章属性进行编码和分析，Wu 和 Huberman（2007）发现故事的新奇性（novelty）能够吸引人们的集体注意力（collective attention），进而有利于该文章的分享和传播。另外，在针对病毒式广告的专门研究方面，Dobele 等（2005）对本田、宝洁等多个成功的病毒式营销案例进行深入研究后发现，新奇的创意是广告获得病毒式分享的关键。随后，一些学者对此进行了相关的实证研究。比如，Southgate 等（2010）对 Youtube 上 102 个视频广告的属性进行编码并结合其浏览量和分享量数据进行了相关性分析，他们发现，视频广告的新奇性和独特性与消费者对该广告的病毒式分享密切相关。近似地，通过对 Facebook 上 402 个用户的在线调查和结构方程模型分析，Lee 和 Hong（2016）发现广告创意是影响消费者分享和积极态度形成的重要因素。

1.2.2 趣味性

从印象管理的角度出发，趣味性强的（有趣的、互动的、好玩的、幽默的、滑稽的）在线内容也很容易被人们主动分享以至于形成病毒式传播，因为分享这样的在线内容可以衬托出分享者本人有趣和幽默的正面形象（Berger，2014）。比如，人们在社交网络上常常分享笑话、可爱有趣的图片、搞笑的视频或广告（如 2018 年抖音上走红的《第一届文物戏精大会》）以及互动性强的网页游戏等。Dobele 等（2005）甚至认为病毒式营销最重要的就是趣味性，因为没有人会讨论和分享无聊的内容，同样也没有人会去理睬无聊的营销方案。针对病毒式广告的一些实证研究发现，广告的趣味性会显著影响消费者对其的分享意愿。其中，Brown 等（2010）设计了一个 2（喜剧暴力强度：高 vs. 低）×2（后果严重性：一般 vs. 严重）的组间实验来验证广告中的喜剧暴力强度（comedic violence intensity）对广告分享可能性的直接影响以及后果严重性（consequence severity）在这个过程中的调节效应。他们请专业人士按照以上两个维度制作了 4 个不同版本的视频广告，并将 131 位被试随机分配到各组进行观看。实验结果表明，相较于喜剧暴力强度低的广告，喜剧暴力强度高的广告能够带来更高的分享可能性，而且这一效应在后果严重性高的情况下表现得更强。另外，Shen 和 Chiou（2016）通过实验验证了广告的互动性（高 vs. 低）对广告分享意愿的直接作用。作为刺激材料，低互动的广告版本只是图文形式的单方面信息告知，而高互动性的广告版本则加入了邀请消费者参加心理测试和游戏的环节。结果表明，相较于互动程度低的广告，互动程度高的广告能够带来更多的趣味性从而引发更高的分享意愿。

1.2.3 实用性

同样基于印象管理理论，人们也喜欢谈论和分享那些实用性强的事情，因为分享这样的内容可以赋予分享者聪明、睿智、利他、乐于助人的正面形象。而且，实用的内容也具有社会交换价值，人们可以通过分享这些内容来产生互惠（Berger，2014）。比如，人们常常在社交网络上向朋友分享一些对工作生活很实用的忠告、"心灵鸡汤"、小知识、有价值的信息类图表、餐厅评价以及优惠的产品促销信息等。

许多实证研究结果也表明，实用性强、信息量丰富、有价值的在线内容可以引发消费者的主动分享以达到病毒式传播的效果。比如，通过对人们经常分享的文章主题进行焦点小组访谈和内容分析，Phelps 和 Lewis（2004）发现人们通过邮件分享最多的话题之一正是那些实用信息和有用的忠告。另外，Lee 和 Hong（2016）通过对 Facebook 上 402 个用户的在线调查和结构方程模型分析发现，信息量丰富的广告能帮助消费者做出更理智的判断和购买决策，能更好地满足消费者的功能性需求，因此也更容易形成积极态度并被消费者分享。正如 Dobele 等（2005）所说，成功的病毒式营销有赖于消费者在接触广告信息时感受到很有价值并且不假思索地认为它值得分享。值得注意的是，Koch 和 Benlian（2015）在真实的时尚产品在线购买平台 Style Crowd 上设计了一个 3（稀有性：无 vs. 低 vs. 高）×2（个性化：无 vs. 有）的随机田野实验来对比不同类型的促销信息对消费者病毒式分享行为的影响。119 个有效被试被随机分配到6组之中参加了实验。结果表明，相较于促销信息的个性化线索，促销信息的稀有性线索通过提升消费者的感知价值能够显著提高消费者对该促销信息的分享和推荐意愿。与此近似地，黄敏学等（2016）设计了一个3（营销刺激：新品宣传刺激 vs. 低折扣刺激 vs. 高折扣刺激）×2（关系范式：共有关系 vs. 交易关系）的实验来探究经济刺激对消费者分享意愿的影响以及关系范式在这个过程中的调节效应。169名有效被试被随机分配到6组之中并阅读不同版本的促销信息。结果表明，相较于共有关系范式，实用的经济刺激对触发交易关系范式下的消费者分享行为更有效。通过以上研究可以看出，当商家发布了具有很高实用价值的广告信息时，这些广告的传播方式就不再像传统路径那样仅依托一个信息源，而是开始借助于千千万万个消费者，将其作为传播者，从而像病毒一样在社交网络上快速扩散开来（Petrescu & Korgaonkar，2011）。

除了以上三个重要的主题型内容特征外，一些计算机与信息科学领域的学者通过对社交网络平台数据的挖掘和计量分析发现，那些被病毒式分享的在线内容往往具有一些形式方面的特征。比如，包含图片的、具有视觉美感的帖子比纯粹文字型帖子能获得更多分享，竖向图片比横向图片的分享量高，动画图片、色彩饱和度高的彩色图片、包含人脸的图片能够被更多地分享，包含动物的、经过电脑合成的、有美感的、高清的和性感的图片也更容易被分享（Guerini，Staiano，and Albanese，2014）。另外，基于语言学中的言语行为理论，Ordenes等（2018）通过机器学习的方式，对Facebook和Twitter两个社交平台上的品牌帖文进行了长达两年以上的文本挖掘和编码，以探究不同语言类型的品牌信息对消费者分享意愿的影响。经过建模和计量分析，他们发现运用头韵和重复这两种修辞手法的品牌帖文能够获得消费者更多的分享。最新地，Pancer等（2019）还研究了网帖文本的可读性对消费者分享意愿的影响。通过抓取一个知名摄影博客为期3年的4000个Facebook帖子，并对其进行编码、建模和计量分析，他们发现在控制照片特征、故事的效价和其他内容特征的情况下，文本可读性显著影响了消费者对网帖信息的分享量。在研究二中，他们设计了一个2（可读性：简单 vs. 复杂）×2（网帖长度：短 vs. 长）的组间实验，进一步验证可读性对消费者分享意愿的作用。他们从MTurk上招募了236个被试并将其随机分配到4组之中阅读不同版本的品牌信息。实验结果表明，相较于复杂的文本信息，简单（高可读性）的文本信息具有更高的信息处理流畅性，因而也更容易被人们分享；而且这一效应在长网帖（vs. 短网贴）的情况下更大。

综上所述，已有研究主要发现那些具有很高的新奇性、趣味性和实用性的在线内容更容易引发病毒式分享。相反，那些老旧、普通、无趣、没有价值的内容根本无法吸引消费者（Phelps and Lewis, 2004）。同时，在线内容的一些形式特征（包括是否包含图片、语言修辞手法、可读性等）也会影响其病毒式传播效果。对于本部分的研究，学者们基于不同的理论视角并运用不同的方法提供了各自的见解，他们的研究发现和结论达成了较高的一致，较为全面和深刻地揭示了引发病毒式分享的内容特征，对于我们日常生活中的刷屏现象具有很强的解释力。

1.3 引发病毒式分享的心理动机

人们为什么要在社交网络上主动分享在线内容？导致病毒式分享的心理动机又是什么呢？已有研究显示，自我强化、社会联结和利他是人们主动分享在线内容的三个主要心理动机。

1.3.1 自我强化

自我强化需求（need for self-enhancement）是指一种对自我获得良好感觉的基本人类需求，主要表现为表达、维持和改善自我概念、自我形象和自尊。它会驱使人们在社会交往中注重管理自我形象的展示，以得到他人的积极认可并创建一个好的印象（De Angelis, et al., 2012）。基于这一心理动机，人们会乐意在社交网络上分享那些与自我相关的、使他们看起来更好和更特别的内容，以努力塑造一个良好的"虚拟形象"。同时，人们也会将分享特定的在线内容作为"信号"来传递自己的特定身份（Berger, 2014）。比如，人们在社交网络上分享那些新奇的、酷的、有趣的、有用的信息都是希望表达和加强相应的自我形象；分享一些专业的评论文章是为了显示他们的特定技能、学识或专长，以突出自己在这方面的"专家身份"。

许多实证研究显示，自我强化是人们主动分享在线内容的首要动机。通过对582位互联网用户的问卷调查和分析，Ho 和 Dempsey（2010）发现个体化（individuation）这一心理动机会积极影响人们的在线分享行为。它是指人们希望脱颖而出的意愿强度。也就是说，人们主要希望通过分享在线内容来使自己脱颖而出，展示自我形象并获得更多的关注。Taylor 等（2012）通过对美国 615 位大学生的在线问卷调查和分析也发现，在线广告满足自我强化需求的程度正向影响消费者分享在线广告的可能性。近似地，综合运用深度访谈和对 Facebook 用户的在线问卷调查这两种方法，Vries 等（2017）以及 Fu 等（2017）也获得了同样的研究结论，即消费者主要出于"自利的"目的来分享在线内容；自我表达（self-expressive）的动机正向影响消费者分享在线内容的意向。其中，自我表达概念的测量项目包括"它让别人知道我是谁""它帮助我来表达我是怎样的人""它帮助我向外界传达我是谁""它帮助我建构我的身份""它帮助我表达我自己"等。另外，通过对 Facebook 上 2000 个分享量最高的网帖进行内容分析以及随后的 1 万份在线问卷调查，Yuki（2015）发现消费者分享在线内容的动机主要是为了获得一种"社交货币"，即获得更多的社会认可和良好的自我形象。最新地，通过对中国四个城市中的 421 位微信月活跃用户的在线问卷调查，Chu 等（2019）的研究发现中国旅游者的自我强化动机会显著影响他们在微信朋友圈中的在线分享行为。可见，虽然以上研究所用的具体概念名称有所不同，但本质上都证实了自我强化是消费者分享在线内容的首要动机。

1.3.2　社会联结

建立和维持社会关系是人类的基本需求。Berger（2014）指出，日常的人际沟通能够使人们彼此保持联系和传达关心，像"社会胶水"一样将人们联系在一起并不断加强人际关系。那么，在社交网络环境中人们同样需要通过相互分享那些共同感兴趣的、情感性的在线内容来加强社会联结（social bonding），拉近彼此之间的距离，以减少孤独感和社会排斥感。比如，人们在节日里分享转发温馨的问候网帖、将某个内容定向分享给对此感兴趣的个人或社群，都是出于加强社会联结的动机。

一些相关实证研究也表明，加强社会联结是人们主动分享在线内容的重要心理动机。通过对人们经常分享的文章主题进行焦点小组访谈和内容分析，Phelps 和 Lewis（2004）发现人们通过邮件分享一些内容给特定的朋友主要是出于表达关心和加强彼此社会联结的目的。Libert 和 Tynski（2013）的一项调查研究也表明，强化共同的热情和兴趣（具体测量项目是"它使我和朋友在一个共同的兴趣点上联系起来"）以及社交（具体测量项目是"它帮助我和朋友保持社交关系"）是人们分享在线内容的重要原因。另外，通过对 40 名消费者的深度访谈和605份在线问卷调查，Vries等（2017）的研究发现社交化（socializing）是人们深度参与内容创造与内容分享的心理动机。其中，社交化的具体测量项目包括"我可以与和我有同样兴趣的人保持联系""我可以认识具有同样兴趣的人""它使我感觉和他人保持联系""它使我与志同道合的人保持联系"等。近似地，通过综合运用焦点小组访谈和265份在线问卷调查，Fu等（2017）的研究发现群体性动机（communal motive）会积极影响消费者对在线内容的分享意愿，而这里的群体性动机正是指与他人保持联系（connect）和获得群体快乐（group joy）。

1.3.3 利他

除以上两个利己动机外，利他（altruism）也被许多学者认为是驱动人们主动分享在线内容的动机之一。有时人们分享一个内容可能很大程度上是无私的、公益的，是为了帮助别人并提高他人的福利（Berger，2014）。比如，在社交网络上分享一则寻人启事希望有所帮助、分享一个公益项目的信息鼓励他人参与、分享一篇有见地的文章供他人学习、分享一次绝佳的消费体验以奖励表现出色的公司等。相关的实证研究也证实了利他动机的存在。通过对582位互联网用户的问卷调查和分析，Ho和Dempsey（2010）发现利他动机会积极影响消费者对在线内容的分享意愿。他们将利他动机界定为一种帮助他人的意愿，具体测量项目包括："为了帮助他人"和"与他人分享我所拥有的东西"。Libert和Tynski（2013）的一项调查研究也表明，增加社会效益（具体测量项目是"它可能对我的朋友有用""我愿意帮助这个公益事业"）是人们分享在线内容的一个原因。另外，Fu等（2017）的研究也发现利他动机可以积极影响消费者对在线内容的分享意愿。

综上所述，已有研究主要发现自我强化、社会联结和利他是人们主动分享在线内容的三个重要心理动机。这些研究从心理需求的角度很好地解释了病毒式分享形成的内在原因，并将病毒式营销研究引向了更深入的心理层面。值得注意的是，Berger（2014）坚持认为人们分享在线内容本质上是出于自利（self-serving）的目的，比如上文所述的所有看似出于利他动机的内容分享行为其实都是自利的、出于自我强化动机的，即为了展现分享者热心、乐于助人的自我形象。关于这一点，学者们尚存在争议和不同的理解。但本文认为这三个动机之间不存在绝对的界限，并非完全独立，而是相互交叠的，往往在人们分享一个内容的心理过程中是并存的，只是不同情况下三者所占比例不同而已。

1.4 引发病毒式分享的情绪反应

除了前文所述的心理动机，许多学者认为情绪反应也是引发在线内容被病毒式分享的重要原因。根据情绪调节（emotion regulation）理论，当某事引起人们情绪波动时，人们总需要自行管理情绪并通过分享该事情来表达、排解和发泄这一情绪，从而找到一个出口使自己恢复到正常情绪状态（Berger，2014）。同理，当某项在线内容引发消费者的强烈情绪反应时，消费者也会通过在社交网络上主动分享该内容来表达和调节情绪。

许多实证研究显示，情绪的激烈性（emotional intensity）和情绪唤醒（emotional arousal）与在线内容的病毒式分享密切相关。通过对《纽约时报》上那些被分享最多的文章进行编码、内容分析和随后的实验，Berger和Milkman（2009）以及Berger（2011）发现在线内容的病毒式传播效果主要由其引发的情绪唤醒程度决定，即高唤醒情绪（无论是积极情绪还是消极情绪）会导致内容的病毒式传播。另外，经过对新闻网站上的65000篇文章进行编码和内容分析，Jones等（2016）提出用"效价—唤醒—支配"模型（valence-arousal-dominance model）来解释情绪对病毒式分享的影响。他们发现，除情绪唤醒外，高支配性的情绪（人们控制程度高的情绪，如钦佩感、受鼓舞等）也是引发在线内容病毒式分享的因素，而且"高唤醒、高支配性"的组合情绪对于在线内容的病毒式分享效果最佳。与此相呼应，通过从新闻网站rappler.com和corriere.it上各抓取53226条和12437条新闻，并结合读者对每个文章的情绪评价进行建模和计量分析，Guerini和Staiano（2015）发现在线内容的病毒式分享与其所能激发情绪的"效价—唤醒—支配"模型十分匹配。最新地，为克服传统的李克特量表测量方式的弊端，Jones等（2019）专门使用皮电反应（又称皮肤电反应）（galvanic skin response）这一生理测量方式来验证情绪反应与广告的病毒式分享之间的关系。他们分别选取了15个获得高分享量和低分享量的图片广告作为实验组和控制组，将邀请到的22位被试者随机分配到两组中进行观看，并采用Shimmer GSR装置采集被试的皮肤电反应。实验结果表明，相较于获得低分享量的广告组，获得高分享量的广告组的被试明显产生了更高水平的情绪唤醒和皮肤电反应。可见，尽管情绪对在线内容的病毒式分享的具体影响过程是非常复杂的,但总体而言,已有的多数研究主要围绕情绪的效价分类(积极情绪和消极情绪)来探讨具体的情绪反应对病毒式分享的影响。

1.4.1 积极情绪反应

通过对人们经常分享的文章主题进行焦点小组访谈和内容分析,Phelps 和 Lewis(2004)最早发现消费者通过邮件主动分享一个在线内容往往是因为被该内容激发出了强烈的积极情绪,比如令人愉悦的、温暖的、兴奋的、受鼓舞等情绪。与此相似,Dobele 等(2005)以及 Libert 和 Tynski(2013)通过对一些成功的病毒式营销案例的深入研究发现,惊喜(surprise)、愉悦(joy)和钦佩(admiration)这样的积极情绪能够促进人们对广告的分享意愿。随后,一些相关的实证研究进一步验证了积极情绪对在线内容分享意愿的作用。Berger 和 Milkman(2009)发现,相较于消极情绪,带有积极情绪的在线内容更容易形成病毒式传播,而且敬畏(awe)这种高唤醒的积极情绪是诱发病毒式分享的一种重要情绪。同时,他们还设计了一个单因素的组间实验来验证乐趣(amusement)这一具体的积极情绪与分享意愿的因果关系。以广告故事作为刺激材料,他们将招募到的 49 位被试随机分配到高乐趣组和低乐趣组开展实验。结果表明,相较于低乐趣组,高乐趣组的被试明显具有更高的分享意愿。另外,Eckler 和 Bolls(2011)设计了一个组内实验来研究视频广告的情绪基调对消费者分享意愿的影响。他们首先在预实验中选出了播放时长相近的 12 个真实的视频广告,并邀请 38 位本科生按照情绪基调对它们进行评分,然后据此分为愉悦、中等、不愉悦三组。随后,他们另外邀请了 42 位本科生分别观看 12 个视频广告开展主实验。结果表明,相较于其他两组,令人愉悦的积极情绪基调能激发出消费者最高的分享意愿。类似地,范钧和潘健军(2016)通过实验也发现剧情式广告中的积极情绪唤醒有助于激发消费者的品牌认同,进而提升其分享意愿。最后,通过 393 份在线问卷调查和层级回归分析,Cohen(2014)的研究发现电子游戏所带来的愉悦感和积极情绪反应可以正向影响消费者对其的分享意愿。

1.4.2 消极情绪反应

通过对病毒式营销案例的深入研究,Dobele 等(2005)以及 Libert 和 Tynski(2013)发现当在线内容引发消费者强烈的消极情绪反应时(如忧伤、愤怒、焦虑、恐惧和厌恶等），他们同样需要通过分享该内容来发泄和表达情绪。比如，名人去世的消息、虐待动物或儿童的视频、有关人工智能替代人类工作的新闻等会分别引发悲伤、愤怒和忧虑等强烈的消极情绪反应，从而导致病毒式分享。一些相关的实证研究也表明，消极情绪反应是引发在线内容病毒式分享的重要原因。Berger 和 Milkman（2009）通过一个单因素组间实验验证了愤怒（anger）这一具体的消极情绪与分享意愿之间的因果关系。以负面的顾客体验故事作为刺激材料，他们将 45 名被试随机分配到高愤怒组和低愤怒组开展实验。结果表明，相较于低愤怒组，高愤怒组的被试明显具有更高的分享意愿。通过相似的单因素组间实验设计，Guadagno 等（2013）也探索了社交网络上病毒视频的形成原因。他们从 Youtube 上收集了 8 个能刺激出各类不同情绪的典型视频并招募了 256 名本科生参加实验。结果表明，引发厌恶和愤怒两种消极情绪的视频能够显著提升消费者的分享意愿。最新地，经过对新闻网站上的 65000 篇文章进行编码和内容分析以及随后的问卷调查，Jones 等（2016）发现虽然负面情绪相比积极情绪较少出现在病毒式营销案例中，但如果广告中忧伤的消极情绪能够最终加入希望和惊喜的情绪时同样有可能引发病毒式分享。

综上所述，已有的大量研究发现了"营销刺激—情绪反应—分享行为"这一作用路径，认为情绪唤醒是导致消费者分享在线内容的重要原因，包括许多不同的积极情绪和消极情绪的具体作用机制。这些研究成果通过情绪反应的视角揭示了在线内容被病毒式分享的具体过程，发现了病毒式分享的"情绪中介机制"，这是对病毒式营销理论的重要贡献。

1.5 引发病毒式分享的情境因素

事实上，病毒式分享的整个形成过程是非常复杂的（Teixeira，2012）。即使当前文所论述的内容特征、心理动机和情绪反应均符合条件，人们也未必一定会分享某个在线内容。那么，究竟在何种情况下消费者更愿意分享呢？由此，许多研究进一步发现了影响病毒式分享的情境因素，主要包括社会关系强度、消费者品牌关系强度以及其他情境因素。

1.5.1 社会关系强度

根据 Berger（2014）的观点，人们是否愿意主动分享一项在线内容还取决于内容接收者和内容发送者之间的社会关系强度（social tie strength）。通过对一项真实的病毒式营销活动的实时数据进行计算机仿真研究，Bampo 等（2008）发现社交网络上的社会关系结构对病毒式营销效果确实具有重要影响。

其中，一些学者的研究支持强关系对病毒式分享的积极作用。比如，通过对病毒式营销案例的深入研究，Dobele 等（2005）最早发现人们对内容发送者的信任度会影响自己对广告的分享意愿。相应地，Cho 等（2014）在真实的营销情境下设计了一项 2（发送者信任度：高 vs. 低）×2（广告商信任度：高 vs. 低）的田野实验来研究发送者信任度和广告商信任度对广告态度和分享意愿的影响。通过分析 204 份有效在线问卷后他们发现，相较于低的发送者信任度，消费者对来自高信任度发送者的广告明显具有更高的积极态度和分享意愿，而且发送者信任度甚至可以克服广告商的低信任度进而积极影响消费者的分享意愿。另外，通过设计一项 2（社会关系：强 vs. 弱）×2（互动性：高 vs. 低）的组间实验，Shen 和 Chiou（2016）专门研究了社会关系强度在广告互动性对消费者分享意愿影响过程中的调节作用。他们将 246 名本科生随机分配到各组阅读不同版本的广告信息。实验结果表明，社会关系强度正向调节了广告互动性对分享意愿的影响。最新地，对 Twitter 和 Digg 两家社交网络平台上的内容分享数据进行建模和计量分析，Peng 等（2018）发现了社交网络重叠性对内容分享的显著影响，即当内容接收者和内容发送者之间拥有更多的共同关注对象、共同粉丝和共同的相互粉丝时，该接收者分享在线内容的概率更高。

然而，也有一些研究得出了相反的结论，认为弱关系更有利于病毒式分享。比如，通过对 1116 名被访者的在线问卷调查，Bruyn 和 Lilien（2008）发现虽然强关系能够显著提升内容接收者对推送内容的关注和兴趣，但是强关系所带来的人口统计特征的相似性对随后的分享行为却具有负面作用。另外，在移动运营商一项真实的病毒式营销田野实验中，Hinz 等（2011）对比了四种不同的病毒式广告播种策略（seeding strategy）的实际效果。通过数据分析，他们发现虽然强关系个体的参与度更高，但弱关系个体事实上对同伴的影响力更大。与此近似，Pescher 等（2014）也在移动运营商的病毒式营销情境下设计了一个田野实验来探究消费者参与病毒式营销计划的影响因素。该实验在第一阶段向 26137 名消费者随机发送了不同类型的促销信息请他们分享给朋友，然后一周后再向他们发送包含问卷链接的信息请他们回答。通过对 943 份有效问卷的数据分析，最终发现社会关系强度对消费者的信息阅读和分享行为具有负向影响,所谓网络中心度,事实上对消费者没有显著影响。最新地,基于对社交平台 Twitter 上的分享转发数据进行建模和计量分析,Shi 等(2013)的研究发现相较于双向关注的强关系,单向关注的弱关系更可能参与到内容分享的社会交换过程中;相较于双向关注的粉丝,一个单向关注的粉丝分享在线内容的概率要高 3.1%。

可见,学者们关于社会关系强度对内容分享行为的具体作用方式尚存在争议,还需要更多的实证研究在不同的情境和条件下来揭示其作用机制。本文认为,虽然强关系对于关注和接收某个在线内容是有利的,但它也会带来人际关系网络重叠和人口统计特征的相似性,从而导致人们不愿意分享该内容,以避免与他人分享的内容产生重复。相反,弱关系下彼此之间的关系网络和人口特征差异较大,对某个内容的感知新颖度更高,因而更能促进人们的分享行为。

1.5.2 消费者品牌关系强度

有关口碑的研究显示,相较于纯粹的功能性产品,消费者更愿意对那些能反映自我形象的、自我相关性强的产品(如衣服、轿车)产生积极口碑(Berger,2014)。同样,一些实证研究发现,消费者与某个品牌的关系强度会正向影响消费者对该品牌广告的评价、接受度以及分享意愿。也就是说,相较于普通消费者,一个品牌的粉丝更可能分享该品牌的在线内容。比如,Taylor 等(2012)通过对美国 615 位大学生的在线问卷调查和结构方程模型分析发现,自我品牌一致性(self-brand congruity)对消费者的广告分享意愿具有显著的正向影响。与此相近,Ketelaar 等(2016)在社交网站 Hyves 上追踪了 3 个最新的病毒式广告的浏览量和分享量数据,结合所回收的 8510 份调查问卷进行了数据分析。他们发现,消费者品牌态度对消费者的广告分享行为具有显著的正向影响。另外,Hayes 等(2018)通过一个 2(品牌关系强度:强 vs. 弱)×2(人际关系强度:强 vs. 弱)的在线实验研究了品牌关系强度和人际关系强度对消费者分享在线视频广告意愿的交互作用。他们在 MTurk 上招募了 405 名 Facebook 用户点击在线链接观看视频广告并参与实验。结果表明,相较于品牌关系强度低的消费者,品牌关系强度高的消费者明显具有更高的分享意愿。然而,也有个别研究得出了相反的研究结论。Huang 和 Zhou(2016)在研究一中通过一个 2(品牌熟悉度:高 vs. 低)×2(品牌相关性:高 vs. 低)的组间实验来研究品牌熟悉度和品牌相关性如何影响消费者的广告分享意愿。他们邀请了 122 位被试并将其随机分组让其观看广告。实验结果非常意外，他们发现品牌熟悉度和品牌相关性对消费者的广告分享意愿均具有负向影响，在低品牌熟悉度和低品牌相关性的情况下消费者的广告分享意愿最高。进一步地，他们在研究二中通过对 3749 份优酷网站用户的问卷调查和数据分析再次验证了他们的结论。该研究与其他研究结论差异很大，这说明消费者品牌关系强度对在线内容分享意愿的影响并不是绝对的，还需要进一步考虑不同的情况和条件。

1.5.3　其他情境因素

除以上两个主要因素外，还有一些零散的研究陆续发现了影响病毒式分享的更多情境因素。比如，Taylor 等（2012）通过在线问卷调查发现，产品品类卷入度对消费者的广告分享意愿具有显著的正向影响，即消费者对某个产品品类越感兴趣、越关心，越是倾向于分享相关的在线内容。另外，通过对一些病毒式营销案例的深入研究，Libert 和 Tynski（2013）认为内容的推送时间点也会影响病毒式营销效果。比如，午饭后和下班后这样的"时间窗口"是消费者使用社交网络的活跃时间，因而更可能关注和分享在线内容。而且，许多内容对时效性的要求很高，比如人们只会在某个节日当天分享与该节日有关的内容。最新地，Consiglio 等（2018）通过多个研究发现社会密度会显著影响人们的信息分享意愿。他们首先采集了意大利多个城市的人口密度数据和相应的推特发文总数量，发现城市人口密度和 Twitter 信息分享量呈正相关关系。随后，他们设计了单因素的组间实验，将 86 名大学生随机分配到高密度环境（全部坐在一个能容纳 24 座教室中）和低密度环境下（分散坐在两个相同的 24 座教室）让其阅读一篇文章并回答问题。实验结果表明，相较于低密度环境，处于高密度环境的被试具有显著更高的分享意愿。进而他们通过后续实验发现了自我控制感所发挥的中介作用，即身处高社会密度环境下的消费者更愿意分享在线内容以重建内心的自我控制感。

另外，还有研究显示，内容的获取方式也会显著影响人们的分享意愿。Aral 和 Walker（2011）通过对 9687 位 Facebook 用户的随机田野实验和建模计量分析发现，主动的、个性化定制的推送方式产生了 98% 的分享量，而被动接收的、大范围推送的信息产生了 246% 的分享量，更具有同伴影响力和病毒传播性。值得一提的是，Chen 和 Berger（2016）通过 2（内容获取方式：自己发现 vs. 他人推送）×2（内容特征：高兴趣 vs. 低兴趣）的实验研究了内容获取方式对内容分享意愿的影响机制。他们从MTurk上招募到192名被试并将其随机分配到不同的情境下让其阅读一篇文章。实验结果表明，相较于低兴趣的文章，消费者对高兴趣的文章的分享意愿显著更高，但这一效应在自己发现文章（相较于他人发送）的情况下有所减弱。

综上所述，学者们从不同的理论视角出发识别出了影响病毒式分享的许多情境因素，主要包括社会关系强度、消费者品牌关系强度、产品品类卷入度、推送时间、社会密度以及内容获取方式等。这些研究揭示了消费者在线内容分享意愿形成过程中的边界条件和调节效应，使我们更加深入和全面地认识了病毒式分享的形成机制，因而是对该理论体系的重要补充和完善。

1.6 个体特征

必须承认的是，即使某个在线内容完美符合病毒式传播的要求，相对来说，也只有少数人才会分享。那么，究竟具有什么样个体特征的人更愿意在社交网络上分享在线内容呢？根据Libert和Tynski（2013）的一项调查，近18%的互联网用户至少一周会分享一次在线内容，其中9%的人每天都会分享。许多学者认为，消费者的个体特征会显著影响他们的内容分享意愿，因而企业在开展病毒式营销时需要在初始推送阶段找准目标受众并进行精准推送，将内容发送给那些真正愿意倾听的、感兴趣的"合适的人"，而且要学会识别并借助这些"超级分享者"才能提高病毒式营销的整体成功率（Phelps and Lewis，2004；Teixeira，2012）。

一些实证研究表明，相较于分享意愿低的人，那些分享意愿高的人确实在人口统计特征和性格方面具有明显差异。比如，通过对人们经常分享的文章主题进行焦点小组访谈和内容分析，Phelps和Lewis（2004）发现女性比男性更倾向于向朋友分享在线内容。通过393份在线问卷调查和层级回归分析，Cohen（2014）在电子游戏分享的情境下也得出了同样的结论。与此同时，Yuki（2015）针对10083名Facebook用户的大规模问卷调查发现，性别和年龄会对消费者的内容分享偏好产生影响。调查结果表明，男性的分享动机主要是获得"有趣"的形象，而女性的分享动机主要是获得"聪明"的形象；青年人分享内容的动机主要是获得聪明和有趣的个人形象，中年人更喜欢分享那些讲故事的内容，而老年群体则更喜欢分享实用的内容。另外，通过使用眼动仪和表情捕捉系统来分析消费者在观看病毒式广告时的眼球轨迹、表情和行为反应，Teixeira（2012）发现那些性格外向、开放的和自我中心倾向高的人往往更愿意在社交网络上分享更多内容以提高他人对自己的社会地位感知并展现自我形象。事实上，该观点与前文所述的自我强化动机方面的相关研究结论是一致的。综上所述，以上研究发现消费者个体特征也是病毒式分享形成过程中的边界条件，进一步补充和完善了在线内容的病毒式分享机制，而且对企业开展病毒式营销活动中的初始内容播种策略具有很高的参考价值。

1.7 总结与讨论

通过系统梳理和述评相关领域较为零散和碎片化的文献，本文首次从内容特征、心理动机、情绪反应、情境因素以及个体特征五个方面总结提炼出关于在线内容病毒式分享机制的整体理论框架。这五个方面的研究分别回答了"什么样的内容更容易被分享""人们为何分享""何种情况下人们更愿意分享""什么样的人更愿意分享"这几个在逻辑上层层递进的重要问题，最终共同构成了在线内容的病毒式分享机制的理论体系，如图1-1所示。其中，内容特征是前置因素；心理动机和情绪反应解释了内容特征对分享意愿的具体作用机制，发挥着中介效应；而情境因素和消费者个体特征则是主作用机制的边界条件，发挥着调节效应。

1.7.1 对病毒式营销策略的启示

本文所提炼出的整体理论框架能够为品牌和自媒体提高在线内容的分享转发率提供系统的理论指导。一般来说，营销者在开发在线内容时需要自问以下问题：目标消费者会对此感兴趣吗？该内容的主题和形式是否能有效吸引消费者？他们会主动分享该内容吗？该内容是否能很好地满足消费者的相关心理动机？是否能强烈地激发消费者的相关情绪反应？该内容在推送时是否考虑了相关情境因素？是否推送给了合适的人？等等。具体来说，为了使某个在线内容能够尽可能获得病毒式分享效果，该内容的主题最好具有很高的新奇性、趣味性或实用性并满足相关的形式要求；该内容最好能够衬托和展现消费者某个方面的积极形象，满足他们自我强化、加强社会联结或者利他的心理动机；该内容最好能够激发出消费者强烈的情绪唤醒；该内容在推送时要充分考虑目标人群的社会关系网络、时间点、推送方式等情境因素，而且尽可能首先推送给那些会对此真正感兴趣的、喜欢分享的"合适的人"。

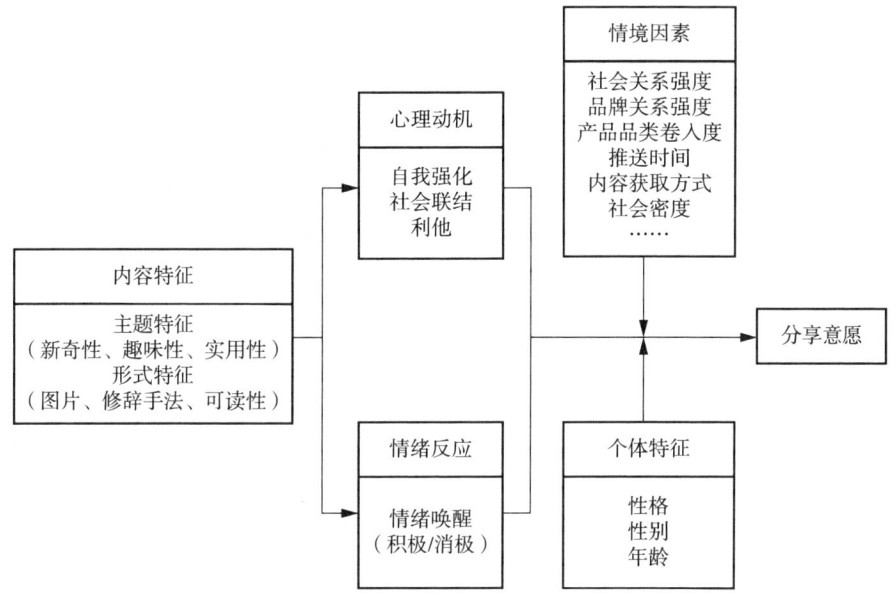

图 1-1　在线内容病毒式分享机制的整体理论框架

1.7.2　对未来研究的展望

虽然学者们在病毒式营销领域已获得丰硕研究成果，但目前该领域仍存在许多值得进一步挖掘和探索的理论问题。

第一，在消费者的情绪反应方面，已有研究大多只是较为笼统地发现了积极或消极情绪对病毒式分享的作用。然而，还有哪些具体情绪会促进消费者对在线内容的分享意愿？其具体的作用机制是怎样的？这些问题仍需要结合不同的情境进一步深入挖掘，从而为病毒式营销者树立更具体的、多样化的情绪刺激目标，以提高病毒式营销的可操作性。比如，已有研究通过内容分析发现敬畏感（Berger and Milkman，2009）和钦佩感（Libert and Tynski，2013）可以促进消费者对在线内容的分享意愿，那么其具体的作用机制和背后原理又是什么？另外，根据对现象的观察，那些很酷的产品创新类内容和具有可爱外观造型的产品图片也经常能引发消费者的分享。那么，酷感和感知可爱是否真的能够促进消费者分享意愿？这需要更多的实证研究去探索。

第二，在病毒式分享的情境因素方面，对于社会关系强度的作用仍存在争议。有学者认为强关系更有利于病毒式分享（Ketelaar et al., 2016），有学者则认为弱关系更有利于病毒式分享（Pescher et al., 2014）。那么，这些结论分别是在什么情况下才有效？这个问题还需要更多的实证研究来考虑不同的具体情况，比如社交网络平台的结构特点，或者病毒式传播的不同阶段。目前，学者们正在采用不同的理论视角来努力识别出影响病毒式分享的情境因素，比如产品品类卷入度（Taylor et al., 2012）、内容获取的方式（Chen and Berger, 2016）以及环境的社会密度（Consiglio et al., 2018）等，未来国内学者需要对我国本土的病毒式营销案例和消费者行为进行深入研究，进一步提出并验证更多的、影响病毒式分享的情境因素和个体特征。比如，有的消费者不喜欢在微信朋友圈分享内容，却喜欢在微博上分享，这种社交网络平台的结构特点（开放型 vs. 封闭型）是否会影响消费者的分享意愿？而且，在跨文化背景下，同样的在线内容所导致的消费者分享结果可能有所不同。那么，不同国家的文化价值观是否会影响消费者分享在线内容的意愿？

第三，以往研究更多地在探讨病毒式分享的形成机制，而未来我们也需要对病毒式营销的效果进行评估，开发出一套相关的评估标准以更好地衡量病毒式营销绩效。另外，也需要对消费者分享行为所导致的积极和消极的心理、行为结果进行研究。比如，消费者分享品牌的在线内容是否会拉近与品牌的心理距离？消费者对某一类内容的分享行为是否会降低其对同类型产品的兴趣？经常性的分享是否会对消费者心理健康产生负面效果？而且，病毒式营销也有其弊端，容易产生低俗内容、侵犯消费者隐私的伦理问题。我们该如何进一步规范病毒式营销活动并与其他营销方式发挥协同效应，也是值得学者们进一步研究的问题。

第四，在研究方法方面，病毒式营销领域未来还需要采用多学科交叉的方法来得出更为准确、可靠的研究结论。以往的研究结论大多以分享意愿作为结果变量，但分享意愿未必一定能够转化为实际的分享行为，因而未来需要通过更多的档案数据分析方法和田野实验的方法进一步考察实际分享行为的影响因素。比如，可以通过二手档案数据建立计量模型和质性文本数据挖掘的方式来发现一些变量与内容分享实际结果之间的相关关系；通过实验室实验和田野实验法来探索其具体心理机制并明确因果关系；还可以利用神经科学方法进一步揭示病毒式分享背后的生理和神经机制等。

参考文献

[1] 范钧,潘健军. 剧情式视频广告中品牌—情节信息对受众传播意愿的影响[J]. 营销科学学报, 2016, 12(2): 111-123.

[2] 黄敏学,雷蕾,朱华伟. 谈钱还是谈情:企业如何引导消费者分享自媒体营销[J]. 心理学报, 2016, 48(2): 211-220.

[3] 李宏,刘菲菲. 基于情绪视角的营销信息分享述评与展望[J]. 外国经济与管理, 2018, 40(9): 143-152.

[4] ARAL S, WALKER D. Creating social contagion through viral product design: A randomized trial of peer influence in networks[J]. Management Science, 2011, 57(9): 1623-1639.

[5] BAMPO M, EWING M T, MATHER D R, et al. The effects of the social structure of digital networks on viral marketing performance[J]. Information Systems Research, 2008, 19(3): 273-290.

[6] BERGER J. Arousal increases social transmission of information[J]. Psychological Science, 2011, 22(7): 891-893.

[7] BERGER J. Word of mouth and interpersonal communication: A review and directions for future research[J]. Journal of Consumer Psychology, 2014, 24(4): 586-607.

[8] BERGER J, MILKMAN K L. What makes online content viral?[J]. Journal of Marketing Research, 2009, 49(2): 192-205.

[9] BERGER J, SCHWARTZ M. What drives immediate and ongoing word of mouth?[J]. Journal of Marketing Research, 2011, 48(5): 869-880.

[10] BROWN M R, BHADURY R K, POPE N K. The impact of comedic violence on viral advertising effectiveness[J]. Journal of Advertising, 2010, 39(1): 49-65.

[11] BRUYN A D, LILIEN G L. A multi-stage model of word-of-mouth influence through viral marketing[J]. International Journal of Research in Marketing, 2008, 25(3): 151-163.

[12] CHEN Z, BERGER J. How content acquisition method affects word of mouth[J]. Journal of Consumer Research, 2016, 43(1): 86-101.

[13] CHO S, HUH J, FABER R J. The influence of sender trust and advertiser trust on multistage effects of viral advertising[J]. Journal of Advertising, 2014, 43(1): 100-114.

[14] CHU S C, LIEN C H, CAO Y. Electronic word-of-mouth(eWOM) on we chat: Examining the influence of sense of belonging, need for self-enhancement, and consumer engagement on Chinese travellers' eWOM[J]. International Journal of Advertising, 2019, 38(1): 26-49.

[15] COHEN E L. What makes good games go viral? The role of technology use, efficacy, emotion and enjoyment in players' decision to share a prosocial digital game[J]. Computers in Human Behavior, 2014, 33(4): 321-329.

[16] CONSIGLIO I, ANGELIS M E, COSTABILE M. The effect of social density on word of mouth[J]. Journal of Consumer Research, 2018, 45(3): 511-528.

[17] De ANGELIS M, BONEZZI A, PELUSO A M, et al. On braggarts and gossips: A self-enhancement account of word-of-mouth generation and transmission[J]. Journal of Marketing Research, 2012, 49(4): 551-563.

[18] DOBELE A, TOLEMAN D, BEVERLAND M. Controlled infection! Spreading the brand message through viral marketing[J]. Business Horizons, 2005, 48(2): 143-149.

[19] ECKLER P, BOLLS P. Spreading the virus: Emotional tone of viral advertising and its effect on forwarding intentions and attitudes[J]. Journal of Interactive Advertising, 2011, 11(2): 1-11.

[20] FU P W, WU C C, CHO Y J. What makes users share content on facebook? Compatibility among psychological incentive, social capital focus, and content type[J]. Computers in Human Behavior, 2017, 67(2): 23-32.

[21] GUADAGNO R E, REMPALA D M, MURPHY S, et al. What makes a video go viral? An analysis of emotional contagion and Internet memes[J]. Computers in Human Behavior, 2013, 29(6): 2312-2319.

[22] GUERINI M, STAIANO J. Deep feelings: A massive cross-lingual study on the relation between emotions and virality[C]. Proceedings of the 24th International Conference on World Wide Web, 2015: 299-305.

[23] GUERINI M, STAIANO J, ALBANESE D. Exploring image virality in google plus[J]. International Conference on Social Computing, 2014, 10(1):

671-678.

[24] HAYES J L, SHAN Y, KING K W. The interconnected role of strength of brand and interpersonal relationships and user comment valence on brand video sharing behaviour[J]. International Journal of Advertising, 2018, 37(1): 142-164.

[25] HINZ O, SKIERA B, BARROT C, et al. Social contagion: An empirical comparison of seeding strategies for viral marketing[J]. Journal of Marketing, 2011, 75(6): 55-71.

[26] HO J Y C, DEMPSEY M. Viral marketing: Motivations to forward online content[J]. Journal of Business Research, 2010, 63(9-10): 1000-1006.

[27] HUANG J S, ZHOU L. Negative effects of brand familiarity and brand relevance on effectiveness of viral advertisements[J]. Social Behavior and Personality: An International Journal, 2016, 44(7): 1151-1162.

[28] JONES J L H, GILLESPIE M, LIBERT K. Can biometrics predict a viral marketing campaign[J]. Harvard Business Review, 2019, 97(1): 21-25.

[29] JONES K, LIBERT K, TYNSKI K. The emotional combinations that make stories go viral[J]. Harvard Business Review, 2016, 94(3): 13-16.

[30] KETELAAR P E, JANSSEN L, VERGEER M, et al. The success of viral ads: Social and attitudinal predictors of consumer pass-on behavior on social network sites[J]. Journal of Business Research, 2016, 69(7): 2603-2613.

[31] KOCH O F, BENLIAN A. Promotional tactics for online viral marketing campaigns: How scarcity and personalization affect seed stage referrals[J]. Journal of Interactive Marketing, 2015, 32(11): 37-52.

[32] LEE J, HONG I B. Predicting positive user responses to social media advertising: The roles of emotional appeal, informativeness, and creativity[J]. International Journal of Information Management, 2016, 36(3): 360-373.

[33] LIBERT K, TYNSKI K. The emotions that make marketing campaigns go viral[J]. Harvard Business Review, 2013, 91(5): 17-20.

[34] ORDENES F V, GREWAL D, LUDWIG S, et al. Cutting through content clutter: How speech and image acts drive consumer sharing of social media brand messages[J]. Journal of Consumer Research, 2018, 45(5): 998-1012.

[35] PANCER E, CHANDLER V, POOLE M, et al. How readability shapes social media engagement[J]. Journal of Consumer Psychology, 2019, 29(2): 262-270.

[36] PENG J, AGARWAL A, HOSANAGAR K. Network overlap and content sharing on social media platforms[J]. Journal of Marketing Research, 2018, 55(4): 571-585.

[37] PESCHER C, REICHHART P, SPANN M. Consumer decision-making processes in mobile viral marketing campaigns[J]. Journal of Interactive Marketing, 2014, 28(1): 43-54.

[38] PETRESCU M, KORGAONKAR P. Viral advertising: Definitional review and synthesis[J]. Journal of Internet Commerce, 2011, 10(3): 208-226.

[39] PHELPS J E, LEWIS R. Viral marketing or electronic word-of-mouth advertising: Examining consumer responses and motivations to pass along email[J]. Journal of Advertising Research, 2004, 44(4): 333-348.

[40] SHEN G C C, CHIOU J S. Effective marketing communication via social networking site: The moderating role of the social tie[J]. Journal of Business Research, 2016, 69(6): 2265-2270.

[41] SHI Z, RUI H, WHINSTON A B. Content sharing in a social broadcasting environment: Evidence from Twitter[J]. MIS Quarterly, 2013, 38(1): 123-142.

[42] SOUTHGATE D, WESTOBY N, PAGE G. Creative determinants of viral video viewing[J]. International Journal of Advertising, 2010, 29(3): 349-368.

[43] TAYLOR D G, STRUTTON D, THOMPSON K. Self-enhancement as a motivation for sharing online advertising[J]. Journal of Interactive Advertising, 2012, 12(2): 13-28.

[44] TEIXEIRA T. The new science of viral ads[J]. Harvard Business Review, 2012, 90(2): 23.

[45] VRIES L, PELUSO A M, ROMANI S, et al. Explaining consumer brand-related activities on social media: An investigation of the different roles of self-expression and socializing motivations[J]. Computers in Human Behavior, 2017, 75(10): 272-282.

[46] WU F, HUBERMAN B A. Novelty and collective attention[J]. Proceedings of the National Academy of Sciences of USA, 2007, 104(45): 17599-17601.

[47] YUKI T. What makes brands' social content shareable on Facebook?[J]. Journal of Advertising Research, 2015, 55(4): 458-470.

2 在线零售App的价值维度及其影响研究

摘　要　随着越来越多的零售企业相继开发出自己的 App 并开展在线零售，如何通过开发多样化的功能来促进消费者与在线零售 App 之间的关系，成为企业开展移动营销的重要问题。学者们对在线零售 App 价值维度的研究还不够深入，对价值维度的划分还没有统一标准。基于此，本文探索了在线零售 App 的价值维度并研究其与在线品牌契合、消费者持续使用意愿的关系。结果显示，在线零售 App 具有四个价值维度，即信息性、娱乐性、社交性和感官吸引力。其中，娱乐性、社交性和感官吸引力三个维度均对在线品牌契合有正向影响；信息性维度会对在线品牌契合的认知维度、情感维度产生正向影响，但对在线品牌契合的行为维度的正向影响未得到有效验证；在线品牌契合的认知、情感、行为维度对持续使用意愿有正向影响。这些研究结论可以为企业在线零售 App 的内容开发和营销策略提供指导。

关键词　在线零售 App；价值维度；在线品牌契合；持续使用意愿

2.1　引言

在数字经济时代，越来越多的消费者倾向于通过移动终端使用在线零售 App 进行购物消费。Taylor 和 Levin（2014）指出，在线零售 App 是零售商通过开发自己的应用程序（App）来应对移动购物的新趋势，是一款专门"为该零售商开发的独立软件程序"。本研究认为在线零售 App 是零售商利用数字智能满足消费者交易或非交易属性的移动营销体验的应用程序。根据麦肯锡《2022 年中国零售数字化白皮书》，70%的零售企业数字化能力的重点建设领域是线上渠道与自有平台。随着越来越多的企业开展在线零售 App 业务，行业竞争加剧、同质化严重、获客和留客成本日益增高，如何与消费者建立持续性的联系，成为企业考虑的关键所在。为解决这一问题，企业在在线零售 App 的营销方面不断创新，它们不再局限于关注消费者购买功能的使用，而是探索 App 多元化的价值内涵，希望满足消费者更多的需求。例如，"掌上优衣库"使品牌服装购买日趋便利的同时，为消费者提供全新的时尚信息指引；"小米有品"通过汇集多种方式分享展示家居好物，更加直观地帮助消费者选择最新的科技家居产品。消费者在使用在线零售 App 购买产品、使用产品的同时，可以感受到在线零售 App 带来的一系列附加价值。但也有一些在线零售 App（如"尚品网""乐蜂网"）因忽视消费者在线购物体验、使用率不高而逐渐淡化出消费者的视野。因此，在线零售 App 的哪些价值维度会影响品牌与消费者的关系建立，成为营销实践者关心的重要问题。

在线零售 App 的快速发展引起了国内外学者的不断关注和持续研究，目前的研究主要集中在 App 应用层面和消费者关系方面。应用层面的研究主要是关于在线零售 App 的技术开发、营销界面设计和顾客价值感知三个方面。例如，Roggeveen 等（2020）通过研究四十个零售技术的分类，认为顾客购买过程主要受零售技术的影响，研究将零售的过程分为购买前、购买和购买后三个阶段，分别对应了不同的零售技术需求；Deepak 等（2018）认为应用程序开发人员应该主要关注应用程序在视觉上的一致性、条理性和有序性，从而提高应用程序的有用性、易用性和有趣性，使其成为移动应用忠诚度的基本美学变量。Lee 等（2014）得出结论，产品的感知价值可能意味着消费者与产品或服务之间存在互动；宁昌会和胡常春（2015）提出感知有用性、感知易用性、感知有趣性、感知隐私性为 App 价值感知的内容。

在线零售 App 与消费者的关系研究主要集中在消费者购买意愿和使用意愿方面。Lee 和 Lim（2017）认为零售商通过分享准确的商品信息，做好商品信息的管理，有效地执行各个流程才能满足客户的需求，赢得他们的信任。在线零售 App 为客户提供了可以衡量价值、品牌、消费体验、购买决策的可应用性场景，顾客随时可以找到并且购买想要的商品。Fernandes 等（2020）认为移动购物应用已经成为一个流行的销售渠道，以到达无所不在的消费者。然而市场空间已变得高度竞争，因此，建立良好的客户黏性已成为保持市场份额和提高使用率的关键。

同时，在线品牌契合的研究已经成为移动营销背景下与消费者互动方式的新焦点。在线品牌的营销者认为品牌是最稳定的流量池，在线零售 App 通过品牌建立实现流量获取与消费者保持黏性，促进在线品牌契合。提高在线品牌契合的程度有助于企业获得更高的营销绩效结果，主要包括销售增长、成本降低、品牌推荐、增强消费者对产品开发过程的贡献、提升共同创造体验和良好的盈利能力（Bijmolt et al., 2010; Nambisan and Baron, 2007）。不少学者对在线品牌契合与消费者行为进行了深入研究，Van Doorn 等（2010）认为消费者对待品牌的行为不仅仅是购买行为，还包括顾客的角色内行为，如品牌忠诚，以及顾客的角色外行为，如为公司的品牌管理提供反馈和参与公司的品牌的正面口碑（Yi and Gong, 2013）。

在线零售 App 属于移动营销的范畴，同时它也属于信息系统。以往的购物 App 对消费者行为的研究都是建立在对信息系统研究的基础上，学者们基于技术接受模型和期望确认模型对消费者持续使用 App 的意愿进行了研究，但是尚未有研究将在线零售 App 的价值维度与消费者持续使用意愿结合起来。在线零售 App 的价值维度到底包括哪些方面？在线零售 App 的价值维度对在线品牌契合和消费者持续使用意愿有无影响，以及是如何影响的？它们之间的作用关系仍不明确。

因此，本文将探索在线零售 App 的价值维度，并研究其与在线品牌契合、消费者持续使用意愿的关系，从而为企业在线零售 App 的内容开发和营销策略提供指导。

2.2 文献综述

2.2.1 在线零售 App 价值维度的相关文献综述

目前国内外学术界中对在线零售 App 的价值维度研究涉及较少，缺乏较为系统的维度划分方式。由于在线零售 App 属于网络营销的渠道之一，关于网络营销渠道的研究或其他移动 App 的研究成果也能够为本文的研究提供一定的借鉴和参考。

基于顾客在零售 App 上感受到的价值研究，近年来学者们将注意力转移到了在线零售 App 自身。Mahatanankoon 等（2005）通过使用探索性分析，发现移动应用提供了五种不同的价值：内容交付价值、交易价值、基于位置的价值、紧急援助价值和娱乐价值。贺和平和周志民（2013）认为经济性价值、社会性价值、享乐性价值和利他性价值是在线购物价值的体现。Peng 等（2014）将价值维度应用于品牌 App 时选择了四个价值维度，研究认为质量价值、获取价值、效率价值是功能价值，情感价值是非功能价值。Ehrenhard 等（2016）的研究表明移动应用程序能够创造商业价值，并从与下游关联的角度提出了初创期企业应用程序的基础设施价值、自动价值、信息价值、战略价值。Alnawas 和 Aburub（2016）的研究证实了移动应用环境中存在四种基于交互的利益，即学习利益、社会整合利益、个人整合利益和享乐利益。Fernandes 等（2020）基于接受和持续使用技术相关的理论提出了数字氛围创造价值，其中包括信息内容、娱乐、感知易用性和信任。而 Bleier 等（2019）则通过 16 个实验对亚马逊商城进行了研究，认为在线零售的成功取决于网页的设计和创造对消费者产生的吸引力和体验感。根据质性研究的结果总结了信息性、娱乐性、社交性和感官吸引力四个有效维度影响消费者购买。

随着移动营销的快速发展和广泛应用，很多学者从营销特点、价值感知、App 特性等方面，研究了品牌 App、购物类 App、预定类 App 等移动应用，以及其对消费者行为、购买意愿的作用和影响。根据学者们的相关研究，本文总结了现有研究中关于移动营销 App 价值维度划分的情况，如表 2-1 所示。

表 2-1 价值维度划分

研究对象	维度划分	作者
购物 App	娱乐性、服务质量、系统质量、优惠性	林琳（2015）
品牌 App	娱乐性、便捷性、可靠性	叶进风（2017）
移动电商 App	易用性、便利性、娱乐性、安全性	蒋良骏和钱俊（2017）
旅游预定类 App	视觉性、互动性、情感性、易用性、有用性	郑樟鹏（2019）
社交媒体 App	参与性、互动性、娱乐性、个性化	翟玉墨（2019）

在对以往的研究成果进行整理和总结的过程中，我们发现较少学者将在线零售 App 的价值维度作为研究对象。从在线零售 App 的价值维度出发，探究其对消费者持续使用意愿影响的实证研究还比较少。本文在参考和借鉴国内外相关研究成果的基础上，结合当前在线零售 App 的营销现实情况，在 Bleier 等对网站价值体验维度划分的基础上，开发了在移动情境下在线零售 App 的价值维度，即信息性、娱乐性、社交性和感官吸引力四个维度。本文将在线零售 App 的四个价值维度作为理论模型的自变量，进而研究在线零售

App 的价值维度对在线品牌契合、持续使用意愿的影响。

（1）信息性

Molla 和 Licker（2001）认为在电子商务中良好的信息质量能够有效地创造顾客价值，信息质量是电子商务设计环节中最重要也是最基本的设计原则。通常情况下，我们可以将信息的相关性、准确性和有用性理解为电子商务的信息质量（Susser and Ariga，2006）。应用程序中的信息质量有两个维度：一般信息质量和产品相关信息质量（Aladwani，2006）。购物应用程序上可获得的产品相关信息相当于实体零售店中销售人员的服务，他们的作用是影响销售（Lohse and Spiller，1998）。由此可见，在线零售 App 的信息内容是连接零售商和购物者的重要渠道，客户通过零售 App 提供的信息搜索、评估、对比选择的产品或服务。

本研究认为信息性是消费者使用在线零售 App 了解产品信息的重要工具。在线零售 App 的信息要具有丰富性以满足消费者的使用需求，同时信息也要足够准确从而为消费者了解商品或服务提供便捷。因此，本研究对信息性的定义是：用户在使用在线零售 App 的过程中所获取信息的丰富程度。

（2）娱乐性

娱乐性是用户与计算机交互过程中所产生的个人主观感受（Lieberman，1977）。Moon 和 Kim（2001）认为感知娱乐性包括专注、好奇心、愉悦三个方面：①专注，是指用户在使用互联网的过程中集中精力进行某项活动，从而忽略其他事物的一种沉浸状态；②好奇心，是指用户在使用互联网的过程中被激发了想象力，希望与互联网深入互动，增强了用户探索互联网的兴趣；③愉悦，互联网给用户带来了娱乐的体验，用户能够感受到使用的乐趣，并且发自内心地想要使用互联网。基于对内在动机的阐述分析，感知娱乐性可以被定义为：用户与互联网互动过程中所产生的内在动机的满足程度。从享乐价值的角度，Anderson 等（2014）认为消费者渴望娱乐，并认为购买过程本身就是一种愉快的体验。Insley 等（2014）提出，电子商务越来越多地应用游戏技术来奖励和吸引用户，本质上是将在线活动重新定义为娱乐。

在线环境呈现出了多种娱乐体验来满足消费者需求，如消费者通过在线零售 App 获取有创意的产品信息，激发了他们的好奇心和想象力；消费者在使用在线 App 的过程中沉浸于游戏之中，得到了乐趣和轻松的体验。可见，在线零售 App 能给消费者带来愉快和新奇的体验感。基于此，本研究将在线零售 App 的娱乐性界定为用户使用在线零售 App 过程中主观感受到的愉悦程度。

（3）社交性

Paul（2005）认为营销在新媒体环境中有两种主要的交互性：第一，人际互动，是指一个人利用网络与他人交流的能力。第二，机器交互性，指的是个人访问新媒体内容的深度和广度。Zhang 等（2016）认为社交存在被定义为"社交商业环境使顾客能够与他人建立个人的、温暖的、亲密的社交互动的程度"。传统上，电子商务的卖方和买方之间没有直接的互动（Lu et al.，2016），但是社交商务使买卖双方能够互动并相互分享他们的观点（Hassan et al.，2018）。

在线零售 App 的社交性帮助消费者在在线环境中满足社交的基本需求，同时有助于消费者融入与在线零售 App 提供的多种方式的互动中，促进消费者多方面了解产品和服务。本研究将在线零售 App 社交性定义为：用户在使用在线零售 App 的过程中所参与的互动活动。

（4）感官吸引力

用户界面的视觉吸引力是应用程序设计的关键因素。刘璐（2013）认为感官营销是体验营销的一种，强调刺激消费者听觉、视觉等多个感官，从而激发消费者的感官体验。感官营销不仅能够激发消费者的购买行为，还能够提升产品的附加价值。Klein（2003）认为借助背景颜色、图形、图像、图标和动画，购物应用程序界面可以在视觉上吸引顾客的眼球。David 等（2021）研究发现，在线零售 App 界面的观感要赏心悦目才能够更好地吸引消费者使用。总之，消费者使用在线零售 App 的过程中需要感受到关于界面设计、图片、视频、色彩、音乐的多感官刺激，从而获得不同的感官体验。因而，本研究认为感官吸引力是零售 App 基于多感官的外在刺激所带来的使用体验。

2.2.2 在线品牌契合的相关文献综述

2.2.2.1 在线品牌契合的定义及测量

作为营销领域的新概念，品牌契合已经在心理学、社会学和市场营销学等领域得到了大量研究。国内大部分学者将 Engagement 翻译为"契合"，蕴含着双方的互动，体现出 Engagement 最初的含义。学者和营销管理人员一直将研究重点放在理解和增加品牌与消费者之间的互动上，因为它被视为品牌契合的最终表达（Brodie et al.，2011；Sprott et al.，2009），反映了顾客对品牌参与和联系的强度。近年来，学者们开始注重对在线环境下品牌契合的研究。网站和其他信息系统媒介能够作为品牌价值传递的载体，而消费者对品牌所建立的认知和情感可以被看作在线品牌契合的表现形式（Mollen and Wilson，2010）。在这种环境中，对一个品牌有共同兴趣的个人聚集在一起，形成在线品牌社区，使他们能够与品牌互动和契合（Brodie et al.，2013）。本研究采用Hollebeek等在2014年的研究中对在线品牌契合的定义，即在社交媒体的环境下，特定消费者在与品牌互动的过程中表现出与品牌相关的认知、情感和行为活动。

目前，关于在线品牌契合的维度划分，学者们进行了多年的研究并提出了自己的观点，如表2-2所示。

（1）单一维度：较少的学者认为品牌契合是单维度的概念。Algesheimer等（2005）认为品牌契合是指个人参与在线品牌社区的内在动机。Sprott等（2009）阐明了依恋理论和消费者—品牌关系。Jaakkola和Alexander（2014）考虑用行为维度来表达客户参与、自愿行为和价值共同创造之间的联系。

（2）多重维度：近年来越来越多的学者认为"契合"是一个多维度的概念。

表2-2 在线品牌契合维度划分

作者	概念	定义	多维
Algesheime等（2005）	品牌社区契合	通过消费者与社区成员互动合作的内在动机，认同品牌社区的积极影响	功利、享乐主义、社会
Calder等（2009）	在线契合	消费者对网站如何融入其生活的信念	刺激与灵感、社会便利化、时态、自尊和公民意识、内在享受、功利
Mollen和Wilson（2010）	在线消费者契合	与品牌建立积极关系的认知和情感承诺，通过网站或其他旨在传达品牌价值的计算机媒介实体来体现	认知价值、工具价值和经验价值
Hollebeek（2011a）	顾客品牌契合	通过顾客与品牌的认知、情感、行为的互动活动，表现出顾客的心理状态和行为方式	认知、情感、行为
Hollebeek等（2014）	社交媒体情境下的顾客品牌契合	在特定的消费者品牌互动过程中，或与特定的消费者品牌互动相关的认知、情感和行为活动中，消费者的正向价值对品牌相关的认知、情感和行为活动产生影响	认知、情感、激活

续表

作者	概念	定义	多维
Vivek 等（2014）	消费者契合	对一个品牌的行为表现，即消费者投入努力的注意力、持续的参与和品牌相关的其他人的互动，以发展自己与品牌的深厚联系	消费者关注、热情参与和社会联系
张辉、陈晔（2017）	旅游品牌契合	品牌契合是顾客对品牌参与和联系的强度，它聚焦于顾客与品牌或其他顾客的互动体验和共创价值	认同、激情、关注、专注和互动
杨萍等（2020）	员工品牌契合	员工表现出与企业品牌互动过程中的心理状态和行为表现，是对企业品牌态度和行为的体现，主要受到外部环境和内部动机的影响	品牌认知、品牌情感、品牌意向和契合行为

根据文献整理可知，多维度的品牌契合概念被大多数学者所认可。Chen 和 Hollebeek（2014）认为在社交媒体情境下的品牌契合包括认知、情感和激活三个维度。该研究以 Facebook 作为研究对象，对在线品牌契合的维度及相关定义做出了解释，开发了 10 个题项的量表用于测量在线品牌契合。基于 110 名受访者样本，Vinerean 和 Opreana（2015）开发了 11 个题项的量表，分别从认知、情感、行为维度对消费者品牌契合进行测量。该研究检验了在线环境中消费者品牌契合测量的可靠性和有效性。因此，本文也采用主流学者的多维观点对在线品牌契合进行研究。

2.2.2.2 在线品牌契合的前置因素

品牌契合的影响因素很多，学者们基于不同视角对此也进行了充分研究。

（1）从企业的角度出发，通过研究在线品牌社区的网站质量，Loureiro 等（2020）发现有效性、有用性和相关性的内容能够创造与消费者的情感联系，进而对在线品牌契合产生积极影响。同时，在线品牌契合的认知加工是最重要的维度，它促进了消费者对品牌的积极情绪。Algharabat 等（2018）研究了社交媒体情境下品牌契合的前因及其对非营利组织的影响。他们发现，远程呈现、社会存在和消费者参与对品牌契合有积极影响，同时品牌契合又会影响电子口碑和捐赠意愿。Xi 和 Hamari（2019）认为在线社区的游戏化营销内容能够促进消费者的品牌契合，进而增强企业的品牌资产。

（2）从消费者的角度出发，Hsiao 等（2015）认为，品牌应该为消费者提供期望满足的机会，包括自我表达、激情创造、丰富的信息、归属感等，从而促进在线环境中的消费者品牌契合。从自我决定理论的角度出发，Osei-

Frimpong（2019）研究了消费者动机与社交媒体品牌契合的关系。当消费者受到内部动机（如享受、兴趣、乐趣、过去经历等）、外部动机（如获得同伴认可、社会认同、晋升和奖励等）的驱动时会产生社交媒体品牌契合。社交媒体应该采取能够激发顾客兴趣和好奇心的策略，促进他们与品牌的社交互动，建立与品牌社交媒体平台的长久联系。尹世民等（2017）认为，品牌契合形成的关键在于品牌能够洞悉消费者的情感并且建立与消费者的正向联系。当消费者对品牌形成情感承诺时，便会倾向于参与品牌活动，从而加强与品牌的联系。

2.2.2.3 在线品牌契合的结果变量

Loureiro 等（2016）认为积极的口碑是在线品牌契合的主要结果。管理者应该设计带有情感的、愉悦的互动活动，创造消费者与品牌的在线互动。Sadek 和 Mehelmi（2020）研究了银行行业的在线品牌契合，发现客户品牌契合对品牌满意度、信任度和忠诚度产生了显著的正向影响。Malciute（2013）提出了在线社交媒体平台上客户品牌契合的概念模型。研究表明，顾客品牌关系的相关因素会影响顾客品牌契合程度，进而影响行为忠诚度和推荐品牌的意向水平。Khan 等（2016）对在线环境中的顾客品牌契合进行了研究，结果表明，顾客品牌契合不仅提高了品牌满意度和品牌忠诚度，还为消费者提供了独特和难忘的品牌体验。

很多学者对品牌契合与消费者行为的关系也进行了深入研究。Bellman 等（2011）研究发现，使用流行应用程序增加了参与者对品牌和产品类别的兴趣。消费者将品牌视为互动伙伴，并在与品牌的互动中发展自身与品牌的关系。消费者除了追求品牌的物质价值外，还寻求从品牌中获得非物质的、情感的、心理的，以及社会文化的益处（Aurier and Lanauze，2012）。也有学者强调顾客契合对顾客购买意愿（Vivek et al.，2014；Islam et al.，2017）或使用意愿（Hollebeek et al.，2014）的作用。郭爱云和杜德斌（2018）认为，消费者与品牌的关系主要表现为心理和行为两个层面。当消费者与品牌建立了心理和情感的紧密联系，会提升消费者对品牌心理和行为层面的忠诚表现，这就意味着消费者与品牌形成了持久的关系，并且达到了较高的品牌契合程度。

2.2.3 持续使用意愿的相关文献综述

在消费者行为研究中，意愿通常被学者们认为是一种概率和可能性。使用意愿（usage intention）可以理解为用户对某个新事物产生了内在动机下的主观行为倾向。对于在线零售 App 来说，消费者的使用意愿通常与消费者的使用感受、服务体验、购买行为有紧密的联系。随着消费预期不断被满足，用户在初次接受在线零售 App 后没有停止使用，反而提高了使用频率，可以看作是消费者对在线零售 App 的持续使用意愿（continuance intention）。根据以往学者们的定义，持续使用意愿是用户在未来较长时间里选择继续使用某个信息系统的主观强度，是一种由心理状态主导的行为动机。

持续使用意愿与初次使用有根本上的不同。"持续"是一种连续的、不间断的状态，它是指用户在心理上认可某产品并且不断选择它的主观意愿。而初次使用是消费者对新事物的接受与采纳。Fornell（1996）提出，用户在初次使用产品或服务后的整体评价与感受决定了将来的一段时间是否会继续使用该产品或服务的状态，即持续使用意愿。Bhattacherjee（2001）通过对信息系统期望确认模型的研究，总结了持续使用意愿的定义，即个体选择继续使用某信息系统的主观倾向。通过对上述文献的总结梳理，本文在研究中将持续使用意愿定义为：消费者愿意未来持续使用在线零售 App 后的意图和倾向。

（1）信息系统持续使用模型

在信息系统的研究中，学者们用理性行为理论（TRA）、计划行为理论（TPB）、技术接受模型（TAM）等理论模型对信息系统进行研究，从消费者动机方面探索了消费者接受信息系统的影响因素。研究发现，信息系统的成功不能仅靠消费者初次接受和采纳，还需要长期持续使用。随着期望确认理论的提出，学者们将关注点放在了信息系统绩效表现与消费者期望的达成上，继而对信息系统进行研究。

信息系统持续使用是指用户在未来较长一段时间里会持续使用某种信息系统（Bhattacherjee et al.，2008）。以往学者们研究信息系统时主要关注用户的采纳意愿和行为，很少对信息系统持续使用意愿和行为进行研究。Bhattacherjee（2001）基于期望确认理论构建了信息系统持续使用模型（ECM-ISC），如图 2-1 所示。该模型的有效性在研究中得到了证实，也为今后信息系统持续使用的研究提供了理论基础。

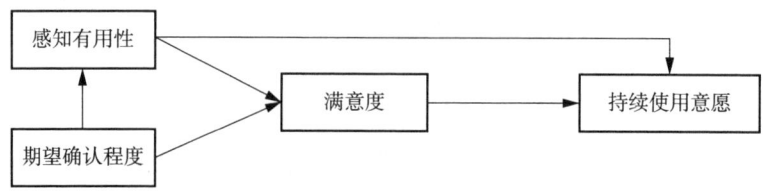

图 2-1　信息系统持续使用模型

信息系统持续使用模型中包含感知有用性、期望确认程度、满意度和持续使用意愿四个变量（见图 2-1）。用户感知到信息系统提供的信息或服务能够帮助到自己，在使用过程中与自己的期望进行对比。随着使用的深入，用户感受到有用性和期望的满足，继而达到满意，并产生了愿意继续使用的主观想法。本研究拟使用信息系统持续使用模型对在线零售 App 的持续使用意愿进行研究。

（2）信息系统持续使用模型的研究进展

根据不同的研究情境，学者们后续对信息系统持续使用模型展开了大量研究。Lin 等（2014）将感知娱乐性加入信息系统持续使用模型中，通过对模型的拓展，证实了期望确认积极影响感知有用性和感知娱乐性，进而积极影响用户对网络内容的满意度和持续使用意愿。基于信息系统持续使用模型，Oghuma 等（2015）的研究认为期望确认这一变量对用户感知移动信息服务系统的有用性、娱乐性、安全性等均产生影响，进而影响用户的满意度和持续使用意愿。Hsu 等（2015）通过期望确认模型对价值感知、期望确认、满意度和购买意愿的关系进行了研究，发现价值感知能够正向影响顾客对购物 App 的满意度和购买意愿。

通过以上文献梳理，我们发现信息系统持续使用模型也有其局限性。首先，该模型的建立背景是基于银行系统产生的，对其他系统的应用过程会有一定的约束和局限。其次，用模型中的三个变量解释信息系统对消费者持续使用意愿的影响还不够全面。因此，学者们根据不同的研究情境，在信息系统持续使用模型的基础上加入了特定变量对模型进行修正。同时，相关研究仅考虑了持续使用意愿这一结果变量，对实际行为的影响还有待扩展。

2.3 理论模型与研究假设

2.3.1 理论模型构建

基于信息系统持续使用模型，本研究引入在线零售 App 的多维度价值和在线品牌契合从而建构理论模型，如图 2-2 所示。将在线零售 App 各价值维度作为自变量，将在线品牌契合作为中间变量，将消费者持续使用意愿作为因变量，探究在线零售 App 价值维度与在线品牌契合、消费者持续使用意愿的影响关系。

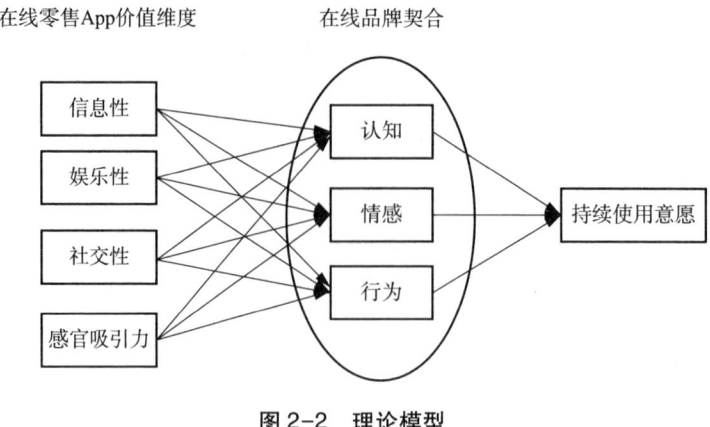

图 2-2　理论模型

2.3.2　研究假设

2.3.2.1　在线零售 App 的价值维度对在线品牌契合的影响

（1）在线零售 App 的信息性与在线品牌契合

在线零售 App 的信息性是指用户在使用在线零售 App 的过程中所获取的丰富的信息程度。在线零售 App 通过发布有关企业、品牌、产品或含有知识的信息内容帮助消费者加深对品牌的了解。而在线品牌契合的认知维度是指消费者在思想上对某个品牌内涵和价值的认识和理解。当品牌的产品和服务被消费者所接受时，消费者对于品牌的认识会逐渐形成，进而产生了认知层面的品牌契合。

黄静等（2014）提出信息质量能够对消费者的品牌认知产生积极影响。迟强（2017）认为品牌 App 提供了消费者品牌认知的形成基础。它不仅满足了消费者在使用过程中的信息需求，同时也表达了品牌承诺、品牌利益和品牌个性等内容。Lu 等（2016）认为信息的生动性能够增加消费者的品牌认知，进而影响品牌态度。Mya 等（2012）通过对消费者与品牌契合关系的研究，发现品牌传播的信息内容是消费者品牌认知形成的基础，并对消费者品牌认知契合产生影响。

在线品牌契合的情感维度是指消费者在使用在线零售 App 时获得积极体验的程度，是品牌对消费者吸引力影响大小的体现。Kim 等（2013）发现，品牌的信息策略对消费者具有较强的吸引力，并且经常被消费者使用。Reitz

(2012)认为消费者感知信息质量是对信息准确性和有用性的评估。通过研究 Facebook 中品牌页面提供的关于品牌与产品的有用信息,他发现在线品牌契合受到信息质量的积极影响。可见,有价值的信息内容能够促进消费者良好的在线体验,增强消费者与品牌的情感契合。

在品牌上花费的时间、精力和参与程度是消费者与品牌产生行为契合的体现,即消费者与在线品牌进行互动的程度。消费者通过丰富的信息价值从认知、情感层面了解品牌后才会产生行为上的互动。De Vries 等(2014)发现丰富的品牌内容会影响消费者参与在线社区的动机。Bellman 等(2011)研究发现消费者在品牌 App 中感受到的有效信息体验可以提高用户参与度。消费者在在线零售环境中可以比较商店,寻找额外的产品信息或评论,实时分享照片并收集信息(Fulgoni and Lipsman,2015)。Kilgour 等(2015)认为,消费者积极参与和分享品牌的相关活动是品牌契合的具体表现。当消费者感知到信息内容的价值时,就会促进消费者对社交媒体的品牌契合。在线零售 App 向消费者传达和品牌相关的、有价值的信息内容,通过思想和心理层面影响消费者认知和情感的契合,进一步促使消费者对在线品牌产生行为上的参与和互动。

因此,本研究提出以下假设:

假设 1a:在线零售 App 的信息性维度对在线品牌契合的认知维度有正向影响。

假设 1b:在线零售 App 的信息性维度对在线品牌契合的情感维度有正向影响。

假设 1c:在线零售 App 的信息性维度对在线品牌契合的行为维度有正向影响。

(2)在线零售 App 的娱乐性与在线品牌契合

许多品牌零售商都期望消费者使用在线零售 App 购物时获得良好的体验感。通过娱乐内容的开发,消费者能够在轻松快乐的氛围下了解品牌内涵、享受品牌服务以及感受品牌故事。网络信息呈现的方式越有趣,用户越容易接受(Karat et al.,2002),并在接受的过程中逐渐形成对品牌的认知。Insley 等(2014)的研究表明,在线零售的游戏化在认知上将购物体验重新定位为一种娱乐形式,有助于产生更深层次的消费者参与。Poteet(2010)认为,移动应用通过提供有趣的信息内容,帮助消费者形成对产品的认知,使其在过程中进一步产生品牌体验感,最终形成对品牌的评价。

在线零售 App 的娱乐性内容能够在情感上感染消费者，帮助品牌提升吸引力，同时为消费者建立心理层面的品牌认同。Olaleye（2018）认为零售 App 游戏化营销是吸引买家的另一种新颖方式。它通过创造乐趣，诉诸消费者的情感从而改变其购物行为，促进其参与度和忠诚度。Thaichon 和 Quach（2015）认为，为增强用户在数字环境中的娱乐性，企业需要通过创造一种逃避、快乐和乐趣的感觉来确保数字平台让用户感到愉快。用户通常将更强的品牌依恋归因于他们在社交媒体参与中获得的情感内容。

有趣的购物体验能够促进消费者与品牌进行互动。Kim 等（2013）认为品牌应用程序比传统的网络更吸引人。有趣的娱乐体验能够促进消费者对品牌的了解，并使其主动与品牌进行互动。Moon 等（2001）认为社交媒体为用户提供了享受和快乐的新来源，用户的态度和行为受到生动有趣的网络信息内容的积极影响。顾客与品牌频繁互动并参与品牌社区也是娱乐性内容价值体现的形式（Gummerus et al.，2012）。在线零售 App 通过游戏化、新奇、生动有趣的信息来展现其娱乐性价值。当消费者在使用体验中感知到多方面的娱乐价值时，会表现出对品牌的契合，增强对品牌的认知和偏好、购买行为、口碑传播，进而吸引更多的消费者共同参与在线零售 App。

因此，本研究提出以下假设：

假设 2a：在线零售 App 的娱乐性维度对在线品牌契合的认知维度有正向影响。

假设 2b：在线零售 App 的娱乐性维度对在线品牌契合的情感维度有正向影响。

假设 2c：在线零售 App 的娱乐性维度对在线品牌契合的行为维度有正向影响。

（3）在线零售 App 的社交性与在线品牌契合

社交是我们日常生活中的基本需求。Kreijns 等（2004）认为社交的存在增强了消费者对品牌作为"真实的人"的认知。消费者在在线虚拟社区中讨论他们的体验并评估其他用户对品牌产品的评论，分享与品牌相关的知识和经验有助于消费者提高品牌认知。Hudson 等（2016）指出消费者与品牌的在线互动交流可以增强品牌的影响力，带来高质量的品牌关系。健康的品牌关系能够引导消费者在网上接触和谈论品牌，这为消费者对品牌的深入认知创造了更多的机会。

王嵩（2020）认为移动电商应该是具有拟人化特点的营销平台。通过温暖的关怀、生动友好的互动、真挚热情的服务，在线零售 App 使消费者对品牌产生积极的心理感知，从而增进消费者与品牌之间的感情。Steinmarm 等（2015）研究了在线消费社区中的品牌契合。品牌与消费者进行有感情的沟通或个性化的内容宣传，会加深消费者与品牌之间的联系。Van Doorn 等（2010）认为品牌通过对意见反馈的回应创造了与消费者互动的环境，而消费者积极参与行为会促进消费者和品牌良好的情感关系。

Michaelidou 等（2011）发现企业使用社交网络能够提高品牌知名度，增进与消费者的在线交流以及改善客户关系，使客户有更多的机会与他们喜欢的品牌互动并在品牌社区中保持活跃（Brodie et al.，2013）。Kim 等（2015）发现，零售商应用程序因为提供了方便的互动参与机会从而增加了销售额。消费者在与品牌的接触、社交和沟通中会更倾向于对品牌做出更积极的反应，其中包括认知、情感和行为反应（Hassanein et al.，2006）。在线零售 App 通过品牌对粉丝的问候、用户之间的交流、购买产品的评价等多种内容满足了消费者的社交需求，同时多角度地展示了品牌内涵，帮助消费者在认知、情感、行为三个维度上与品牌建立联系，使消费者的在线品牌契合度不断提升。

因此，本研究提出以下假设：

假设 3a：在线零售 App 的社交性维度对在线品牌契合的认知维度有正向影响。

假设 3b：在线零售 App 的社交性维度对在线品牌契合的情感维度有正向影响。

假设 3c：在线零售 App 的社交性维度对在线品牌契合的行为维度有正向影响。

（4）在线零售 App 的感官吸引力与在线品牌契合

消费者可以通过感官刺激逐渐形成对品牌的了解，如品牌的色彩、界面风格或代表性的音乐等。Pentina 等（2011）认为，对品牌美感的发现和认识主要是通过消费者的感官实现的。消费者通过视觉、听觉等多个感官对品牌进行体验，从而形成对品牌的认知。Jennings（2000）认为品牌的应用程序可以使用美学和多媒体来吸引用户的感官。Bhandari 等（2017）认为移动应用界面的美学内容会对消费者产生感官刺激，强烈影响用户对该品牌的最初印象。

在线零售 App 的感官吸引力在帮助消费者理解品牌的同时，还能培养消费者情感。Aboulafia 等（2004）认为意想不到的变化（视觉或听觉）和新奇感会吸引消费者注意力，也能引发他们的好奇心。Park 等（2005）认为购物应用程序界面的背景颜色、图形、图标和动画不仅在视觉上可以吸引顾客的眼球，还能够增加顾客对该品牌购物应用程序的回忆。一个有吸引力的品牌界面应该使用适当的颜色、醒目的图标和动画，使消费者通过界面的外观和感觉产生愉悦的品牌体验。Kang 等（2015）认为应用程序界面内容的视觉满意度是影响应用程序情感参与的因素。刘丽珺（2018）认为，移动应用提供的感官体验有助于品牌形象的建立。通过创造多感官刺激的广告设计，移动应用能够使消费者产生情感和身体共鸣，从而影响购买行为。

在线零售 App 通过对消费者多感官的刺激，促使消费者在心理上产生了认识和情感，进而促使消费者在行为上积极参与。Kim 等（2013）认为品牌应用程序的图形、动画和声音呈现能提升消费者对应用程序的参与体验水平。Deepak 等（2018）发现移动应用的视觉审美因素会影响用户的使用以及对品牌的忠诚。郑晓东（2017）提出 App 趣味性的动画内容对提升用户的感官享受具有积极作用。Nysveen 和 Pedersen（2014）指出，品牌社交平台应该以有趣且吸引人的方式创造积极的感官体验，进而对消费者品牌契合产生积极影响。可见，在线零售 App 通过界面布局、多媒体设置、色彩搭配等形式，创造吸引消费者多个感官的品牌内容，激发消费者对产品和服务的需求，从而帮助消费者实现愉悦的使用体验。

因此，本研究提出以下假设：

假设 4a：在线零售 App 的感官吸引力维度对在线品牌契合的认知维度有正向影响。

假设 4b：在线零售 App 的感官吸引力维度对在线品牌契合的情感维度有正向影响。

假设 4c：在线零售 App 的感官吸引力维度对在线品牌契合的行为维度有正向影响。

2.3.2.2 在线品牌契合对持续使用意愿的影响

消费者在使用在线零售 App 的过程中表现出从心理到行为积极互动的状态，称为在线品牌契合。消费者花费时间浏览在线零售 App，了解其品牌文化、宣传理念和内在的价值观，会在思想层面形成对零售品牌的认知。一方面，他们会认可在线零售 App 的价值内涵，同时形成一种承诺与归属，并加深了与其之间的感情。当品牌的在线零售 App 有新的功能时，他们会在第一时间参与。另一方面，在线零售 App 多维度的价值内容创造了良好的品牌印象，引导消费者从多角度、多方面对品牌内涵进行了解，提升了品牌体验的愉悦感，消费者会更乐意分享关于品牌的体验，同时通过与其他消费者的交流提升品牌的口碑，影响消费者的持续使用意愿。

在线品牌契合也会进一步影响消费者行为，对消费者使用在线零售App的持续意愿产生影响。刘振华（2017）研究发现，一旦消费者对某品牌的产品或服务所具有的价值形成认知，其便会在沟通交流的过程中主动宣传、介绍品牌并不断参与品牌的互动活动。Stokburger（2010）认为品牌社区提供了功利、社交、情感等多种体验内容，会增强消费者的融入感，最终形成消费者与品牌之间紧密持久的关系。Iyera等（2018）认为应用程序和零售品牌之间的一致性有助于消费者对零售应用程序的价值感知。消费者与品牌的互动被认为更人性化，从而产生更持久的关系结果（Lou et al., 2019）。可见，提高在线品牌契合的程度会增强消费者持续使用在线零售App的意愿。

因此，本研究提出以下假设：

假设5a：在线品牌契合的认知维度对持续使用意愿有正向影响。

假设5b：在线品牌契合的情感维度对持续使用意愿有正向影响。

假设5c：在线品牌契合的行为维度对持续使用意愿有正向影响。

2.4 在线零售App价值维度的探索性研究

本研究通过访谈法进一步验证在线零售App的四个价值维度内涵，进而探索所研究的三个变量之间关系的合理性，为后续的实证研究提供较为充实的质性研究基础。

2.4.1 访谈对象

为保证本次访谈内容的有效性、过程的科学性、结果的真实性，本文在选择访谈对象时提出以下要求：①受访者经常使用在线零售App进行购物体验，对在线零售App有广泛的参与度，能够提供翔实的信息；②受访者有一定的学历背景，能够熟练使用在线零售App并且清楚地表达自己的使用体验和需求；③随机选取受访者，不聚焦于同一类人群，以避免因人群聚焦而产生的同质化结果，影响研究结果分析；④在选择受访者时，提前进行受访意愿的沟通，表明访谈目的，以保证访谈信息收集全面以及访谈效果的达成。

受访者基本信息如表2-3所示。

表2-3 受访者基本信息

序号	姓名	年龄	职业	教育背景	居住城市	受访形式	访谈时间
1	卜女士	29	教师	研究生	西安市	面谈	39分钟
2	陈先生	30	主持人	本科	西安市	面谈	50分钟
3	李先生	36	公务员	本科	西安市	面谈	45分钟
4	史先生	31	公务员	本科	包头市	在线视频	55分钟
5	郭女士	30	个体	本科	西安市	面谈	42分钟
6	田女士	32	教师	本科	西安市	面谈	35分钟
7	陈女士	32	自由职业	本科	西安市	面谈	38分钟
8	冯先生	31	职员	研究生	济南市	在线视频	42分钟
9	王先生	21	学生	本科	西安市	面谈	33分钟
10	韩女士	23	学生	本科	西安市	面谈	48分钟
11	武女士	31	医生	本科	西安市	面谈	36分钟
12	任女士	30	职员	研究生	西安市	面谈	45分钟
13	秦先生	31	职员	本科	西安市	面谈	35分钟
14	马先生	36	职员	本科	西安市	面谈	42分钟
15	程女士	35	职员	研究生	北京市	在线视频	33分钟
16	苟女士	34	会计	本科	西安市	面谈	50分钟
17	常先生	33	职员	研究生	济南市	在线视频	32分钟
18	施先生	29	职员	本科	西安市	面谈	55分钟
19	高女士	32	职员	研究生	西安市	面谈	36分钟
20	魏先生	28	职员	研究生	济南市	在线视频	43分钟
21	刘女士	26	自由职业	本科	西安市	面谈	38分钟
22	栗女士	27	学生	研究生	西安市	面谈	48分钟
23	吴女士	22	学生	本科	重庆市	在线视频	40分钟
24	颜先生	33	教师	本科	包头市	在线视频	33分钟
25	郝先生	36	职员	研究生	西安市	面谈	40分钟
26	胡女士	29	职员	本科	北京市	在线视频	45分钟
27	赵女士	26	职员	本科	济南市	在线视频	32分钟
28	石女士	31	职员	本科	西安市	面谈	45分钟
29	曾女士	30	自由职业	本科	重庆市	在线视频	35分钟

受访者信息汇总如表 2-4 所示。

表 2-4 受访者信息汇总

类别名称	属性	人数	占比
性别	男	12	41.38%
	女	17	58.62%
年龄	20~29 岁	10	34.48%
	30~39 岁	19	65.52%
学历背景	本科	20	68.96%
	研究生	9	31.03%
地域分布	西安市	19	65.51%
	济南市	4	13.79%
	北京市	2	6.90%
	重庆市	2	6.90%
	包头市	2	6.90%
职业	在职	25	86.22%
	学生	4	13.79%
访谈时间	平均用时（分钟）	41.03	—

2.4.2 访谈结果分析

此次访谈过程中，受访者使用的在线零售 App 包括淘宝、京东、当当、唯品会、拼多多、小米有品等。笔者对受访者提出的相关词句进行梳理分析，并对访谈内容进行整理汇总，具体结果如表 2-5 和表 2-6 所示。

表 2-5 访谈内容汇总

价值维度	属性	受访者语言描述示例
信息性	有用性	"在使用淘宝的时候，商品的内容评论，包括图片视频的反馈对于我在挑选商品的时候很有帮助。"（郭女士，30 岁） "在我购买商品的时候，京东每次都会显示今日几点前下单、明日送达的时间区间，这对于我来说很有帮助。"（田女士，32 岁）
	准确性	"比如我购买一款热水器的时候，页面上会提供详细的参数信息便于我根据需要了解热水器的容量和功率大小。"（施先生，29 岁） "我在使用 App 购物的时候，它能够给我反馈准确的信息，让我对商品内容有真实了解。"（赵女士，26 岁）

续表

价值维度	属性	受访者语言描述示例
信息性	广泛性	"手机购物的好处是我可以在淘宝上购买我需要的任何东西，零售 App 给你提供的商品非常广泛，让你有充分的选择性，足不出户就可以买到很多需要的不同品类的物品。"（石女士，31 岁） "有时候我生活中需要购买某个商品但是我不知道具体怎么形容，我就输入关键词，在淘宝 App 里会出现好多类似功能的商品，有时候会比我自己预想购买的东西还要好，不得不说产品覆盖的范围很大。"（程女士，35 岁）
	及时性	"每次爆款的衣服、配饰或者很流行的产品，在 App 搜索就立刻能找到，App 的信息更新会跟随热点。"（刘女士，26 岁） "我通过个人界面，可以查询我购买的商品商家是否发货，或者物流进度，便于我掌握商品动态，尤其是一些急需的商品，我感觉很方便。"（任女士，30 岁）
娱乐性	趣味性	"购物 App 里有消消乐闯关游戏，然后一分钱就可以购买我想要的商品，很有意思，我在娱乐的同时赢得了想要的商品，也可以帮我打发无聊的时间。"（武女士，31 岁） "我在得物 App 上买鞋子的时候，有个功能我觉得很好玩，当我不确定鞋子的样式自己穿上是不是好看的时候，我就点开 App 的试穿按钮，通过 AR 试穿让我感受鞋子上脚的效果，最后决定要不要买，让我觉得很方便，解决了线上购买鞋子看不到效果的困扰。"（韩女士，23 岁）
	新奇性	"我经常会关注小米有品 App 里的小米众筹这个内容板块，让我了解小米公司最近在做什么、公司最新研发的东西是什么，不断地了解很多新的东西、新的科技，这可以丰富我的知识，很有意思，也很好玩，激发了我的好奇心，我每天没事的时候就会看看。"（施先生，29 岁） "淘宝 App 会给我推荐很多生活神器，涉及生活的方方面面，很多时候有很好玩、很新奇的东西。"（高女士，32 岁） "买书最好用的就是当当网，当想要知道这本书的内容就可以尝试在线试读的功能，让我通过试读来决定要不要购入这本新书。"（马先生，36 岁）
社交性	多媒体互动	"当我需要购买一个商品的时候，如果有店铺直播的话我会直接点进去。跟主播进行互动，商品会直观地被展示出来，这样我的疑问就可以很快得到解答，为我购买产品带来了很多便捷。"（史先生，31 岁） "我觉得现在直播销售的互动方式挺好的，因为在直播间里不仅有优惠活动，还可以跟主播和其他观看的消费者一起互动，主播会关注到你，感觉很亲切。"（栗女士，27 岁）
	交流联系	"我经常在网上买盆栽，有的品牌商家会有互动花友群，我会加入进去，因为在养护盆栽的过程中难免会遇到问题，在社群里大家互相交流经验，感觉也挺有帮助的。"（卜女士，29 岁） "有时候会收到淘宝 App 发来的消息，有陌生人询问我之前购买商品的使用感觉，我看到会回复，可以帮助他人选择商品。"（田女士，32 岁）

续表

价值维度	属性	受访者语言描述示例
感官吸引力	界面吸引	"对于现在经常使用的零售 App,希望继续细分商品品类,界面设计的纯洁干净对于我来说很重要。目前 App 的 UI 太复杂,商品琳琅满目,无法很快找到自己心仪的商品。"(马先生,36 岁) "我很在意零售 App 的界面设计,它会决定这款 App 给我的视觉感,是否让我觉得很舒服、有没有想要使用的意愿。"(武女士,31 岁) "我会希望 App 在选择自己定位的时候,增强设计感,我个人偏好简约的设计。"(魏先生,28 岁) "淘宝是我个人觉得使用很顺手的一款零售 App,它的每一个板块都让我觉得很便捷。包括页面楼层的商品分布,为我提供了很好的购物指导,很符合我的使用需求。"(赵女士,26 岁)
	布局颜色	"京东我想到它的时候就是红色,淘宝就是橙色,界面的颜色搭配也会让我觉得是不是使用舒服的一个原因。"(吴女士,22 岁) "小米有品和网易严选感觉界面的色彩搭配很干净,是我喜欢的风格,有一种日系的感觉。"(施先生,29 岁)
	影音图像	"在进入淘宝首页的时候,不管是视频窗口推荐,还是商品图片的循环切换,都会吸引你的眼球,让你想要点进去看看到底推荐的是什么样的产品。"(曾女士,30 岁) "淘宝设置的按键声音我是喜欢的,因为在切换不同模块的时候,我会真实地感受到我进入这个板块了。"(胡女士,29 岁)

表 2-6 持续使用意愿的访谈汇总

关键词	详细描述示例
持续使用	"选择长期使用淘宝、京东这些零售 App,首先是因为经过时间的考验它们值得消费者信赖,长期以来购物体验很好,各个功能设置非常成熟、完善,所以就择一直使用。"(韩女士,23 岁) "最开始是通过朋友推荐使用线上零售 App 的,现在我会对它们有一个划分,比如家电就首选京东,日用品选择淘宝,买书就选择当当,我觉得这是因为它们品牌的定位和划分,然后在购买此类商品的时候会想到并且使用这些 App。"(李先生,36 岁)

2.4.3 访谈结果汇总

访谈结果(见表 2-7)基本验证了在线零售 App 的四个价值维度内涵,同时也探索了在线零售 App 的价值维度、在线品牌契合和消费者持续使用意愿三个变量的关系,为假设模型的研究验证做了铺垫,为后续进行数据分析提供了定性的理论支撑。

表 2-7 访谈结果汇总

在线零售 App 价值内涵属性		从文献概括的价值内涵	访谈内容关键词	从访谈中提取的关于在线零售 App 价值维度内涵的补充
在线零售 App 对消费者持续使用意愿的影响	信息性	有用性、广泛性、准确性	商品信息更新速度快	及时性
	娱乐性	有趣、好玩	产生好奇	新奇性
	社交性	创造联系、敏感	多媒体（直播）带来新的互动方式	多媒体互动
	感官吸引力	生动、不同感官感受、令人兴奋	色彩搭配、版面布局	布局颜色
	持续使用	—	继续使用、乐意使用、推荐、关注	—

在线零售 App 的四个价值维度，即信息性维度、娱乐性维度、社交性维度、感官吸引力维度都在访谈中一一得到了验证。为更贴近国内情境的研究，本研究在信息性维度的测量范围增加及时性、在娱乐性维度方面增加新奇性、在社交性维度方面增加多媒体互动、在感官吸引力维度方面增加布局颜色，以更好地拓展在线零售 App 的价值维度内涵。同时，在线零售 App 的价值维度对在线品牌契合、持续使用意愿的假设也是基本成立的，这将在实证研究中进行进一步探究。

2.5 在线零售 App 价值维度与在线品牌契合、持续使用意愿的关系研究

2.5.1 研究设计

本研究构建的模型包含了八个变量，分别是自变量在线零售 App 的价值维度（见表 2-8），即信息性维度、娱乐性维度、社交性维度、感官吸引力维度；中间变量为在线品牌契合的认知维度、情感维度、行为维度（见表 2-9）；结果变量是持续使用意愿（见表 2-10）。变量量表的测量问项基于访谈结果和已有相关研究共同产生，使用李克特七级量表进行测量。为保证调研数据质量，本研究在正式发放前选择不同职业和领域的人员共 50 人进行了预调研，收集反馈意见，确保正式问卷在内容和语言表述上的严谨和完整。正式调查采取线上线下调研相结合的方式收集数据，线上通过使用专业的问

卷数据调研平台——"见数",以付费的形式发放了 240 份问卷开展调研;线下发放问卷 110 份。本次发放问卷共计 350 份,通过对线上线下问卷的整理、汇总与筛选,最终得到有效问卷 287 份。

表 2-8 在线零售 App 价值维度测量量表

变量	测项	编码	测量问项	来源
信息性维度	有用性	IN1	我通过该在线零售 App 的产品页面获得了很多有用的信息内容	Bleier 等（2019）
	准确性	IN2	该在线零售 App 会提供准确的商品信息内容	
	广泛性	IN3	我认为该在线零售 App 有我需要的广泛的信息内容	
	及时性	IN4	该在线零售 App 能够为我提供及时的信息内容	访谈研究得出；Ahn 等（2007）
娱乐性维度	趣味性	EN1	使用该在线零售 App 给我带来了乐趣	Bleier 等（2019）
	新奇性	EN2	使用该在线零售 App 激发了我的好奇心	访谈研究得出；Ahn 等（2007）
社交性维度	多媒体互动	SP1	使用该在线零售 App 时，我可以进行社交	访谈研究得出；Russell Reams（2013）
	交流联系	SP2	使用该在线零售 App 时，我可以与他人交流	Russell Reams（2013）
感官吸引力维度	界面吸引	SA1	该在线零售 App 的界面很吸引我	Bleier 等（2019）；David 等（2021）
	影音图像	SA2	该在线零售 App 的多媒体内容会吸引我	
	布局颜色	SA3	该在线零售 App 的布局和颜色让我感觉很美	访谈研究得出；Ribbink 等（2004）

表 2-9 在线品牌契合的测量量表

变量	编码	测量问项	来源
认知维度	OBC1	该品牌的在线零售 App 发布的信息总会让我想要去了解它	Vinerean 和 Opreana（2015）
	OBC2	当我拿起手机时，我会主动寻找该品牌在线零售 App	
	OBC3	该品牌在线零售 App 会吸引我的注意力	

续表

变量	编码	测量问项	来源
情感维度	OBE1	使用该品牌在线零售 App 时，我会很开心	Vinerean 和 Opreana（2015）
	OBE2	我会从心里对该品牌在线零售 App 产生某种情感依恋	
	OBE3	当我使用该品牌在线零售 App 时，我感觉很好	
行为维度	OBB1	当该品牌在线零售 App 想要获得体验建议时，我会想要参与并且帮助它改进	
	OBB2	我会积极参与到与该品牌在线零售 App 的互动当中	
	OBB3	我会为该品牌在线零售 App 的活动进行分享转发	

表 2-10　消费者持续使用意愿的测量量表

变量	编码	测量问项	来源
持续使用意愿	C1	我很乐意长期使用这个在线零售 App	Bhattacherjee（2001）
	C2	即使有新的在线零售 App 推出，我也会继续使用这个在线零售 App	
	C3	我愿意推荐其他人使用这个在线零售 App	

2.5.2　样本特征与信度分析

本研究有效的被访者共 287 人次，集中在受在线零售 App 影响的消费者。通过问卷设计的甄别题选择被调研对象，经过最终的数据统计，本次调研对象的具体样本特征描述如表 2-11 所示。

表 2-11　样本特征描述

类别	内容	频次	百分比
性别	男	97	33.8%
	女	190	66.2%
年龄	25 岁及以下	64	22.3%
	26~30 岁	121	42.2%
	31~40 岁	86	30.0%
	40 岁以上	16	5.5%

续表

类别	内容	频次	百分比
受教育程度	高中及以下	8	2.8%
	专科	42	14.6%
	本科	200	69.7%
	硕士及以上	37	12.9%
可支配收入	1000~3000 元	50	17.4%
	3001~5000 元	89	31.0%
	5001~8000 元	68	23.7%
	8001~10000 元	45	15.7%
	10001 元以上	35	12.2%

随后使用 SPSS 23.0 对所得数据进行信度分析，结果显示量表整体的 Cronbach's α 系数为 0.922，大于 0.9，表明量表的整体信度非常好。各变量的 α 系数分别为信息性维度 0.716、娱乐性维度 0.793、社交性维度 0.818、感官吸引力维度 0.808、认知维度 0.726、情感维度 0.717、行为维度 0.806、持续使用意愿 0.713，各变量的 Cronbach's α 系数数值都大于 0.7，均通过检验。

2.5.3 探索性因子分析

本研究主要利用 SPSS 23.0 对在线零售 App 价值维度的量表进行探索性因子分析。

（1）KMO 和 Bartlett 的检验

由表 2-12 可知，在线零售 App 价值维度量表的 KMO 值为 0.853>0.8，巴特利特球形检验显著；Bartlett 球形度（$X^2 = 1177.237$，$df = 55$，$p = 0.000$）也达到了显著性效果，表明在线零售 App 价值量表适合做探索性因子分析。

表 2-12 KMO 和 Bartlett 的检验

取样足够度的 Kaiser-Meyer-Olkin 度量		0.853
Bartlett 的球形度检验	近似卡方	1177.237
	自由度 df	55
	显著性 Sig.	0.000

(2) 主成分分析

根据主成分提取结果，首先提取 4 个公因子进行保留，再根据旋转成分矩阵判断其各个题目的因子归属。探索性因子分析结果如表 2-13 所示，各测项载荷值均大于 0.6 且不存在跨因子载荷，累计方差贡献率达 68.949%，说明本研究预设构念维度与探索性因子分析结果相吻合，可以进行下一步分析。

表 2-13 探索性因子分析结果

因子命名	编号	题项	因子			
			F1	F2	F3	F4
感官吸引力 SA	SA1	该在线零售 App 的界面很吸引我	0.764			
	SA2	该在线零售 App 的多媒体内容会吸引我	0.838			
	SA3	该在线零售 App 的布局和颜色让我感觉很美	0.794			
信息性 IN	IN1	我通过该在线零售 App 的产品页面获得了很多有用的信息内容		0.728		
	IN2	该在线零售 App 会提供准确的商品信息内容		0.676		
	IN3	我认为该在线零售 App 有我需要的广泛的信息内容		0.731		
	IN4	该在线零售 App 能够为我提供及时的信息内容		0.635		
社交性 SP	SP1	使用该在线零售 App 时，我可以进行社交			0.835	
	SP2	使用该在线零售 App 时，我可以与他人交流			0.900	
娱乐性 EN	EN1	使用该在线零售 App 给我带来了乐趣				0.866
	EN2	使用该在线零售 App 激发了我的好奇心				0.639

2.5.4 验证性因子分析

本研究使用 AMOS 23.0 对在线零售 App 价值维度（信息性、娱乐性、社交性及感官吸引力）、在线品牌契合（认知、情感及行为）和持续使用意愿八个变量进行验证性因子分析，判别测量量表的聚合效度和区别效度，测量模型如图 2-3 所示。

2 在线零售App的价值维度及其影响研究

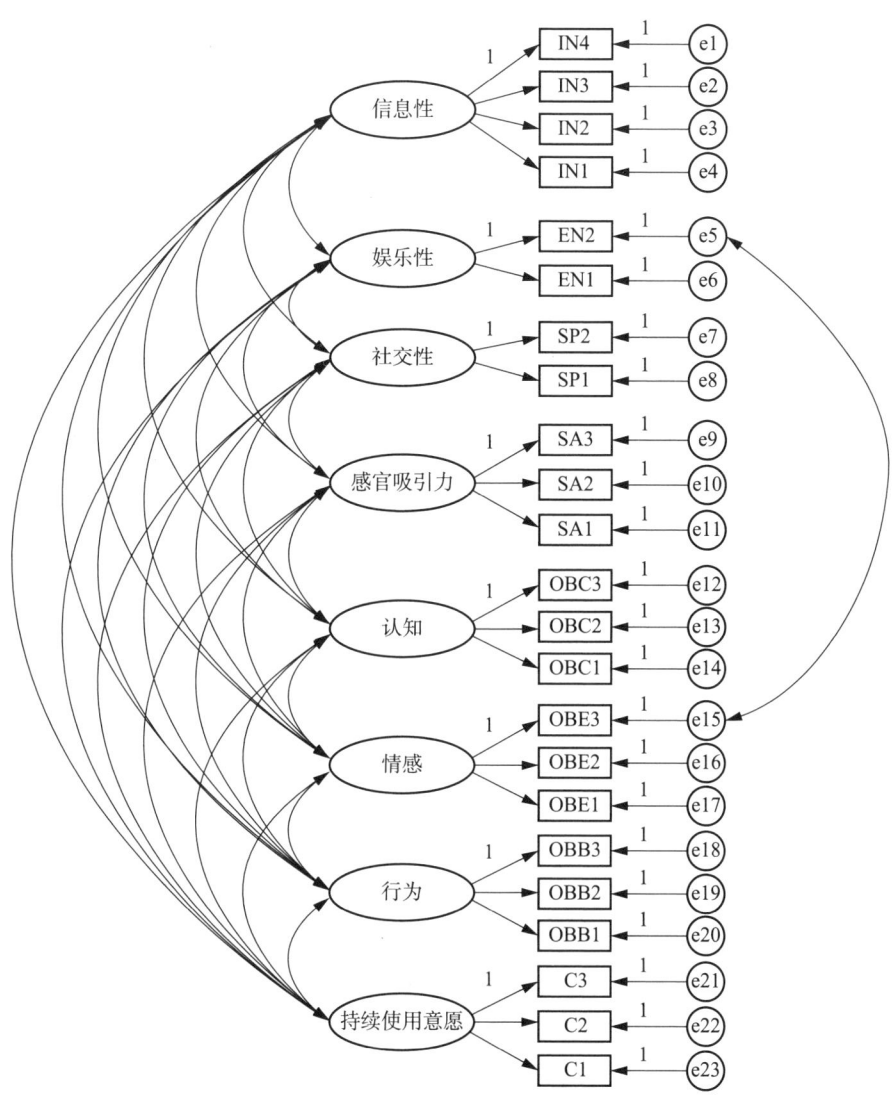

图2-3 变量测量模型

表2-14 测量模型的收敛效度检验

路径			标准因子载荷	AVE	组合信度
IN4	←	F1	0.678		
IN3	←	F1	0.626	0.491	0.793
IN2	←	F1	0.713		
IN1	←	F1	0.778		

续表

路径			标准因子载荷	AVE	组合信度
EN2	←	F2	0.791	0.516	0.679
EN1	←	F2	0.638		
SP2	←	F3	0.746	0.710	0.829
SP1	←	F3	0.929		
SA2	←	F4	0.755	0.583	0.808
SA1	←	F4	0.761		
SA3	←	F4	0.775		
OBC2	←	F5	0.702	0.519	0.763
OBC1	←	F5	0.796		
OBC3	←	F5	0.657		
OBE2	←	F6	0.711	0.499	0.750
OBE1	←	F6	0.680		
OBE3	←	F6	0.727		
OBB2	←	F7	0.837	0.592	0.812
OBB1	←	F7	0.716		
OBB3	←	F7	0.750		
C2	←	F8	0.636	0.500	0.751
C1	←	F8	0.721		
C3	←	F8	0.754		

由表 2-14 可知，各个变量所包含的测项标准因素载荷量都大于 0.5，表明量表中的所有测项对其相应变量都具有较好的解释能力。从组合信度和平均提取方差值来看，各潜变量仅有"娱乐性 EN"低于 0.7；平均提取方差（AVE）的最小值为 0.491，基本符合标准参考值 0.5 的要求。由此可见，本次问卷设计中采用的量表均具有良好的收敛效度。

此外，通过指标修正、问卷数据的再筛选等方法提升模型拟合优度，一阶变量测量模型与数据的部分拟合指标皆达到了适配指标，说明该测量模型的适配度较为良好（见表 2-15）。

表 2-15 整体拟合指数

拟合指标	$\chi^2/df<3$	$NFI>0.9$	$CFI>0.9$	$IFI>0.9$	$GFI>0.9$	$PGFI>0.5$	$RMSEA<0.05$
数值	1.627	0.901	0.959	0.959	0.921	0.671	0.044

表 2-16　一阶变量测量模型区别效度检验

变量	F1	F2	F3	F4	F5	F6	F7	F8
F1 信息性	0.700							
F2 娱乐性	0.363	0.717						
F3 社交性	0.305	0.526	0.842					
F4 感官吸引力	0.357	0.539	0.487	0.764				
F5 认知	0.279	0.469	0.360	0.601	0.721			
F6 情感	0.312	0.516	0.426	0.542	0.471	0.706		
F7 行为	0.378	0.472	0.550	0.680	0.583	0.518	0.769	
F8 持续使用意愿	0.216	0.304	0.193	0.255	0.253	0.320	0.290	0.707

由表 2-16 可以看出信息性、娱乐性、社交性、感官吸引力、认知、情感、行为和持续使用意愿八个变量之间的相关系数与其 AVE 平方根之间的关系。各变量的 AVE 平方根分别为 0.700、0.717、0.842、0.764、0.721、0.706、0.769 和 0.707，均大于该变量与其他变量的相关性系数，表明各潜在变量测量量表之间具有较高的区别效度。

2.5.5　共同方法偏差

本研究采用 Harman 单因素检验进行共同方法偏差的检验，未旋转的探索性因子分析结果提取特征根大于 1 的因子共五个，最大因子方差解释率为 37.794%（小于40%），说明本研究可以排除共同方法偏差的影响，具体分析结果如表 2-17 所示。

表 2-17　共同方法偏差检验

成分	初始特征值			提取平方和载入		
	合计	方差百分比/%	累计百分比/%	合计	方差百分比/%	累计百分比/%
1	8.693	37.794	37.794	8.693	37.794	37.794
2	1.674	7.280	45.074	1.674	7.280	45.074
3	1.346	5.853	50.928	1.346	5.853	50.928
4	1.256	5.462	56.390	1.256	5.462	56.390
5	1.022	4.443	60.833	1.022	4.443	60.833
6	0.792	3.442	64.275			
7	0.742	3.224	67.499			

续表

成分	初始特征值			提取平方和载入		
	合计	方差百分比/%	累计百分比/%	合计	方差百分比/%	累计百分比/%
8	0.697	3.031	70.530			
9	0.669	2.911	73.441			
10	0.656	2.854	76.295			
11	0.600	2.608	78.903			
12	0.549	2.387	81.290			
13	0.533	2.317	83.607			
14	0.505	2.194	85.802			
15	0.492	2.138	87.940			
16	0.470	2.044	89.984			
17	0.441	1.916	91.900			
18	0.398	1.730	93.630			
19	0.352	1.529	95.159			
20	0.325	1.412	96.571			
21	0.287	1.246	97.817			
22	0.279	1.211	99.028			
23	0.223	0.972	100.000			

注：提取方法为主成分分析。

2.5.6 假设检验

本研究采用AMOS 23.0对模型的假设进行验证，得到的模型适配度指标如表2-18所示，总体来看，虽然其中有个别数据没有达到适配度指标，但也比较接近标准值，由此表明数据与本研究构建的模型整体适配度比较高。

表2-18 整体拟合指数

拟合指标	$\chi^2/df<3$	$NFI>0.9$	$CFI>0.9$	$IFI>0.9$	$GFI>0.9$	$PGFI>0.5$	$RMSEA<0.05$
数值	1.701	0.892	0.952	0.953	0.914	0.692	0.047

模型变量间的路径关系及标准化的路径系数如图2-4所示。

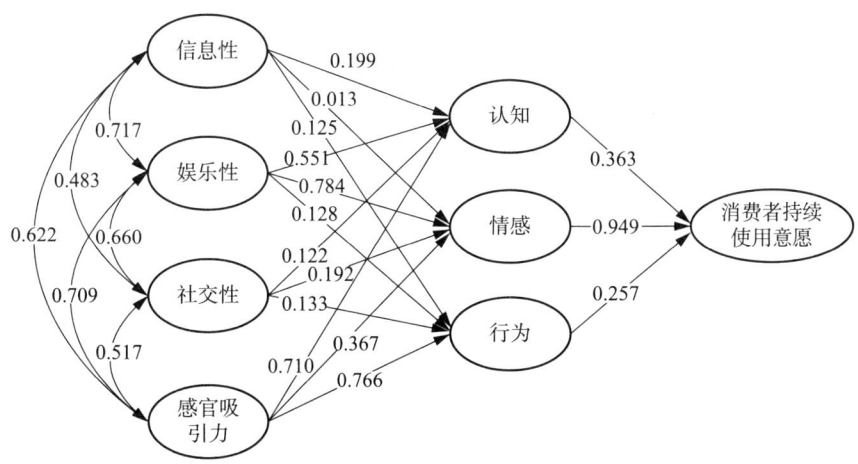

图 2-4 模型变量间的路径关系及标准化的路径系数

模型路径关系假设检验如表 2-19 所示。

表 2-19 模型路径关系假设检验

假设	路径			Estimate	p	假设验证
1a	信息性	→	认知	0.199	***	得到验证
2a	娱乐性	→	认知	0.551	***	得到验证
3a	社交性	→	认知	0.122	*	得到验证
4a	感官吸引力	→	认知	0.710	***	得到验证
1b	信息性	→	情感	0.013	**	得到验证
2b	娱乐性	→	情感	0.784	***	得到验证
3b	社交性	→	情感	0.192	**	得到验证
4b	感官吸引力	→	情感	0.367	***	得到验证
1c	信息性	→	行为	0.125	0.192	不显著
2c	娱乐性	→	行为	0.123	*	得到验证
3c	社交性	→	行为	0.133	*	得到验证
4c	感官吸引力	→	行为	0.766	***	得到验证
5a	认知	→	持续使用意愿	0.363	**	得到验证
5b	情感	→	持续使用意愿	0.949	***	得到验证
5c	行为	→	持续使用意愿	0.257	*	得到验证

注：＊＊＊表示在 $p<0.001$ 的水平（双侧）上显著相关，＊＊表示在 $p<0.01$ 的水平（双侧）上显著相关，＊表示在 $p<0.05$ 的水平（双侧）上显著相关。

路径分析结果如图 2-4 和表 2-19 所示，具体而言。

（1）数据结果支持了假设 1a 和假设 1b，说明在线零售 App 的信息性维度对在线品牌契合的认知和情感维度产生了正向影响，这与 Mya（2012）、Kim 等（2013）、Lu 等（2016）的研究结果相一致。消费者通过在线零售 App 提供的有价值的信息内容，从心理上对品牌产生了积极印象，在逐渐深入了解品牌的过程中，增强了与品牌的情感联系，从而对品牌的参与更加积极主动。但假设 1c（在线零售 App 的信息性维度对在线品牌契合的行为维度有正向影响）未得到有效验证，信息性维度没有对品牌契合的行为维度产生有效影响，究其原因，也有一定的合理解释。信息是在线品牌表达内涵的载体，是消费者建立品牌认知和情感的媒介，消费者不会单一因为信息媒介就产生与品牌的有效互动，可见影响在线品牌契合的行为由多种因素构成，后续仍有研究空间。

（2）假设 2a、假设 2b 和假设 2c 得到了验证，即在线零售 App 的娱乐性维度能够正向影响在线品牌契合的认知维度、情感维度和行为维度。由此可知，随着在线零售 App 娱乐性内容的不断开发，消费者感知到娱乐价值会提升在线品牌契合。

（3）假设 3a、假设 3b 和假设 3c 得到了验证，在线零售 App 的社交性维度对在线品牌契合的认知维度、情感维度和行为维度有正向影响。这也进一步验证了 Kreijns 等（2004）、Kim 等（2015）和王嵩（2020）的研究，说明零售商要为客户提供与品牌互动的机会。

（4）假设 4a、假设 4b 和假设 4c 得到研究数据结果的支持，在线零售 App 的感官吸引力维度对在线品牌契合的认知维度、情感维度和行为维度均有正向影响。在线零售 App 通过创造对消费者多感官刺激的内容吸引消费者，帮助消费者从感官层面对品牌建立认知，融入情感，增强互动。

（5）研究结果表明，假设 5a、假设 5b 和假设 5c 得到验证，在线品牌契合的认知维度、情感维度和行为维度对消费者持续使用意愿均有正向影响。因此，提升在线品牌契合程度就会促进消费者持续使用意愿。

2.6　结论与讨论

2.6.1　研究结论与理论贡献

本研究开发了在线零售 App 的价值维度，即信息性、娱乐性、社交性、感官吸引力四个维度。以往对在线零售 App 价值维度的研究，学者们的分类标准不一，没有统一的维度划分。本研究对在线零售 App 的价值维度内容进行了划分，并且通过定性和定量的方法进行测量，证明了本研究开发的在线零售 App 四个价值维度是有效的，细化了在线零售 App 价值内涵方面的研究，增强了在线零售 App 价值维度的可操作性。

（1）在线零售 App 的价值维度对在线品牌契合的影响

实证研究结果显示，在线零售 App 的价值维度对在线品牌契合有正向影响。在线零售 App 的信息性、娱乐性、社交性、感官吸引力四个价值维度与在线品牌契合的认知、情感、行为三个维度的关系研究表明，企业对在线零售 App 的多元价值维度挖掘得越深入，消费者的在线品牌契合程度就越高。在线零售 App 多元价值维度的开发是影响消费者在线品牌契合的关键因素。长期以来，鲜有学者对在线零售 App 的价值维度与在线品牌契合的关系进行研究，本研究分析了两个变量各维度之间的关系，提供了关于在线品牌契合前置因素的新解释，也为后续研究开拓了视角和思路。

（2）在线品牌契合对消费者持续使用意愿的影响

本研究的结果显示，在线品牌契合对消费者持续使用意愿有积极影响。以往学者关于消费者持续使用意愿的研究通常是建立在信息系统模型的基础上的，而本研究引入了在线品牌契合这一变量，研究了在线品牌契合对消费者持续使用意愿的影响。同时，学者们以往对在线品牌契合的结果变量主要关注品牌忠诚，而本研究试图探究在线品牌契合对持续使用意愿这一结果变量的正向影响，并得到了验证。在线品牌契合从认知、情感、行为三个维度影响消费者持续使用意愿，即消费者对品牌有足够的认知，了解品牌内涵，与其建立情感联系，通过行动参与到品牌的产品、服务中，有助于提高消费者在线品牌契合的程度，进而影响消费者持续使用意愿。本研究既开拓了在线品牌契合与持续使用意愿的关系研究视角，也丰富了在线品牌契合的研究内容，完善了持续使用意愿的影响因素研究。

2.6.2 营销启示

本研究的结论对企业在线零售 App 的内容价值开发与营销策略提出以下建议：

（1）重视企业的在线零售 App 建设，开发具有多元化价值维度的内容

在线零售 App 已经成为移动营销的主要渠道，是企业销售增长的新引擎。

首先，企业要重视在线零售 App 营销渠道的建设，开发多元化的价值维度内容，探索消费者的使用需求，不断地进行升级与优化。其次，重视消费者的使用体验，深挖其娱乐、社交等方面的心理需求。在线零售 App 不仅仅是产品的铺设平台，更是与消费者建立良好关系的平台。因而创造娱乐的购物体验，增加多样的社交互动，不仅可以提升消费者黏性，还可以帮助企业拓客。再次，在线零售 App 在信息提供方面要有敏锐度，可以利用后台数据有针对性地为消费者呈现信息。同时提高信息的及时性、有效性，为消费者购买提供决策意见。最后，在线零售 App 在界面设计、多媒体播放等板块内容应该刺激消费者多感官的感受，也能提升消费者购物体验，吸引消费者。因此，开发具有多元化价值维度的内容，有助于企业运营好在线零售 App 的营销渠道。

（2）在线品牌契合是消费者持续使用在线零售 App 的关键

本研究证明，在线零售 App 的价值维度影响了在线品牌契合和消费者持续使用意愿。在线零售 App 多元化的价值内容帮助消费者从认知、情感、行为层面提升了与品牌的互动程度，增强了消费者对在线零售 App 价值的感知，从而影响了消费者的持续使用意愿。发掘在线零售 App 的多元化价值构建了一种新的营销策略，但其关键在于在线品牌契合。消费者首先要从思想上了解品牌内涵，形成对品牌的认知，经过长时间的了解并在心理上与品牌建立情感联系，进而影响消费者行为上参与品牌活动。

2.6.3 研究局限与展望

本研究探究了在线零售 App 的价值维度对在线品牌契合、消费者持续使用意愿的影响，为企业营销领域提供了新的思考角度。但本研究还存在一些不足之处，具体体现在以下两个方面。

（1）本研究样本存在一定的局限性。首先，在质性研究方面，受访对象的年龄范围多集中在 30~39 岁的上班族，访谈样本的广泛代表性还有待提高。其次，在实证研究方面，发放问卷以付费方式进行，由于使用问卷平台进行问卷发放和回收，样本的女性偏多，有可能存在一定的局限性。最后，因为样本数据的广泛性和覆盖性不够全面，本研究结论的普适性还需要进一步探究。

（2）本研究只探讨了在线零售 App 的价值维度对在线品牌契合、消费者持续使用意愿关系的影响。在研究过程中可能还存在其他变量，如人口特征、性格特质、性别差异等，有待其他学者进一步研究。

鉴于以上研究局限，对未来研究提出以下展望：第一，由于在线品牌契合的理论研究还相对不足，未来可以考虑研究在线品牌契合与其他营销变量的关系，扩充在线品牌契合的理论研究从而指导实践工作。第二，扩大样本量，选择参与度高的对象，同时结合多种研究方法。未来研究可以在时间允许的情况下，尽可能多渠道地获取样本数据，为实证研究提供广泛的数据支撑。第三，可以考虑在本研究的基础上引入一些调节变量，进而丰富理论模型，或者考虑增加新的中间变量，以完善研究内容。

参考文献

[1] ABOULAFIA, ANNETTE, LIAM J BANNON. Understanding affect in design: An outline conceptual framework[J]. Theoretical Issues in Ergonomic Science, 2004, 5(1): 4-15.

[2] AHN T, RYU S, HAN I. The impact of Web quality and playfulness on user acceptance of online retailing[J]. Information & Management, 2007, 44(3): 263-275.

[3] ALADWANI A M. An empirical test of the link between web site quality and forward enterprise integration with web consumers[J]. Bus. Process Manage, 2006, 12(2): 178-190.

[4] ALGESHEIMER, RENÉ, UTPAL M DHOLAKIA, et al. The social influence of brand community: Evidence from European Car Clubs[J]. Journal of Marketing, 2005, 69(7): 19-34.

[5] ALGHARABAT R, RANA NP, DWIVEDI Y K. The effect of telepresence, social presence and involvement on consumer brand engagement: An empirical study of non-profit organizations[J]. Journal of Retailing and Consumer Services, 2018(40): 139-149.

[6] ALNAWAS I, ABURUB F. The effect of benefits generated from interacting with branded mobile apps on consumer satisfaction and purchase intentions[J]. Journal of Retailing and Consumer Services, 2016(31): 313-322.

[7] ANDERSON K C, KNIGHT D K, POOKULANGARA S, et al. Influence

of hedonicand utilitarian motivations on retailer loyalty and purchase intention: Afacebook perspective[J]. Journal of Retailing and Consumer Services, 2014, 21(5): 773-779.

[8] AURIER P, LANAUZE G S. Impacts of perceived brand relationship orientation on attitudinal loyalty: An application to strong brands in the packaged goods sector[J]. European Journal of Marketing, 2012, 46(11/12): 1602-1627.

[9] BADRINARAYANAN V, SIERRA J J. Inferred social approval and brand tribalism: A tale of two communities[J]. Journal of Product & Brand Management, 2018, 27(4): 363-374.

[10] BELLMAN S, POTTER R F, TRELEAVEN-HASSARD S, et al. The effectiveness of branded mobile phone apps[J]. Journal of Interactive Marketing, 2011, 25(4): 191-200.

[11] BHANDARI U, NEBEN T, CHANG K, et al. Effects of interface design factors on affective responses and quality evaluations in mobile applications [J]. Comput. Hum. Behav, 2017(72): 525-534.

[12] BHATTACHERJEE A, PEROLS J, SANFORD C. Information technology continuance: A theoretic extension and empirical test[J]. Data Processor for Better Business Education, 2008, 49(1): 17-26.

[13] BHATTACHERJEE A. Understanding information systems continuance: An expectation-confirmation model[J]. MIS Quarterly, 2001, 25(3): 351-370.

[14] BILRO R G, LOUREIRO S M C, GUERREIRO J. Exploring online customer engagement with hospitality products and its relationship with involvement, emotional, states, experience and brand advocacy [J]. Journal of Hospitality Marketing & Management, 2019, 28(2): 147-171.

[15] BIJMOLT T H A, LEEFLANG P S H, BLOCK F, et al. Analytics for customer engagement[J]. Journal of Service Research, 2010, 13(3): 341-356.

[16] BLEIER A, HARMELING C M, PALMATIER R W. Creating effective online customer experiences[J]. Journal of Marketing, 2019, 83(2): 98-119.

[17] BRODIE R J, HOLLEBEEK L D, JURIC B, et al. Customer engagement: Conceptual domain, fundamental propositions, and implications for research [J]. Journal of Service Research, 2011, 14(3): 252-271.

[18] BRODIE R J, ILIC A, JURIC B, ET AL. Consumer engagement in a

virtual brand community: An exploratory analysis[J]. Journal of Business Research, 2013, 66(1): 105-114.

[19] CALDER B J, MALTHOUSE E C, SCHAEDEL U. Anexperimental study of the relationship between online engagement and advertising effectiveness [J]. Journal of Interactive Marketing, 2009, 23(4): 321-331.

[20] CHEN T, HOLLEBEEK L D. Exploring positively-versus negatively-valenced brand engagement: A conceptual model[J]. Journal of Product &Brand Management, 2014, 23(1): 62-74.

[21] CHRISTOPHER L. NEWMAN, WACHTER K, WHITE A. Bricks or clicks? Understanding consumer usage of retail mobile apps[J]. Journal of Services Marketing, 2018, 32(2): 211-222.

[22] DAVID A, WILLIAM D, DANIEL A. PEAK, et al. The value of visual quality and service quality to augmented reality enabled mobile shopping experience [J]. Quality Management Journal, 2021, 28(3): 116-127.

[23] DEEPAK S KUMARA, PURANI K, SHYAM A VISWANATHAN. Influences of "appscape" on mobile app adoption and m-loyalty[J]. Journal of Retailing and Consumer Services, 2018(45): 132-141.

[24] DESSART L, ALDÁS-MANZANO J, VELOUTSOU C. Unveiling heterogeneous engagement-based loyalty inbrand communities[J]. European Journal of Marketing, 2019, 53(9).

[25] DE VRIES N J, CARLOSON J. Examining the drivers and brand performance implications of customer engagement with brands in the social media environment[J]. Journal of Brand Management, 2014, 21(6): 495-515.

[26] EHRENHARD M, WIJNHOVENC F, TIJS VAN DEN BROEK, et al. Unlocking how start-ups create business value with mobile applications: Development of an App-enabled business innovation cycle[J]. Technological Forecasting & Social Change, 2016, 3(115): 1-11.

[27] ERDOGMUS I E, TATAR S B. Drivers of social commerce through brand engagement[J]. Procedia-Social and Behavioral Sciences, 2015(207): 189-195.

[28] FERNANDES N, BARFKNECHT C. Keep customers coming back: Enhancing value and satisfaction in a mobile shopping application context[J]. Cogent Business& Management, 2020, 7(1): 1-22.

[29] FISHBEIN M, AJZEN I. Belief, attitude, intention and behavior: An introduction to theory and research[M]. Boston: Addison-Wesley, MA, 1975.

[30] FORNELL C. The American customer satisfaction index: Nature purpose, and findings[J]. Journal of Marketing, 1996, 60(4): 7-18.

[31] FULGONI G M, LIPSMAN A. The Future of retail is mobile: How mobile marketing dynamics are shaping the future of retail[J]. Journal of Advertising Research, 2016, 56(4): 346-351.

[32] GILL M, SRIDHAR S, GREWAL R. Return on engagement initiatives: A study of a business-to-business mobile app[J]. Journal of Marketing, 2017, 81(4): 45-66.

[33] GUMMERUS J, LILJANDER V, WEMAN E, et al. Customer engagement in a Facebook brand community[J]. Management Research Review, 2012, 35(9): 857-877.

[34] HASSANEIN K, MILENA M H. The impact of infusing social presence in the web interface: An investigation across product types[J]. International Journal of Electronic Commerce, 2006, 10(2): 31-55.

[35] HASSAN M, IQBAL Z, KHANUM B. The role of trust and socialpresence in social commerce purchase intention[J]. Pakistan Journal of Commerce and Social Sciences, 2018, 12(1): 111-135.

[36] HOLLEBEEK L D. Exploring customer brand engagement: Definition and themes[J]. Journal of Strategic Marketing, 2011a, 19(7): 555-573.

[37] HOLLEBEEK L D. Demystifying customer brand engagement: Exploring the loyalty nexus[J]. Journal of Marketing Management, 2011b, 27(7/8): 785-807.

[38] HOLLEBEEK L D, GLYNN M S, BRODIE R J. Consumer brand engagement in social media: Conceptualization, scale development and validation[J]. Journal of interactive marketing, 2014, 28(2): 149-165.

[39] HUDSON S, LI H, MARTIN S R, et al. The influence of social media interactions on consumer-brand relationships: A three-country study of brand perceptions and marketing behaviors[J]. International Journal of Research in Marketing, 2016, 33(1): 27-41.

[40] HSIAO C-H, CHANG L J, TANG K-Y. Exploring the influential

factors in continuance usage of mobile social Apps: Satisfaction, habit, and customer value perspectives [J]. Telematics and Informatics, 2015, 30(3): 231-256.

[41] HUS C L, LIN J C C. What drives purchase intention for paid mobile apps? An expectation confirmation model with perceived value[J]. Electronic Commerce Research, 2015, 14(1): 46-57.

[42] INSLEY V, NUNAN D. Gamification and the online retail experience [J]. International Journal of Retail & Distribution Management, 2014, 42(5): 340-351.

[43] ISLAM J U, RAHMAN Z, HOLLEBEEK L D. Personality factors as predictors of online consumer engagement: An empirical investigation [J]. Marketing Intelligence & Planning, 2017, 35(4): 510-528.

[44] IYERA P, DAVARIB A, MUKHERJEEC A. Investigating the effectiveness of retailers' mobile applications in determining customer satisfaction and repatronage intentions? A congruency perspective [J]. Journal of Retailing and Consumer Services, 2018(44): 235-243.

[45] JAAKKOLA E, ALEXANDER M. The role of customer engagement behaviour in Value Co-Creation: A service system perspective[J]. Journal of Service Research, 2014, 17(3): 247-261.

[46] JENNINGS M. Theory and models for creating engaging and immersive ecommerce Web sites[A]. In Proceedings of the 2000 ACM SIGCPR Conference on Computer Personnel Research[C]. New York: ACM, 2000: 77-85.

[47] KANG J Y M, MUN J M, JOHNSON K K. In-store mobile usage: Downloading and usage intention toward mobile location-based retail apps [J]. Comput. Hum. Behav., 2015(46): 210-217.

[48] KARAT C M, KARAT J, VERGO J, et al. That's entertainment! Designing streaming, multimedia web experiences [J]. International Journal of Human-Computer Interaction, 2002, 14(3-4): 369-384.

[49] KHAN I, RAHMAN Z, FATMA M. The role of customer brand engagement and brand experience in online banking[J]. International Journal of Bank Marketing, 2016, 34(7): 1025-1041.

[50] KILGOUR M, SASSER, LARKE R. The social media transformation

process: Curating content into strategy[J]. Corporate Communications: An International Journal, 2015, 20(3): 1-32.

[51] KIM E, LIN J S, YONGJUN SUNG. To App or not to App: Engaging consumers via branded mobile Apps[J]. Journal of Interactive Advertising, 2013, 13(1): 53-65.

[52] KIM C K, JUN M, HAN J, et al. Antecedents and outcomes of attachment towards smartphone applications[J]. Int. J. of Mobile Communications, 2013, 11(4): 393-411.

[53] KIM S J, WANG R J H, MALTHOUSE E C. The effects of adopting and using a brand's mobile application on customers' subsequent purchase behavior[J]. Journal of Interactive Marketing, 2015, 31(8): 28-41.

[54] KLEIN L R. Creating virtual product experiences: The role of telepresence [J]. Journal of Interactive Marketing, 2003, 17(1): 41-55.

[55] KREIJNS K, KIRSCHNER P A, JOCHEMS W, et al. Measuring perceived quality of social space in distributed learning groups[J]. Computers in human behavior, 2004, 20(5): 607-632.

[56] LEE S, LIM T. Retailer's innovative differentiation method based on customer experience: Focusing mediating effect of omni-channel shopper type[J]. Quality Innovation Prosperity, 2017, 21(2): 37-49.

[57] LEE M R, YEN D, HSIAO C Y. Understanding the perceived community value of Facebook users[J]. Computers in Human Behavior, 2014 (35): 350-358.

[58] LIEBERMAN J N. Playfulness: Its relationship to imagination an creativity[J]. Psychology of Aesthetics Creativity& the Arts, 1977, 20(4): 23-48.

[59] LIN C S, WU S, TSAI R J. Integrating perceived playfulness inton expectation-confirmation model for web portal context[J]. Information & Management, 2014, 26(2): 106-130.

[60] LIM S H, LEE S, KIM D J. Is online consumers' impulsive buying beneficial for e-commerce companies? An empirical investigation of online consumers' past impulsive buying behaviors[J]. Information Systems Management, 2017, 34 (1): 85-100.

[61] LOHSE G L, SPILLER P. Electronic shopping[J]. Commun, 1998, 41(7): 81-87.

[62] LOUREIRO S M C, GORGUS T, Kaufmann H R. Antecedents and outcomes of online brand engagement: The role of brand love on enhancing electronic-word-of-mouth[J]. Online Information Review, 2017, 41(7): 985-1005.

[63] LOUREIRO S M C, BILRO R G, JAPUTRA A. The effect of consumer-generated media stimuli on emotions and consumer brand engagement[J]. Journal of Product & Brand Management, 2020, 29(3): 387-408.

[64] LOU C, TAN S S, CHEN X. Investigating consumer engagement with influencer-vs. brand-promoted ads: The roles of source and disclosure[J]. Journal of Interactive Advertising, 2019, 19(3): 169-186.

[65] LU B Z, FAN W G, ZHOU M. Social presence, trust, and social commerce accepted manuscript purchase intention: An empirical research[J]. Computer in Human Behavior, 2016(56): 225-237.

[66] MAGRATH V, MCCORMICK H. Marketing design elements of mobile fashion retail apps[J]. Journal of Fashion Marketing and Management: An International Journal, 2013, 17(1): 115-134.

[67] MAHATANANKOON P, WEN H J, LIM B. Consumer-based m-commerce: Exploring consumer perception of mobile applications[J]. Computer Standards & Interfaces, 2005, 27(4): 347-357.

[68] MALCIUTE J. Customer brand engagement on online social media platforms: A conceptual model and empirical analysis[D]. Aarhus: University of Aarhus, 2013.

[69] MERRILEES B. Interactive brand experience pathways to customer-brand engagement and value co-creation[J]. Journal of Product & Brand Management, 2016, 25(5): 402-408.

[70] MICHAELIDOU N, SIAMAGKA N T, CHRISTODOULIDES G. Usage, barriers andmeasurement of social media marketing: An exploratory investigation of small and medium B2B brands[J]. Industrial Marketing Management, 2011, 40(7): 1153-1159.

[71] MOON J W, KIM Y G. Extending the TAM for a world-Wide-Web context[J]. Information & Management, 2001, 38(4): 217-230.

[72] MOLLA A, LICKER S P. E-commerce system success: An attempt to

extend and respecify the Delone and Maclean of IS success[J]. Journal of Electronic Commerce Research, 2001, 2(4): 131-141.

[73] MOLLEN A, WILSON H. Engagement, telepresence and interactivity in online consumer experience: Reconciling scholastic and managerial perspectives [J]. Journal of Business Research, 2010, 63(9-10): 919-925.

[74] MYA P, MARK G, MATTHEW W. Attracting Facebook fans: The importance of authenticity and engagement as a social networking strategy for professional sport teams[J]. Sport Marketing Quarterly, 2012, 21(4): 221-231.

[75] NAMBISAN S, BARON R A. Interactions in virtual customer environments: Implications for product support and customer relationship management[J]. Journal of Interactive Marketing, 2007, 21(2): 42-62.

[76] NOGUTI V. Post language and user engagement in online content communities[J]. European Journal of Marketing, 2016, 50(5/6): 695-723.

[77] VAN NOORT G, VOORVELD H A M, VAN REIJMERSDAL E A. Reijmersdal V. Interactivity in brand web wites: Cognitive, affective, and behavioral responses explained by consumers' online flow experience[J]. Journal of Interactive Marketing, 2012, 26(4): 223-234.

[78] NYSVEEN H, PEDERSEN P E. Influences of co-creation on brand experience the role of brand engagement [J]. International Journal of Market Research, 2014, 56(6): 807-832.

[79] OGHUMA A P, LIBAQUE-SAENA C F, Wong S F, et al. An expectation-confirmation model of continuance intention to use mobile instant messanging [J]. Telematics & Informatics, 2015, 33(1): 34-47.

[80] OLALEYE S A, SANUSI I T, ADEPOJU B. Actual use and continuous use of retail mobile App: A model comparison perspective [J]. Advances in Science, Technology and Engineering Systems Journal, 2018, 3(6): 151-158.

[81] OLALEYE S A. Retailing mobile App usefulness: Customer perception of performance, trust and tension free[J]. International Journal of E-Services and Mobile Applications, 2018, 10(4): 1-17.

[82] OSEI-FRIMPONG K. Understanding consumer motivations in online social brand engagement participation: Implications for retailers[J]. International Journal of Retail & Distribution Management, 2019, 49(5): 511-529.

[83] PARK J, LENNON S J, STOEL L. On-line product presentation: Effects on mood, perceived risk, and purchase intention[J]. Psychology and Marketing, 2005, 22(9): 695-719.

[84] PATEL V, DAS K, CHATTERJEE R, et al. Does the interface quality of mobile shopping apps affect purchase intention? An empirical study[J]. Australasian Marketing Journal(AMJ), 2020, 28(4): 300-309.

[85] PAUL W BALLANTINE. Effects of interactivity and product information on consumer satisfaction in an online retail setting[J]. International Journal of Retail & Distribution Management, 2005, 33(6): 461-471.

[86] PENTINA I, AMIAL CHUK A, TAYLOR D G. Exploring effects of online shopping experiences on browser satisfaction and etail performance[J]. International Journal of Retail & Distribution Management, 2011, 39(10): 742-758.

[87] PENG K F, CHEN Y, WEI W. Brand relationship, consumption values and branded app adoption[J]. Industrial Management & Data Systems, 2014, 114(8): 1131-1143.

[88] PICOT-COUPEYA K, NINA KREYB, ELODIE HURÉC, et al. Still work and/or fun? Corroboration of the hedonic and utilitarian shopping value scale[J]. Journal of Business Research, 2020(126): 578-590.

[89] POTEET D. The strategic value of user experience[J]. Journal of Visual Communication in Medicine, 2010, 33(1): 16-25.

[90] REITZ A R. Online consumer engagement: Understanding the antecedents and outcomes[D]. Fort Collins: Colorado State University, 2012.

[91] Ribbink D, Van Riel A C R, Liljander V, et al. Comfort your Online Customer: Quality, Trust, and Loyalty on the Internet[J]. Journal of Service Theory and Practice, 2004, 14(6): 446-456.

[92] ROGGEVEEN A L, SETHURAMAN R. Commentary customer-interfacing retail technologies in 2020 & beyond: An integrative framework and research directions[J]. Journal of Retailing, 2020, 96(3): 299-309.

[93] RUSSELL R. Online Social Presence(OSP) In E-Tailing: Construct development and testing[D]. Kennesaw State University, 2013.

[94] SADEK H, MEHELM H E. Customer brand engagement impact on brand satisfaction, loyalty, and trust in the online context. Egyptian Banking Sector[J].

Journal of Business and Retail Management Research, 2020, 14(3): 22-23.

[95] SHETH J N, NEWMAN B I, GROSS B L. Why we buy what we buy: A theory of consumption values[J]. Journal of Business Research, 1991, 22(2): 159-170.

[96] YANG S, LIN S, CARLSON J R, et al. Brand engagement on social media: Will firms' social media efforts influence search engine advertising effectiveness? [J]. Journal of Marketing Management, 2016(1): 10-21.

[97] SPROTT D, CZELLAR S, SPANGENBERG E. The importance of a general measure of brand engagement onmarket behavior: Development and validation of a scale[J]. Journal of Marketing Research, 2009, 46(1): 92-104.

[98] STEINMARM S, MAU G, SCHRAMM-KLEIN H. Brand communication success in online consumption communities: An experimental analysis of the effects of communication style and brand pictorial representation[J]. Psychology & Marketing, 2015, 32(3): 356-371.

[99] STOKBURGER SAUER N. Brand community: Drivers and outcomes[J]. Psychology & Marketing, 2010, 27(4): 347-368.

[100] SUSSER B, ARIGA T. Teaching e-commerce Web page evaluation and design: A pilot study using tourism destination sites[J]. Computers & Education, 2006, 47(4): 400-413.

[101] TAYLOR D G, LEVIN M. Predicting mobile app usage for purchasing and information-sharing [J]. Int. J. Retail Distrib. Manag, 2014, 42(8): 759-774.

[102] THAICHON P, QUACH T N. From marketing communications to brand management: Factors influencing relationship quality and customer retention[J]. Journal of Relationship Marketing, 2015(14): 197-219.

[103] TIENSUU S. Motivational drivers of customer brand engagement and its effect on share of wallet in a social media context[D]. Jyvaskyla: University of Jyvaskyla, 2014.

[104] VAN DOORN J, LEMON K N, MITTAL V, et al. Customer engagement behavior: Theoretical foundations and research directions[J]. Journal of service research, 2010, 13(3): 253-266.

[105] VIVEK S D, BEATTY S E, DALELA V, et al. Generalized multidi-

mensional scale for measuring customer engagement[J]. Journal of Marketing Theory and Practice, 2014, 22(4): 401-420.

[106] VINEREAN S, OPREANA A. Consumer engagement in online settings: Conceptualization and validation of measurement scales[J]. Expert Journal of Marketing, 2015, 3(2): 35-50.

[107] VOORVELD HILDE A M, GUDA VAN NOORT, MERYL DUIJN. Building brands with interactivity: The role of prior brand usage in the relation between perceived website interactivity and brand responses[J]. Journal of Brand Management, 2013, 20(7): 608-622.

[108] XI N N, HAMARI J. The relationship between gamification, brand engagementand brand equity[C]//: Proceedings of the 52nd Hawaii International Conference on System Sciences. 2019: 812-821.

[109] XU C, D PEAK, V PRYBUTOK. A customer value, satisfaction, and loyalty perspective of mobile application recommendations[J]. Decision Support Systems, 2015(79): 171-183.

[110] YI Y, GONG T. Customer value co-creation behavior: Scale development and validation[J]. Journal of Business Research, 2013, 66(9): 1279-1284.

[111] ZHANG K Z, BENYOUCEF M, ZHAO S J. Building brand loyalty in social commerce: The case of brand microblogs[J]. Electronic Commerce Research and Applications, 2016, 15(1): 14-25.

[112] ZEITHAML V A. Consumer perceptions of price, quality and value: A mean-end model and synthesis of evidence[J]. Journal of Marketing, 1988, 52(3): 2-22.

[113] 迟强. 品牌App: 移动互联网时代品牌传播的自媒体平台[J]. 辽宁大学学报(哲学社会科学版), 2017, 45(4): 115-119.

[114] 邓发云, 林志新. 网络消费者购买决策的信息行为研究[J]. 商业时代, 2013(36): 70-72.

[115] 郭爱云, 杜德斌. 品牌契合、消费者品牌价值创造与品牌价值——基于企业微信公众号的分析[J]. 江西财经大学学报, 2018(3): 40-49.

[116] 贺和平, 周志民. 基于消费者体验的在线购物价值研究[J]. 商业经济与管理, 2013, 257(3): 63-72.

[117] 黄静, 朱丽娅, 周南. 企业家微博信息对其形象评价的影响机制

研究[J]. 管理世界, 2014(9): 107-119.

[118] 蒋良骏, 钱俊. App 视角下移动电商顾客感知对品牌忠诚的影响分析[J]. 商业经济研究, 2017(24): 42-44.

[119] 刘璐. 移动终端体验对顾客购买意愿的影响研究[D]. 南京: 南京邮电大学, 2013.

[120] 林琳. 消费者 App 移动购物行为的影响因素研究[D]. 北京: 北京理工大学, 2015.

[121] 李琪, 李欣, 殷猛. 移动团购的持续使用意愿研究——ECM 与 IS 成功理论的比较与整合研究[J]. 现代情报, 2018, 38(2): 53-61.

[122] 刘丽珺. 基于受众体验的移动应用广告设计要素研究[D]. 武汉: 武汉理工大学, 2018.

[123] 刘振华. B2C 环境下移动购物持续使用意愿的影响因素研究——基于期望确认模型[J]. 商业经济研究, 2017(7): 49-52.

[124] 宁昌会, 胡常春. 基于期望确认理论的移动 App 持续使用意愿实证研究[J]. 商业研究, 2015(12): 136-142.

[125] 尹世民, 牛永革, 李蔚. 微信公众号: 消费者关注与品牌情感联系[J]. 当代财经, 2017(6): 71-79.

[126] 叶进风. 品牌 App 营销对品牌认知的影响: 顾客感知价值的中介作用[D]. 上海: 东华大学, 2017.

[127] 王嵩. 移动电商环境对冲动消费意向的影响——基于情绪的中介效应[J]. 商业经济研究, 2020(11): 35-39.

[128] 杨萍, 李桂华, 黄磊. 员工品牌契合的概念、结构与测量研究[J]. 管理学报, 2020, 17(1): 85-93.

[129] 翟玉墨. 社交媒体特征对消费者购买意愿的影响研究[D]. 马鞍山: 安徽工业大学, 2019.

[130] 张辉, 陈晔. 品牌契合对品牌关系质量和重构意向的影响[J]. 旅游学刊, 2017, 32(4): 43-53.

[131] 郑樟鹏. 用户体验视角下影响旅游预订类移动应用程序(App)持续使用意愿的实证研究[D]. 杭州: 浙江工商大学, 2019.

[132] 郑晓东, 电商 App 中动画的趣味性设计研究[D]. 无锡: 江南大学, 2017.

3

短视频内容的价值维度及其影响研究

摘　要　短视频作为当今最流行的营销传播形式越来越被营销者所重视。但如今各品牌发布的短视频在粉丝数量、互动量等方面呈现出两极分化的态势。而学者们针对短视频内容价值维度划分的研究还不够深入，而且鲜有学者研究短视频内容的价值维度对社交媒体融入的影响。因此，基于积极情绪的理论视角，本研究旨在探究短视频内容的价值维度及其对消费者社交媒体融入行为的影响。研究结果显示，短视频内容具有四个价值维度，即功能价值、娱乐价值、体验价值和互动价值。其中，功能价值、娱乐价值、体验价值和互动价值四个维度均对消费者社交媒体融入具有显著的正向影响，并且积极情绪在这些作用过程中发挥着显著的中介作用。相应地，本研究有针对性地为营销者设计和策划短视频内容并提高社交媒体融入提供了有价值的建议和启示。

关键词　短视频内容；价值维度；社交媒体融入；积极情绪

3.1　引言

近年来，企业不断探索短视频内容的多重价值内涵，希望能够获得更多消费者的关注，提高消费者的社交媒体融入行为。比如，"东风柳汽乘龙"通过各大短视频平台发布品类信息的车型讲解原创短视频，并结合节日热点打造极具创意的内容，最终引发用户线上的超强高频互动，赢得了百万级别的点赞量，粉丝量从9000人涨至3万余人；"小豹AI音响"结合当下热门话题，发布具有人生哲理和正能量的短视频，激起了989万名消费者的评论量。但纵览海量的短视频内容，各品牌发布的短视频在粉丝数量、互动量等方面呈现出两极分化的态势，良莠不齐。那么，短视频内容究竟应该呈现出哪些价值维度才能更好地促进消费者社交媒体融入？挖掘及厘清短视频内容的价值维度有利于营销者优化品牌短视频内容及提高社交媒体互动效果，因而成为当前企业营销人员最值得关注的问题之一。

在内容营销领域，那些容易被分享的内容特征受到了广泛关注（Phelps and Lewis，2004；Dobele et al.，2005；Berger，2014；Lee and Hong，2016）。相关研究发现，具备信息性（Berger，2014；Lee and Hong，2016；高鹏等，2020）、有趣性（Dobele，2005；Berger，2014；廖以臣等，2015）、新颖性（Berger，2014；高鹏等，2020）特征的短视频内容更容易引发消费者的分享意愿。同时，社交媒体融入（social media engagement）作为一种新的理论概念，受到了学者的广泛关注。相关研究发现，利己（Yuki，2015；Vries et al.，2017；Chu，Lien，and Cao，2019；付森会、晏青，2021）、利他（Ho and Dempsey，2010；Libert and Tynski，2013；Fu et al.，2017；陈娟等，2018）、社交认同（Ho and Dempsey，2010；Syn and Oh，2015；Fu et al.，2017；赵倩蓓，2019）是使消费者产生分享和顾客融入等社交性行为的重要前因。

积极情绪早期被定义为快乐和兴趣的统一体（Tomskisn，2004）。在积极情绪概念的基础上，学者们陆续发现并证实了积极情绪与消费者的分享行为有关（Akpinar and Berger，2017；李宏、刘菲菲，2018），同时，积极情绪常被学者们用于验证"营销刺激—情绪反应—分享行为"（李宏、刘菲菲，2018；Victoria and Araceli，2019）的相关研究。通过对以往研究的梳理，本研究发现目前学者们对短视频内容价值维度的研究较少，尚未有学者从顾客价值角度出发划分短视频内容特征的价值维度。同时，也没有学者将短视频内容的价值维度、积极情绪与消费者社交媒体融入结合起来进行研究。

那么，短视频内容应该具备怎样的价值维度才能吸引消费者？短视频内容的价值维度又是如何影响消费者社交媒体融入行为的？积极情绪这一变量是否在这个过程中发挥中介作用呢？它们之间的作用关系仍不明确。因此，本研究将通过梳理文献、深度访谈、定量分析等方法开发和验证短视频内容的价值维度，并基于积极情绪视角研究短视频内容的价值维度对消费者社交媒体融入的影响机制，以丰富有关短视频内容的价值维度与消费者融入的相关理论研究。

3.2 文献综述

3.2.1 短视频

短视频首次出现在美国，Viddy 作为短视频手机应用软件最先出现在人们的视野中。短视频凭借其"简短、趣味、精良"的特性，满足了受众的娱乐和交流需求，从而迅速流行起来。目前国内学术界还未形成标准统一的短视频概念，且常将短视频与 vlog、小视频等概念相混淆。国内外不同学者对短视频和短视频内容概念有不同的定义，Lei Z. 等（2014）把短视频定义为可通过互联网及时创建和分享的短小视频片段。邓若伊和余梦珑（2018）认为短视频是一种典型的热媒介内容，主要呈现出碎片化信息特点以及内容非线性的特点。王朝阳和魏杰杰（2021）将短视频定义为在线媒介平台上发布的有限时长的视频。本研究在参考现有学术成果的基础上，将短视频定义为满足用户及时分享、社交娱乐、个性化创作需求的简短视频。

短视频迅速爆火，引起了国内外不少学者的关注。通过梳理现有研究成果，我们可以发现易引发消费者分享行为的短视频内容具有信息性、有趣性、新颖性等特点。

（1）信息性

具有信息性特征的短视频内容更容易引发消费者的分享行为。从印象管理理论中可知，人们分享和谈论具有较强实用性的信息内容，有利于给他人留下正面印象，这些具有社会交换价值的信息内容也能使分享者之间产生互利共惠（Berger，2014）。很多实证研究也表明，具有实用性特征的短视频内容可以正向影响受众的主动分享行为。Phelps 和 Lewis（2004）运用焦点小组访谈方法，发现具有信息性的邮件主题是人们最热衷分享的内容。另外，Lee 和 Hong（2016）运用线上调研方法，发现 Facebook 上的用户青睐于具有丰富性信息特征的内容，因为该类内容能帮助消费者做出理智的决策，进而促使消费者产生一系列消费行为。丰富的信息能更好地满足消费者的需求，因此也更容易使消费者产生积极情绪并被消费者分享。消费者通常会以自身所掌握的内容是否具有信息性作为相关决策的参考依据。高鹏等（2020）发现短视频是否具有丰富的信息内容是影响消费者产生顾客灵感并分享的重要原因。

（2）有趣性

具备有趣性特征的短视频内容更容易引发消费者的分享行为。基于印象管理理论，Berger（2014）提出人们对那些具备有趣性特征的内容的分享意愿很高，因为分享该类型的内容更容易使自己树立一种幽默风趣的形象。廖以臣等（2015）选用优酷网上的6条可口可乐视频为分析样本，通过实验法验证了影响视频广告扩散的原因，发现视频是否呈现出有趣及幽默的内容特征是受众分享该视频最为关键的因素，企业发布有趣的短视频内容会提高消费者的分享意愿。同样，Dobele（2005）也认为影响消费者对内容进行讨论和分享的最重要因素就是有趣性，因为没有人会对索然无味的东西感兴趣，只有有趣的、幽默的内容才能更好地激发消费者的分享行为。

（3）新颖性

具备新颖性特征的短视频内容会更容易引发消费者的分享行为。Berger（2014）从印象管理理论的角度出发，发现人们倾向于向他人谈及新事物，比如令他人感到意外的、新潮前卫的和新发生的事物，通过谈及此类事物可向他人树立自身个性、消息灵敏的形象。Dobele（2005）对宝洁、本田等多个视频广告案例进行研究，发现新颖的创意视频能使消费者对其产生分享行为，视频的新颖性密切影响着消费者的分享行为。高鹏等（2020）发现，短视频本身是否具有新颖的知识内容是影响消费者触发灵感机制，从而产生顾客融入行为的重要因素。因此，要想使消费者对短视频内容产生更多的顾客融入行为，应重视短视频内容是否具有新颖性特征。

通过梳理现有研究成果，我们发现目前的研究主要聚焦在短视频内容特点引发消费者分享意愿上。短视频作为一种与消费者密切相关的社交媒体内容，应该从顾客价值角度考虑其内容对消费者行为的影响。

基于顾客价值理论的相关文献，我们发现，产品及服务的实用性、易用性、社交性和享乐性是影响顾客价值的主要维度（Nambisan et al., 2008）。消费者社交媒体融入是顾客价值的一种具体行为表现。早期的研究基于以企业为主导的逻辑从不同角度对顾客参与维度进行了界定，认为信息分享价值、责任行为和人际互动价值是影响顾客融入的主要维度（Ennew and Binks，1999）。另外，Nysveen和Pedersen（2014）从体验价值的角度分析了个体产生顾客融入的原因，认为内容的体验影响顾客融入，比如感官、情感、思考体验、行为以及关联体验五个维度。Schauhj等（2009）通过案例研究方法，总结出影响消费者实现融入行为的主要维度为社会网络构建、印象管理、社区参与和品牌使用。综上所述，已有研究从顾客价值理论的角度出发，研究了影响消费者产生顾客价值，实现顾客融入行为的价值维度，如信息分享价值、人际互动价值、体验价值等（Ennect and Binksmr，1999；Nysveen and Pedersen，2014）。短视频作为一种新兴的社交媒体平台，目前学者们对短视频内容价值维度的研究还比较少，因此从顾客价值的角度研究如何划分短视频内容的价值维度十分必要。

3.2.2 社交媒体融入

Brodie 等（2011）认为社交媒体融入是用户在互动中所表现出的动机和心理状态水平。Vivek 等（2014）认为社交媒体融入是个体与产品和活动进行联结的表达，也是消费者参与产品改进和各类活动的体现。另外，Hollebeek（2011）将社交媒体融入定义为消费者进行情感、行为和认知型互动的行为。Calder 等（2009）认为社交媒体融入是消费者对平台如何融入其生活的信念。Van Doorn 等（2010）认为社交媒体融入是一种高于用户消费行为的关系，这种行为是非交易性的，包括对内容的自发推荐、自发评论、自发口碑传播行为。本研究结合 Van Doorn 等（2010）的研究定义，将社交媒体融入定义为在特定的情境下，消费者在社交媒体上积极地进行内容分享、内容评论、内容点赞等社交性融入行为。

通过梳理文献，本研究发现目前对社交媒体融入行为的测量存在分歧。Calder 等（2009）通过刺激与灵感、社会便利化、自尊和公民意识、内在享受、功利等维度测量社交媒体融入行为；Hollebeek（2011）从认知、情感、行为三个维度测量消费者的社交媒体融入行为；Vivek 等（2014）从消费者关注度、热情参与度和社会联系度三个方面测定社交媒体融入行为；Van Doorn 等（2010）从口碑传播、撰写评论、推荐等维度测量消费者社交媒体融入。本研究参考 Van Doorn 等（2010）的测量方式，结合实际情况，通过短视频的点赞、评论和转发三个维度对消费者社交媒体融入行为进行测量。

至于短视频内容的价值维度为什么会影响用户产生社交媒体融入行为，目前主流的观点认为，社交认同、利己和利他是人们对短视频产生社交媒体融入行为的心理动机，也是消费者产生社交媒体融入行为的前因。

（1）社交认同

人们为了建立和维护社会关系，会在社交媒体平台进行在线分享、评论和点赞等社交媒体融入行为。Ho 和 Dempsey（2010）认为人们会为了从社交中获得群体归属感和认同感而产生社交行为。正如 Berger（2014）所指，人们会通过日常的人际交流使彼此保持沟通并以此表达关心，像"社会胶水"一样不断强化人际的关系和联系。Syn 和 Oh（2015）也认为，信息的分享可被人们用来进行社交。

一些研究也证实了社交认同是人们进行社交媒体融入行为的影响因素。Phelps 和 Lewis 等（2004）运用 Focus Group 和内容分析法，发现人们会经常通过邮件给自己的朋友分享文章，这些行为的目的大多是增强与朋友的社交联系。Vries 等（2017）通过实证研究发现，社交认同是人们积极参与内容分享等社交媒体融入行为的动机。另外，Fu 等（2017）发现社交认同动机显著影响着人们对内容的分享意愿，人们通过社交认同来实现社交并以此获得快乐。赵倩蓓（2019）认为通过使用短视频进行社交分享，用户不仅可以找到归属组织进行经验分享，还可以借此制造话题并建立更牢固的人际关系网，这种通过短视频进行社交媒体融入的行为为用户提供了社交便利。付森会和晏青（2021）运用社会认同和自我扩展认知理论分析发现，用户的社会认同会提升用户社交媒体关系融入。

（2）利己

利己在其他相关研究中近似于自我强化需求。De Angelis（2012）认为利己动机是人类需求的一种。人们为了构建自己良好的形象，从而向他人不断展示自我概念和形象。基于这一心理动机，人们会对那些看起来很好、很特别的短视频产生社交媒体融入行为，并以此努力将自己的"虚拟形象"树立得更加成功。Berger（2014）认为，人们分享的内容往往是个人特质的一种传达。那些使人们产生社交媒体融入行为的短视频特征，往往和人们所想要传达和树立的个人特质相一致。人们通过分享这些短视频内容对外展示了其在该领域和话题的专长。

目前，有很多实证研究显示，利己是人们对短视频产生社交媒体融入行为的首要动机。Ho 和 Dempsey（2010）通过问卷调查分析发现，人们希望通过分享互联网内容来展现自己的个性化，并利用这种社交媒体融入的行为获得更多关注。Yuki（2015）结合问卷数据和 Facebook 上分享量最高的网帖进行实证分析和内容分析发现，树立良好的自我形象是消费者分享互联网在线内容的主要动机之一。Vries 等（2017）发现，利己是人们对内容进行分享的重要动机，这种利己型动机的主要目的是展示自我。Chu 等（2019）也发现中国游客乐于在社交平台上进行分享的主要动机是利己和展示自我。陈娟等

（2018）运用问卷调查及深度访谈法研究了公益网站的众筹信息分享行为，发现在涉及传播者自身形象建构、个体自我展示及获得认同的项目信息传播上，"利己"倾向更为显著。付森会和晏青（2021）运用社会认同和自我扩展认知理论分析发现，用户自我扩展会提升用户社交媒体关系融入。以上研究所提及的"自我表达""自我提升""自我扩展"等的本质都是一种利己行为，人们都是出于这类利己动机而产生社交媒体融入行为。

（3）利他

利他动机也被许多研究学者认为是影响消费者进行社交媒体融入行为的前因。Berger（2014）认为，人们有时会无私地分享一些涉及公共福利的内容，这在很大程度上是为了帮助他人并提高他人的福利。比如，我们在日常生活中会在社交媒体融入上分享一些实用的学习方法和技巧，使他人在学习中受益。Syn 和 Oh（2015）认为通过向他人分享内容可以表达对他人的关心，另外，Hennig-Thura 等（2004）和 Lovett 等（2013）认为向他人分享信息内容可以向他人表达同情和帮助的意愿。Ho 和 Dempsey（2010）通过问卷调查分析发现，人们希望通过分享互联网内容来帮助他人，并利用这种社交媒体融入的行为获得更多关注。Libert 和 Tynski（2013）研究发现，利他动机是影响人们进行分享的原因，即以增加社会效益为目的。陈娟等（2018）运用问卷调查及深度访谈法对社交公益众筹平台的项目信息分享行为进行了研究，发现在涉及传播者自身形象建构、个体自我展示及获得认同的项目信息传播上，"利他"倾向也是一种重要原因。以上研究所提及的"帮助他人""向他人表达关系"等概念本质上都是一种利他行为，人们会出于这类利他动机而产生社交媒体融入行为。

综上所述，社交认同、利己和利他是目前研究中发现的人们主动分享的三个重要心理动机，从内在的心理需求角度解释了消费者社交媒体融入形成的机理。虽然 Berger（2014）坚持认为利己型动机是人们进行分享的主要原因，利他的本质还是为了有利于自己树立不错的形象，但是本研究认为社交认同、利己和利他都是人们社交媒体融入的前因动机，这与刘伟等（2020）的观点相一致，即这三个动机之间不完全孤立，而是相互交叠的，只是不同情况下三者的权重不同。

3.2.3 积极情绪

积极情绪作为一种情感状态，最早出现在心理学领域。人们对积极情绪的认知最开始也都起源于心理学解释。目前有关积极情绪的定义尚未统一，有关积极情绪较为权威的定义源自国外早期的学者。Frijda（1986）将积极情绪定义为由愉快的状态、充满兴趣期望及惊奇组成的状态。Lazarus（1991）认为积极情绪就是愉快和自豪，即充满希望和爱的状态。Tomskisn（2004）将积极情绪定义为由快乐和兴趣综合组成的统一体。综合国外学者对积极情绪的相关定义，本研究参照前人研究，将积极情绪定义为一种令人感到愉快的、温暖的、兴奋的、受鼓舞的、放松的正向情感状态。

心理学领域主要解释了出现积极情绪的前因，刺激的重复出现会导致偏好和积极情感的产生（屠莺、周仁来，2008）。在特定的视听环境下受到刺激，这种特殊体验会令人产生愉快和放松的感觉，有关积极情绪的前因研究，被广泛应用于治疗临床病症，也被广泛应用于商业广告之中，在线广告视频中增加刺激的内容特征，将会使消费者产生积极情绪（王协顺等，2021）。综上所述，本研究认为积极情绪的前因是由于刺激产生的愉快感、满足感和享受。因此，将积极情绪运用于营销领域时，应注重产品对消费者情感的刺激作用，通过刺激消费者产生愉快、满足和享受等积极情绪，实现预期的营销效果。

有关短视频内容引起消费者积极情绪的研究不多，本研究梳理了相关文献，发现具有感官吸引力的短视频内容会更容易唤起消费者的积极情绪（Petty et al.，2004），使消费者沉浸到短视频的内容中。与此同时，具有感官冲击力的剧情式短视频内容，会使消费者在观看过程中感到十分享受，并以此唤醒消费者的积极情感（Aaker and Hagerty，1986），继而引发消费者的分享行为。另外，Petty等（2004）认为短视频内容若具备拟人化的特征，比如卡通形象等的植入，就能够更加吸引观众，引发消费者的积极情绪。综上所述，引起消费者社交媒体融入的前因包括具有拟人化特征、感官吸引力和冲击力的短视频内容。有关短视频内容引起消费者积极情绪的研究不多，对于具有哪些价值维度的短视频能够引起消费者积极情绪的研究不够综合，本研究认为研究短视频价值维度引起积极情绪的前因具有一定的研究空缺，需作进一步探讨。

3.2.4　积极情绪与社交媒体融入相关研究

作为一种由愉快的状态、充满兴趣期望及惊奇组成的情绪（Frijda，1986），积极情绪不仅在心理学发展和临床治疗中得到了重视，也逐渐被应用于社交媒体内容场景。为验证短视频积极情绪影响消费者行为，Petya Eckler 和 Paul Bolls（2011）发现视频的情绪基调会对消费者的分享意愿产生影响，而积极情绪能够触发消费者产生最强的分享意愿。这说明短视频若想获得预期的传播效果，其内容应具有唤起消费者积极情绪的特征，积极情绪有利于激发受众产生分享行为（Victoria and Araceli，2019）。通过梳理积极情绪与社交媒体融入的相关研究，本研究发现学者们目前主要分析两个方面的内容：一是积极情绪对社交媒体融入行为的影响；二是情绪唤醒对社交媒体融入的影响。

（1）积极情绪对社交媒体融入行为的影响

Phelps 和 Lewis（2004）是最早发现积极情绪影响用户社交媒体融入的学者。运用焦点小组访谈方法，他们发现那些含有积极情绪的文章内容会更容易被人们通过邮件转发分享。Akpinar 和 Berger（2017）研究了信息聚焦型广告和情感聚焦型广告对分享意愿的影响，发现情感聚焦型广告比信息聚焦型广告更易引发更高的分享或分享意愿。这说明内容本身所展示出的情绪基调会影响消费者的社交媒体融入行为。另外，廖以臣等（2015）运用实证方法发现，视频所引发的积极情绪能够促进消费者的分享意愿。

（2）情绪唤醒对社交媒体融入的影响

目前许多研究都证实了情绪唤醒（emotional arousal）与消费者的分享行为有关。李宏和刘菲菲（2018）认为积极情绪在营销信息分享的作用路径中具有中介作用，而营销信息是积极情绪的刺激物。其具体表现为：消费者对所接收到的营销信息进行加工后，其积极情绪会被唤起，继而影响其分享行为。另外，Eckler 和 Bolls（2011）也设计了组内实验并借此探究视频广告的情绪基调与消费者分享的因果关系。他们选取了时长相近的广告视频，邀请了多位参与者对广告视频进行情绪评分和分组，然后将分组后的高、中、低情绪广告分别用于测试另外的被试。结果显示，积极情绪的广告视频对被试分享行为的影响强度最大。

积极情绪常被用于验证"营销刺激—情绪反应—分享行为"，在有关营销信息的分享作用路径中发挥了重要作用。那么在短视频营销领域，积极情绪这一变量是否在短视频内容的价值维度影响消费者社交媒体融入的过程中也发挥中介作用呢？目前研究积极情绪在短视频内容的价值维度影响消费者社交媒体融入的作用路径中的成果较少，值得我们进一步探讨。

3.3 理论模型与研究假设

Reynolds（1974）最早提出了 S-O-R 理论，S（Stimulus）、O（Organism）、R（Response）分别表示刺激、有机体和反应。刺激可以是诸如政治经济等的环境因素，可以来源于消费者感知；有机体是消费者认知或情感上的变化；而反应是指主体在外界的刺激下会产生的态度和行为反应。理论模型如图3-1所示。

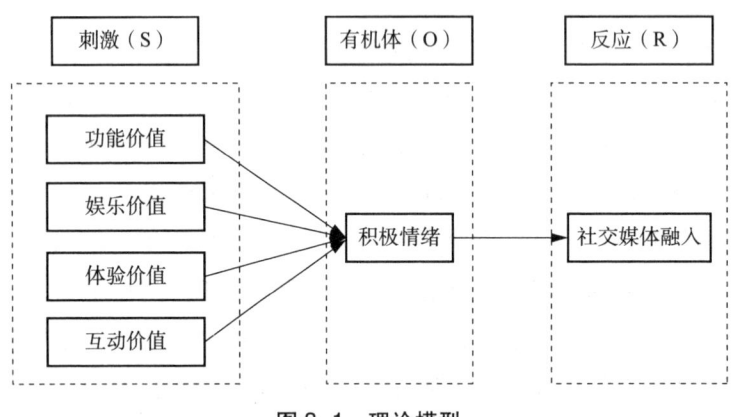

图 3-1 理论模型

本理论模型探讨自变量（短视频内容的价值维度）对因变量（社交媒体融入）的影响。其中，短视频内容特征遵循胡玲等（2018）、刘容（2017）、陈信康等（2019）、Brakus（2009）的研究，将其分为功能价值、娱乐价值、体验价值以及互动价值。另外，本研究引入积极情绪作为中介变量，探讨其在短视频内容的价值维度对社交媒体融入影响过程中的中介作用。

3.3.1 短视频内容功能价值对消费者社交媒体融入的影响

功能价值指的是能带给用户安全和信任的信息。有用的信息具有教育意义且质量较高，并且能够帮助消费者进行决策。当社交媒体平台上所发布的短视频所呈现出的信息内容有用，并能带给用户安全感和信任感时，消费者会对该短视频内容进行分享、评论或点赞。Lee 和 Hong（2016）发现那些具有丰富性信息特征的内容能协助消费者做出更理智的判断，更好地满足消费者需求，因此也更容易使消费者产生分享行为。胡玲和韩悦心（2018）认为社交媒体内容中的功能价值会正向影响消费者的再传播意愿。也就是说，当短视频所发布的内容能够让观看者获取有价值、有意义的信息时，消费者会更愿意赞同该视频的内容信息，从而通过朋友圈、微博等平台转发给身边有需要的人。因此，短视频内容的功能价值能够激发消费者产生更多的安全感和信任感，最终影响了社交媒体融入行为。高鹏等（2020）发现短视频中的信息缺口是触发顾客灵感并产生顾客融入行为的重要因素。也就是说，对信息的获取是社交媒体融入行为的重要原因。这说明短视频内容价值维度中的功能价值维度会影响消费者社交媒体融入行为。

因此，本研究提出以下假设：

H1：功能价值对消费者社交媒体融入有正向影响。

3.3.2 短视频内容娱乐价值对消费者社交媒体融入的影响

娱乐价值指的是短视频所呈现的内容能够带给消费者轻松、愉快或者幽默的感受。消费者使用社交媒体的重要原因之一是满足自身对娱乐的需求。充满娱乐性的信息内容能够使消费者内心愉悦、情绪高涨，同时引导消费者对内容的关注、转发和评论等参与意愿。Dobele（2005）认为影响消费者对内容进行讨论和分享的最重要因素就是有趣性，因为没有人会对索然无味的东西感兴趣，只有有趣的、幽默的内容才能更好地激发消费者的社交媒体融入行为。廖以臣等（2015）选用优酷网上的 6 条可口可乐视频为分析样本，通过实验法验证了影响视频广告扩散的原因。研究发现，视频本身应具有值得被用户分享扩散的因素，视频是否呈现出有趣及幽默的内容特征是受众分享该视频的最为关键的因素。钟科等（2016）认为具有娱乐价值的产品特征在很大程度上能够影响消费者的决策行为，比如社交媒体发布内容中的娱乐价值正向影响消费者的再传播意愿。胡玲和韩悦心（2018）发现内容的趣味性和消费者的分享及再传播意愿成正相关。因此，对短视频的内容添加趣味性元素会给消费者带来惊喜，消费者也会更愿意融入该社交媒体。故本研究提出以下假设：

H2：娱乐价值对消费者社交媒体融入有正向影响。

3.3.3 短视频内容体验价值对消费者社交媒体融入的影响

体验价值是指消费者通过感官所获得的审美及消费体验。郭婷婷和李宝库（2019）认为体验营销融入了消费者的五种感官体验，会直接影响消费者的决策和判断。通过三个情境实验，他们发现视频内容能够引发观看者感受上的变化，产生感官上的冲击力和吸引力，从而提升消费者对该视频的信任感，提高社交媒体融入。许晟等（2021）发现新媒体平台的品牌体验价值能够影响消费者对该社交媒体的融入。汪涛等（2014）认为品牌微博内容拟人化能够增强消费者的体验，发现是否具备拟人化是提升消费者价值共创意愿的重要原因。因此，短视频要在其内容中突出体验价值特征，在感官上富有冲击力和吸引力，使消费者对其内容产生美的享受，从而激发消费者对内容的关注、转发和评论等行为。因此，本研究提出以下假设：

H3：体验价值对消费者社交媒体融入有正向影响。

3.3.4 短视频内容互动价值对消费者社交媒体融入的影响

互动价值指的是社交媒体中的顾客间互动。具有互动价值的短视频内容的价值维度更能激发消费者的社交媒体融入行为。卜庆娟等（2016）研究发现，互动价值对顾客价值影响巨大。因为在顾客进行相互交流和互动的过程中，他们之间会主动交换各类资源并分享其相关的消费体验（刘容、于洪彦，2017），有利于顾客在协作式平台上相互依赖、互惠互利并实现顾客融入（李霞，2017）。谢礼珊等（2019）认为线上和线下互动对线上社区成员感知利益和公民行为非常重要。徐鑫亮等（2021）提出品牌互动、品牌体验是实现品牌价值的方式。只有充分引导消费者与品牌进行互动，才能最大限度地激发消费者与品牌之间的融合。因此，短视频内容应该具有一定的互动性，结合当时所发生的热点事件、抽奖和促销等活动促使消费者与短视频进行互动，从而使消费者对内容产生关注、转发和评论等行为。因此，本研究提出以下假设：

H4：互动价值对消费者社交媒体融入有正向影响。

3.3.5 积极情绪中介作用的相关假设

现有的学术研究表明，积极情绪作为一种由愉快的状态、充满兴趣期望及惊奇组成的情绪能够影响消费者行为反应（Frijda，1986）。如果消费者在观看某项短视频内容时产生了较为积极的情感，那么消费者自然而然会产生一些视频发布者所期望的行为，如点赞、分享、转发等，以此表达自己的情绪。Eckler 和 Bolls（2011）通过实验研究发现积极情绪能影响消费者行为，令人愉悦的积极情绪基调能激发消费者最高的分享意愿。张洪等（2019）研究发现，微博平台上所发布内容信息的情绪对消费者的分享意愿有影响，积极情绪能显著影响用户的分享意愿。裘江南和葛一迪（2020）的研究也发现，用户的情绪能够影响其在社交媒体平台上的行为。因此，积极情绪能够影响消费者的社交媒体融入行为。在已有的研究成果中，很多学者将积极情绪作为中介变量来研究。比如，李宏和刘菲菲（2018）认为积极情绪在营销信息分享的作用路径中具有中介作用。消费者对所接收到的营销信息进行加工后，其积极情绪会被唤起，继而会影响其分享行为。本研究将积极情绪作为研究短视频内容的价值维度对消费者社交媒体融入影响的中介变量。当短视频内容的功能价值、娱乐价值、体验价值、互动价值能够使观看者产生积极情绪时，会更容易产生社交媒体融入行为。因此，本研究提出以下假设：

H5：积极情绪在短视频功能价值与消费者社交媒体融入之间起中介作用。

H6：积极情绪在短视频娱乐价值与消费者社交媒体融入之间起中介作用。

H7：积极情绪在短视频体验价值与消费者社交媒体融入之间起中介作用。

H8：积极情绪在短视频互动价值与消费者社交媒体融入之间起中介作用。

3.4 关于短视频内容价值维度的探索性研究

本研究运用质性分析软件 Nvivo 对深度访谈文本进行编码分析，总结出影响消费者社交媒体融入的短视频内容的价值维度，同时通过情感分析验证短视频内容的价值维度对消费者社交媒体融入的影响过程中消费者的情绪状态为积极情绪。

3.4.1 访谈对象

参与此次深度访谈的受访者总计有 25 人，访谈主体基本信息如表 3-1 所示。

表 3-1 访谈主体基本信息

编号	姓名	年龄	学历	职业
1	郭先生	27	本科	教师
2	曹先生	26	本科	摄影
3	曾女士	23	本科	学生
4	沈女士	32	硕士	会计

续表

编号	姓名	年龄	学历	职业
5	陈先生	39	本科	国企员工
6	仇先生	22	专科	私企员工
7	黄女士	25	本科	私企员工
8	刘女士	29	本科	私企员工
9	刘先生	25	本科	私企员工
10	吕先生	27	本科	私企员工
11	马先生	19	高中	私企员工
12	王先生	28	硕士	国企员工
13	王先生	26	本科	教师
14	魏女士	25	博士	学生
15	项女士	21	本科	学生
16	肖女士	23	硕士	学生
17	杨先生	22	专科	私企员工
18	张女士	31	本科	私企员工
19	赵女士	33	本科	私企员工
20	赵女士	21	本科	学生
21	赵先生	23	本科	学生
22	郑女士	30	专科	设计师
23	周先生	24	本科	设计师
24	周女士	29	本科	学生
25	彭女士	22	本科	学生

3.4.2 编码可视化

本研究首先确认受访者经常观看短视频、对所喜爱品牌的社交媒体账号所发布的短视频内容互动、通过短视频内容了解过产品等。通过这些筛选项后，研究者邀请受访者针对自己所喜爱品牌的短视频特征进行深度访谈。此次深度访谈均采用 Nvivo 软件进行编码和分析。编码前均对文本内容进行清洗，删去"嗯、啊、额"等语气词以及语音文本翻译过程中出现的乱码符号。

3 短视频内容的价值维度及其影响研究

将清洗好的文本导入软件,进行编码。为规避人工编码的误差,此次编码采用机器三级编码的形式对所传入的文本内容进行自动编码,从图3-2中可以看出编码的结果。同时导入25个访谈文档,生成的一级编码项目,也被称为"父项"。从生成的父项编码节点可以看出有"产品""短视频""范围""广告""价值""媒体""品牌"以及"内容"8个主题。其中"产品""短视频""媒体""内容""品牌""范围""广告"这7个父项在25个文档中均出现过,"价值"这个父项在24个文档中出现过。这8个一级编码节点下分别有若干个二级节点。

课题	提及事项
内容	137
短视频	117
价值	106
娱乐价值	28
功能价值	27
体验价值	25
互动价值	10
价值的信息	3
娱乐功能价值	2
功能性价值	2
娱乐娱乐价值	2
功能的价值	1
实用价值	1
娱乐的价值	1
价值的体现	1
活动价值	1
内容价值	1

图3-2 Nvivo编码示意图

将初步的编码层级进行划分,得到初步的编码结果。结合访谈文本的语义特征手动修改完善好各类编码节点,完善好的最终版本编码节点矩阵图如图3-3所示。从编码节点矩阵图中可以看出此次访谈的文本内容主要分为"内容""短视频""价值""广告""产品""品牌""媒体""范围"。编码节点矩阵图的模块面积越大,说明该模块所代表的主题节点越多。因此,此次访谈的文本内容按照主题节点数目排序为"内容""短视频""价值""产品"。这说明此次访谈的受访者对短视频的内容、短视频的价值以及对短视频的产品和品牌较为关心。

表3-2所示的内容是有关编码三级总节点的段落编码主题结果,分别展示了各个文档中各个主题的编码单词出现次数,以序号1为例,序号1对应着前面所展示的编号1郭先生的访谈文本,序号1中"产品"这一词语出现了329次,说明在进行自动段落编码后,"产品"这一词语在郭先生的访谈文

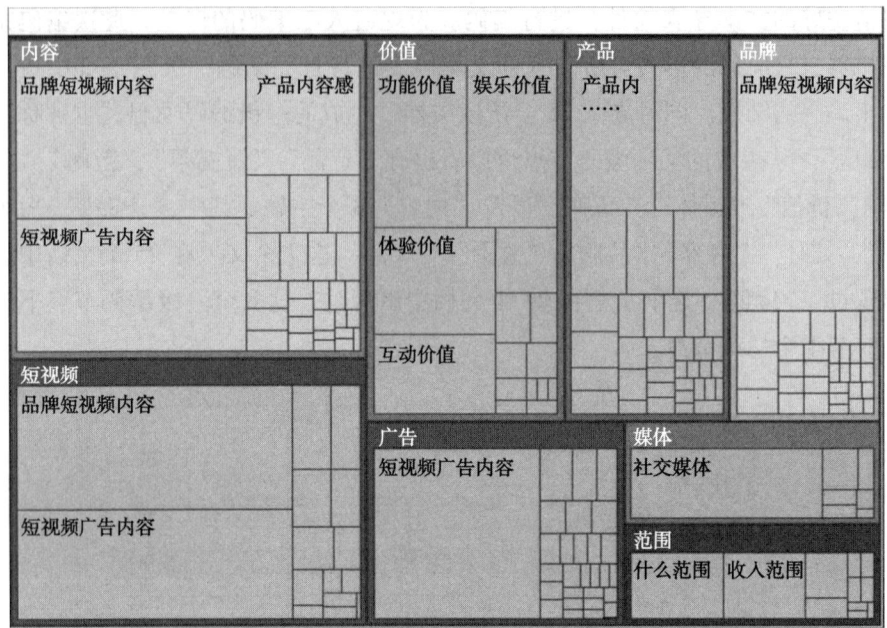

图 3-3 Nvivo 编码节点矩阵图

本中出现了 329 次。

表 3-2 编码主题结果

序号	产品	短视频	广告	价值	媒体	内容
1	329	463	19	1311	228	468
2	152	610	74	605	206	528
3	28	532	552	209	181	336
4	18030	7212	3606	10818	3606	10818
5	219	316	74	283	88	293
6	110	486	471	399	166	297
7	79	375	761	802	325	595
8	34	243	225	205	298	189
9	543	438	302	812	404	743
10	337	545	353	1239	218	789
11	475	384	863	448	297	682
12	172	238	122	373	169	419
13	140	282	177	85	251	417
14	625	434	772	1041	778	592

续表

序号	产品	短视频	广告	价值	媒体	内容
15	158	123	29	0	360	229
16	1115	520	82	1431	260	432
17	115	391	324	587	143	593
18	342	320	110	250	314	345
19	171	295	71	844	137	366
20	248	502	352	369	334	626
21	339	480	62	817	185	226
22	300	512	212	466	210	765
23	510	283	417	1126	141	276
24	90	153	128	663	64	303
25	123	222	67	557	900	100

表3-3是功能价值的访谈内容展示，比如包括"李佳琦的人设比较放松，会给人一种娱乐感，会觉得他做的内容是非常有价值的，会提供给我想要的产品和服务信息，比如各类的口红试色、各种气垫测评，看完以后就知道这些产品的区别了……"

表3-3 访谈内容（以功能价值为例）

维度	属性	内容
功能价值	能得到想要的产品或者服务信息	"李佳琦的人设比较放松，会给人一种娱乐感，会觉得他做的内容是非常有价值的，会提供给我想要的产品和服务信息，比如各类的口红试色，各种气垫测评，看完以后就知道这些产品的区别了，然后我可能会参考这个去买东西，买想要的东西。"（肖女士，23岁）
	所发布的内容很有用	"观看这个短视频的时候也是希望它有一些精华，也就是我们常说的，会对有用的信息比较在意，因为现在时间是非常宝贵的，只看最重要的精华就可以了。"（张女士，31岁）
	有助于掌握产品更新、产品优化等	"关注这个美妆的，比如兰蔻的极光水，其实是更关注了它的功能价值，从这个视频能知道这个东西的更新换代信息，就比如说它的新产品可能会针对皮肤上的一些小瑕疵，就是让你用了以后，感觉皮肤更加光滑。"（赵女士，33岁）
	对信息本身的获取	"作为男生，我比较关注这些实际的配置，那个视频就是从手机的配置开始介绍的，反正我只关注这个配置信息，这个是能戳中我的点，即配置信息的获取。"（杨先生，22岁）

3.4.3 情感分析

文本情感分析是一种判断文档情感倾向的语言处理分析方法。通过提取大量的文本感情倾向并进行累加，从而判断整体情感（车思琪、李学沛，2021）。本研究基于情感词典的方法采用 Nvivo 软件自建语料库进行情感分析研究，对访谈文本进行分析与处理。具体分析情况如表 3-4 所示。

表 3-4　情感节点

序号	非常负向	较为负向	较为正向	非常正向
1	2	9	13	6
2	0	4	8	8
3	0	4	14	4
4	1	7	13	2
5	0	10	11	8
6	2	4	11	5
7	2	4	11	4
8	1	7	10	5
9	2	3	11	5
10	1	3	15	6
11	1	8	18	9
12	1	2	14	7
13	0	2	8	5
14	4	11	22	5
15	0	3	9	5
16	3	10	21	9
17	0	9	12	2
18	0	4	10	5
19	1	8	12	7
20	2	8	14	5
21	1	5	17	5
22	1	5	12	4
23	3	5	11	4
24	2	5	12	7
25	2	5	12	7

情感倾向主要分为四个维度：非常负向、较为负向、较为正向、非常正向。从情感分析结果来看，1号受访者非常负向的情感节点数为2，较为负向的情感节点数为9，较为正向的情感节点数为13，非常正向的情感节点数为6（见表3-4）。同理，可直观地看出其他受访者的情感倾向。

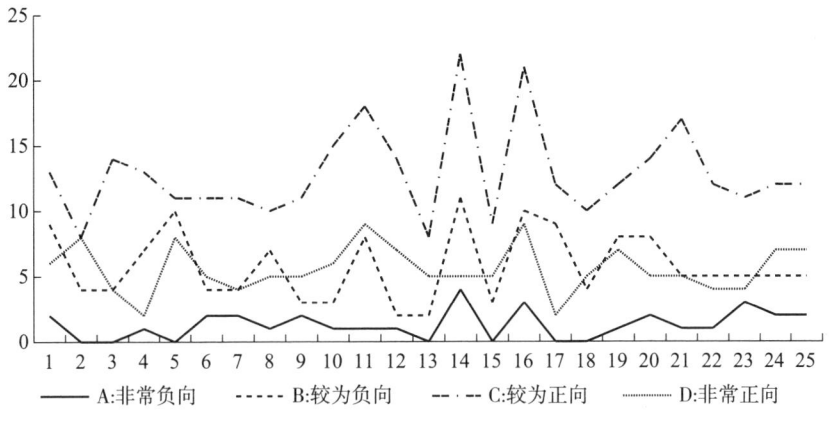

图3-4 情感倾向示意图

图3-4是情感分析结果的可视化，横坐标表示受访者的编号，纵坐标表示情感节点数，情感节点的数量大小表示该类情感在整个文本中的占比。从图中的各折线分布情况可以看出，25个受访者的非常负向情感节点数最低，均低于5个，这说明所有访谈者整体的负向情感倾向较低。较为负向和非常正向次之，曲线分布此起彼伏，情感节点数为0~10。较为正向的情感节点数最高，情感节点数总体分布除个别受访者外均高于10。由此可以得出，25位受访者的总体情感趋向于积极情绪。也就是说，会对所喜爱品牌的社交媒体账号发布的短视频内容点赞、分享、评论的25位受访者，总体上均受到积极情绪的影响。

3.4.4 访谈结果总结

我们通过对25位受访者的深度访谈文本数据进行编码，提取出主题。从编码分析结果来看，受访者表达了喜欢该品牌短视频的关键原因，他们对短视频的点赞、评论、分享等行为大多是基于该短视频的内容特征。综上所述，本文提取出的有关短视频内容的价值维度，主要分为功能价值、娱乐价值、体验价值、互动价值。另外，通过情感分析，我们证实了消费者在探讨其喜欢的短视频时的情感大多是积极的、正面的。这说明消费者在观看短视频内容后的影响路径中有"积极情绪"的作用。因此，我们得出以下结论：短视频的内容特征会对消费者的积极情绪有影响，进而对消费者的社交媒体融入有影响。由于文本数据具有一定的局限性，我们仍需要进一步的实证分析来深入探析三者之间的具体影响机理。

3.5 短视频内容的价值维度对社交媒体融入的影响研究

3.5.1 研究设计

本文参考以往有关短视频内容价值维度的相关研究，采用成熟的问卷测项量表（见表3-5），其中含22道测量题项，对研究模型中的自变量（短视频内容的价值维度）、因变量（社交媒体融入）、中介变量（积极情绪）进行测量，测量均采用李克特七级量表，将"非常不同意"赋值为1，"非常同意"赋值为7，根据态度强弱依次赋值。在预调研所收集数据的信度及效度等符合分析要求后，将正式问卷进行大范围投放，并收集问卷数据。使用SPSS和AMOS对问卷数据进行路径检验、中介作用检验等，并得出相关假设检验结果。

表3-5 问卷测项量表

维度	题项	参考来源
功能价值	A1 我能从该短视频账号所发布的内容中得到想要的产品或服务信息	胡玲和韩悦心（2018）
	A2 我认为该短视频账号所发布的内容很有用	
	A3 我认为该短视频账号所发布的内容有助于我掌握实时信息	
	A4 我认为对信息本身的获取是我浏览该短视频账号所发布的内容的主要原因	
娱乐价值	B1 我认为该短视频账号所发布的内容非常有趣	胡玲和韩悦心（2018）
	B2 我认为该短视频账号所发布的内容很新颖	
	B3 我认为该短视频账号所发布的内容很幽默	
	B4 我认为该短视频账号所发布的内容富有想象力和创意	

续表

维度	题项	参考来源
体验价值	C1 我认为该短视频账号所发布的内容在感官上具有很强的冲击力	Brakus（2009）
	C2 我认为该短视频账号所发布的内容在感官上很有吸引力	
	C3 我认为该短视频账号所发布的内容具有生动、拟人的特点	
	C4 我认为该短视频账号所发布的内容使我产生美的享受	
互动价值	D1 我认为该短视频账号所发布的内容是通过与热点话题结合的方式呈现的	陈信康和杜佳毅（2019）
	D2 我认为该短视频账号所发布的内容互动性很强，让我可以和好友一起互动	
	D3 我认为该短视频账号所发布的内容经常包含一些抽奖和促销相关的活动奖励	
	D4 我认为该短视频账号在其所发布的内容经常和粉丝在评论区互动	
积极情绪	E1 我认为在观看该短视频账号所发布的内容的时候，我非常享受	刘容和于洪彦（2017）
	E2 我认为在观看该短视频账号所发布的内容的时候，我能够感受到愉悦的情绪	
	E3 我认为在观看该短视频账号所发布的内容的时候，我能够获得很多满足感	
社交媒体融入	F1 我经常会对该短视频账号所发布的内容点赞	Van Doorn et al.（2010）
	F2 我经常会对该短视频账号所发布的内容评论	
	F3 我经常会将该短视频账号所发布的内容分享给我的朋友	

预调研向不同群体的消费者发放了总计 100 份问卷，回收问卷发现问卷有效率达到标准后，对数据做信、效度分析。问卷的信度和效度均符合问卷的有效性标准。正式调查中，本研究通过"问卷星"设计制作线上问卷并通过其样本库随机发放和回收了 400 份问卷，每份问卷支付 5 元，填写对象为经常观看短视频的用户群体，通过筛选获取有效问卷 374 份，问卷有效率为 93.5%。

3.5.2 描述性统计分析

如表 3-6 所示，本次样本的性别、年龄、收入、学历以及观看短视频的频率和时间要求均符合本研究的预期。

表 3-6　样本特征描述

样本特征		频率	百分比（%）
性别	男	148	39.5
	女	226	60.5
年龄	20 岁以下	46	12.3
	20~29 岁	209	55.9
	30~39 岁	78	20.9
	40 岁以上	41	10.9
收入	5000 元以下	152	40.6
	5000~10000 元	135	36.1
	10000~15000 元	53	14.2
	15000 元以上	34	9.1
学历	专科及以下	71	18.9
	本科	236	63.2
	硕士	60	16.1
	博士及以上	7	1.8
观看频率	基本不看	12	3.3
	一周 3~5 次	130	34.8
	一周 10~30 次	69	18.4
	经常看	163	43.5
观看时间	1 小时以内	155	41.5
	1~3 小时	164	43.8
	3~5 小时	34	9.1
	5 小时以上	21	5.6

本研究对变量特征进行描述统计，表 3-7 陈列了每个变量下的具体测项。变量"功能价值""娱乐价值""体验价值""互动价值"等都是由其所对应的测项的平均值构成。比如，变量"功能价值"是由 A1、A2、A3、A4 四个测项的平均值构成。具体表示为，功能价值 =（A1+A2+A3+A4）/4，将所有变量进行计算后，进行变量的描述性特征分析。"功能价值、娱乐价值、体验价值、互动价值、积极情绪、社交媒体融入"这几个变量的最小值均为 1，最大值均为 7，说明这几个变量的数据值没有缺失值和错误值。变量的平均值均在 5 以上，且其标准差均在 1 左右，说明变量分布均匀，没有出现异常的波

动。综上分析，所有变量数据符合要求，可以作进一步的分析。

表 3-7 变量特征描述

变量	最小值	最大值	平均值	标准差
功能价值	1.00	7.00	5.4646	1.08592
娱乐价值	1.00	7.00	5.3553	1.15863
体验价值	1.00	7.00	5.4112	1.10855
互动价值	1.00	7.00	5.3257	1.03189
积极情绪	1.00	7.00	5.4759	1.03415
社交媒体融入	1.00	7.00	5.3684	1.18953

3.5.3 信度、效度分析

本研究采用 Cronbach 来进行信度分析。一般 α 系数值越接近 1，表示研究者所设计量表的可信度越高。由表 3-8 可知，问卷数据整体 α 系数为 0.918，各潜变量 α 系数均大于或等于 0.760，故问卷整体信度较好，量表非常符合本研究目的，可以进行进一步分析。

表 3-8 Cronbach 系数

变量	题项	项已删除的 α 系数	各变量 Cronbach's α 系数	整体 Cronbach's 系数
功能价值	A1	0.916	0.802	0.918
	A2	0.915		
	A3	0.923		
	A4	0.914		
娱乐价值	B1	0.915	0.837	0.918
	B2	0.915		
	B3	0.915		
	B4	0.915		
体验价值	C1	0.913	0.820	
	C2	0.914		
	C3	0.914		
	C4	0.914		

续表

变量	题项	项已删除的 α 系数	各变量 Cronbach's 系数	整体 Cronbach's 系数
互动价值	D1	0.913	0.819	0.918
	D2	0.913		
	D3	0.913		
	D4	0.913		
积极情绪	E1	0.914	0.780	
	E2	0.914		
	E3	0.915		
社交媒体融入	F1	0.914	0.760	
	F2	0.917		
	F3	0.915		

3.5.4 验证性因子分析

本研究使用 AMOS 23.0 对短视频内容价值维度（功能价值、娱乐价值、体验价值及互动价值）、积极情绪和社交媒体融入六个变量进行验证性因子分析，判别测量量表的结构效度、聚合效度和区别效度，测量模型如图 3-5 所示。

功能价值、娱乐价值、体验价值、互动价值、积极情绪和社交媒体融入这几个变量所包含的测项的标准因素载荷量都大于 0.6，表明量表中的所有测项对其相应变量都具有较好的解释能力。从组合信度和平均方差抽取值来看，各潜变量的组合信度 CR 最小为 0.761；AVE 的值都大于标准参考值 0.5（见表 3-9）。由此可见本次问卷设计中采用的量表均具有良好的收敛效度。

表 3-9 测量模型的收敛效度检验

路径			标准因子载荷	AVE	CR
A1	←	功能价值	0.716	0.513	0.808
A2	←		0.775		
A3	←		0.692		
A4	←		0.677		

续表

路径			标准因子载荷	AVE	CR
B1	←	娱乐价值	0.787	0.565	0.838
B2	←		0.743		
B3	←		0.753		
B4	←		0.722		
C1	←	体验价值	0.775	0.536	0.822
C2	←		0.742		
C3	←		0.708		
C4	←		0.700		
D1	←	互动价值	0.690	0.546	0.828
D2	←		0.793		
D3	←		0.772		
D4	←		0.696		
E1	←	积极情绪	0.777	0.542	0.781
E2	←		0.734		
E3	←		0.696		
F1	←	社交媒体融入	0.714	0.514	0.761
F2	←		0.700		
F3	←		0.736		

表 3-10 整体拟合指数

拟合指标	χ^2/df	NFI	CFI	IFI	GFI	PGFI	RMSEA
参考值	<3	>0.9	>0.9	>0.9	>0.9	>0.5	<0.08
数值	2.038	0.912	0.909	0.910	0.902	0.667	0.067

此外,一阶变量测量模型与数据的大部分拟合指标都达到了适配指标,说明该测量模型的适配度良好(见表 3-10)。

表 3-11 一阶变量测量模型区别效度检验

	功能价值	娱乐价值	体验价值	互动价值	积极情绪	社交媒体融入
功能价值	0.716					
娱乐价值	0.414	0.752				
体验价值	0.495	0.467	0.732			

续表

	功能价值	娱乐价值	体验价值	互动价值	积极情绪	社交媒体融入
互动价值	0.478	0.597	0.690	0.739		
积极情绪	0.480	0.442	0.581	0.653	0.717	
社交媒体融入	0.446	0.541	0.695	0.543	0.561	0.736

如表 3-11 所示，表格对角线的位置为各变量 AVE 的平方根，且该值均大于该变量与其他变量的相关性系数，表明各潜在变量测量量表之间具有较高的区别效度。

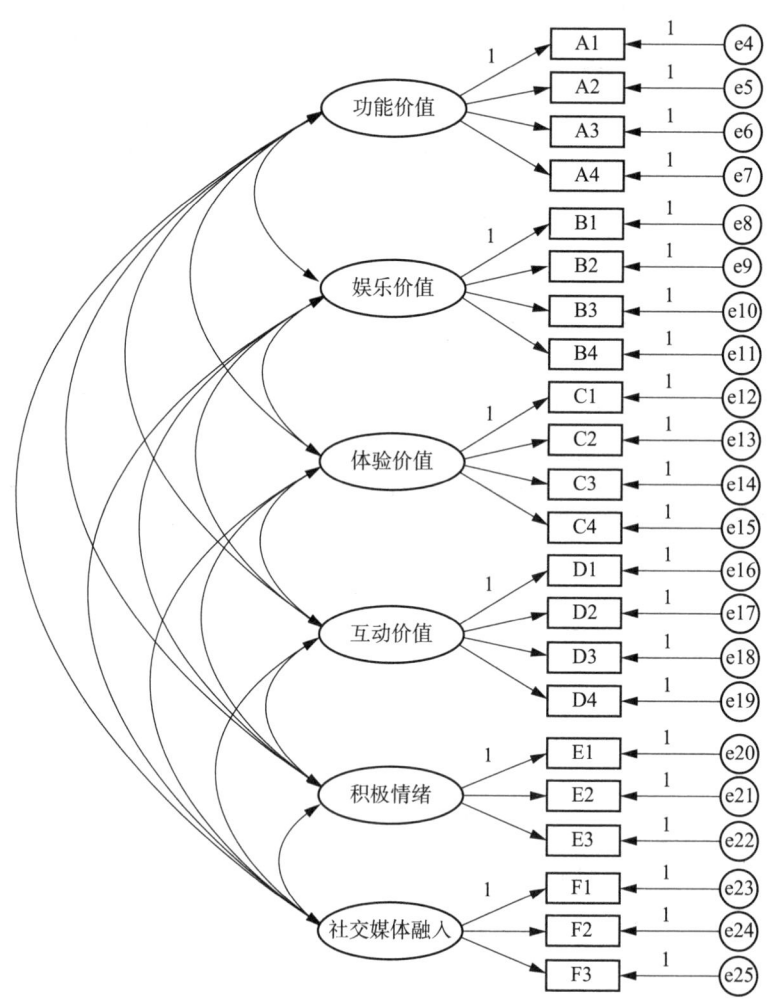

图 3-5　变量测量模型

3.5.5 共同方法偏差

采用加入共同方法因子的验证性因子分析检验模型的共同方法偏差（周浩、龙立荣，2004）。假设3.5.4的验证性因子分析模型为M_1，并构建包含共同方法因子的模型M_2。当拟合指标相比自己原模型的变化不大，RMSEA的变化不超过0.05，CFI和TFI的变化不超过0.1，即可证明无严重共同方法偏差。采用AMOS 23.0进行模型共同方法偏差检验，主要拟合指标如表3-12所示。

表3-12 共同方法偏差检验

拟合指标	χ^2/df	NFI	CFI	IFI	GFI	RMSEA
M1	2.038	0.912	0.909	0.910	0.902	0.067
M2	2.031	0.913	0.904	0.924	0.904	0.066
Δ	-0.007	0.001	-0.005	0.014	0.002	-0.001

由表3-12可知，$\Delta\chi^2/df=-0.007$，$\Delta NFI=0.001$，$\Delta CFI=-0.005$，$\Delta IFI=0.014$，$\Delta GFI=0.002$，$\Delta RMSEA=-0.001$，各项拟合指数的变化均小于0.02，表明加入共同方法因子后，模型并未得到明显改善，故测量中不存在明显的共同方法偏差。

3.5.6 假设检验

3.5.6.1 路径检验

本研究采用AMOS 23.0对模型的假设进行验证，得到的模型适配度指标如表3-13所示，总体来看，虽然其中有个别数据没有达到适配度指标，但也比较接近标准值，由此表明数据与本研究构建的模型整体适配度较高。

表3-13 整体拟合指数

拟合指标	χ^2/df	NFI	CFI	IFI	GFI	PGFI	RMSEA
参考值	<3	>0.9	>0.9	>0.9	>0.9	>0.5	<0.08
数值	2.131	0.887	0.903	0.912	0.900	0.675	0.070

模型变量间的路径关系及标准化的路径系数如图3-6所示。

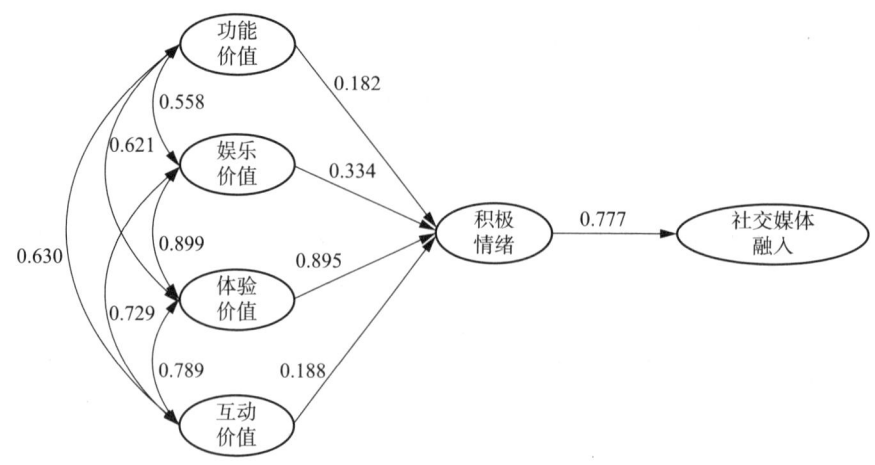

图 3-6　各变量路径

通过变量间的路径分析，本研究提出的五个研究假设都得到验证。假设检验结果如表 3-14 所示。

表 3-14　模型路径关系假设检验

路径分析			Estimate	p	假设验证
功能价值	→	积极情绪	0.182	*	得到验证
娱乐价值	→	积极情绪	0.334	*	得到验证
体验价值	→	积极情绪	0.895	**	得到验证
互动价值	→	积极情绪	0.188	*	得到验证
积极情绪	→	社交媒体融入	0.777	***	得到验证

注：***表示在 $p<0.001$ 的水平（双侧）上显著相关，**表示在 $p<0.01$ 的水平（双侧）上显著相关，*表示在 $p<0.05$ 的水平（双侧）上显著相关。

短视频内容的价值维度对消费者积极情绪的影响。由检验结果可知，H1、H2、H3 和 H4 均得到验证，即短视频的功能价值、娱乐价值、体验价值和互动价值均会对消费者的积极情绪产生正向影响。这与杨学成等（2013）、胡玲和韩悦心（2018）、钟科等（2016）、刘容（2017）的研究结果保持一致。由此可知，短视频的内容设计可以通过关注其功能性、娱乐性、体验性和互动性来增加消费者的积极情绪，进而提升社交媒体融入。

3.5.6.2　积极情绪的中介作用

采用 AMOS 23.0 对积极情绪这一变量进行中介效应检验，其中，当

Indirect effect/SEin=Z≥1.96 时，中介效应显著；当 Bias corrected 的上下界指标在 0 的一侧时，中介效应显著，当其上下界指标在 0 的异侧时，中介效应不显著；当 Percentile 的上下界指标在 0 的一侧时，中介效应显著，当其上下界指标在 0 的异侧时，中介效应不显著。故本研究采用 Z 值、Bias corrected 和 Percentile 三个指标检验模型的中介效应。同时，当间接效应显著、直接效应不显著时，则称模型中介效应完全中介；当间接效应与直接效应都显著时，则称模型中介效应部分中介。

（1）消费者积极情绪对短视频内容功能价值和社交媒体融入的中介作用

由表 3-15 可知，间接效应的 Z 值=2.86>1.96，且 Bias corrected 和 Percentile 的上下界指标分别为 0.154、0.621 和 0.143、0.597，都在 0 的同侧，这说明间接效应显著。直接效应 Z 值=2.86>1.96，且 Bias corrected 和 Percentile 的上下界指标分别为 0.105、0.601 和 0.107、0.603，都分布在 0 的同侧，直接效应也显著。故消费者积极情绪对短视频内容功能价值和社交媒体融入具有部分中介作用。

表 3-15　消费者积极情绪对短视频内容功能价值和社交媒体融入的中介作用

	Point estimate	Product of coefficients		Bootstrap 5000 time 95%CI			
				Bias corrected		Percentile	
		SE	Z	Lower	Upper	Lower	Upper
功能价值——社交媒体融入间接效应	0.337	0.118	2.86	0.154	0.621	0.143	0.597
功能价值——社交媒体融入直接效应	0.355	0.124	2.86	0.105	0.601	0.107	0.603
功能价值——社交媒体融入总效应	0.692	0.114	6.07	0.489	0.935	0.486	0.931

（2）消费者积极情绪对短视频内容娱乐价值和社交媒体融入的中介作用

由表 3-16 可知，间接效应的 Z 值=3.38>1.96，且 Bias corrected 和 Percentile 的上下界指标分别为 0.260、0.837 和 0.229、0.797，都分布在 0 的同侧，证实了间接效应显著。直接效应 Z 值=0.696<1.96，且 Bias corrected 和 Percentile 的上下界指标分别为-0.182、0.474 和-0.180、0.477，均分布在 0 的异侧，直接效应不显著。故消费者积极情绪对短视频内容娱乐价值和社交媒体融入具有完全中介作用。

表3-16 消费者积极情绪对短视频内容娱乐价值和社交媒体融入的中介作用

	Point estimate	Product of coefficients		Bootstrap 5000 time 95%CI			
				Bias corrected		Percentile	
		SE	Z	Lower	Upper	Lower	Upper
娱乐价值——社交媒体融入间接效应	0.484	0.143	3.38	0.260	0.837	0.229	0.797
娱乐价值——社交媒体融入直接效应	0.117	0.168	0.696	-0.182	0.474	-0.180	0.477
娱乐价值——社交媒体融入总效应	0.601	0.140	4.29	0.343	0.887	0.349	0.895

（3）消费者积极情绪对短视频内容体验价值和社交媒体融入的中介作用

由表3-17可知，间接效应的Z值=3.19>1.96，且Bias corrected 和 Percentile 的上下界指标分别为0.070、0.795和0.108、0.748，均分布在0的同侧，间接效应显著。直接效应Z值=1.30<1.96，且Bias corrected 和 Percentile 的上下界指标分别为-0.147、0.768和-0.139、0.771，均分布在0的异侧，直接效应不显著。故消费者积极情绪对短视频内容体验价值和社交媒体融入具有完全中介作用。

表3-17 消费者积极情绪对短视频内容体验价值和社交媒体融入的中介作用

	Point estimate	Product of coefficients		Bootstrap 5000 time 95%CI			
				Bias corrected		Percentile	
		SE	Z	Lower	Upper	Lower	Upper
体验价值——社交媒体融入间接效应	0.415	0.130	3.19	0.070	0.795	0.108	0.748
体验价值——社交媒体融入直接效应	0.292	0.224	1.30	-0.147	0.768	-0.139	0.771
体验价值——社交媒体融入总效应	0.607	0.099	6.13	0.417	0.806	0.415	0.802

（4）消费者积极情绪对短视频内容互动价值和社交媒体融入的中介作用

由表3-18可知，间接效应的Z值=2.72>1.96，且Bias corrected 的上下界指标在0的同侧，但Percentile 的上下界指标在0的异侧，故认为间接效应显著。直接效应Z值=3.20>1.96，且Bias corrected 和 Percentile 的上下界指标均在0的同侧，直接效应也显著。故消费者积极情绪对短视频内容互动价值和社交媒体融入具有部分中介作用。

表 3-18　消费者积极情绪对短视频内容互动价值和社交媒体融入的中介作用

	Point estimate	Product of coefficients		Bootstrap 5000 time 95%CI			
				Bias corrected		Percentile	
		SE	Z	Lower	Upper	Lower	Upper
互动价值——社交媒体融入间接效应	0.324	0.119	2.72	0.033	0.498	-0.006	0.459
互动价值——社交媒体融入直接效应	0.599	0.187	3.20	0.271	1.001	0.271	0.999
互动价值——社交媒体融入总效应	0.824	0.136	6.06	0.547	1.092	0.549	1.094

综上所述，消费者积极情绪对短视频内容功能价值和社交媒体融入具有部分中介作用，对短视频内容娱乐价值和社交媒体融入具有完全中介作用，对短视频体验价值和社交媒体融入具有完全中介作用，对短视频内容互动价值和社交媒体融入具有部分中介作用。

3.5.6.3　假设检验结果

对模型中的 8 个假设进行验证，汇总结果如表 3-19 所示，本研究所提出的所有假设均成立，即短视频内容的价值维度的四个价值维度均对消费者社交媒体融入有正向影响；短视频内容的价值维度的四个价值维度均对积极情绪有正向影响；积极情绪在短视频内容的价值维度的四个价值维度和消费者社交媒体融入之间起中介作用。

表 3-19　假设检验汇总

假设	结果
H1：功能价值对消费者社交媒体融入有正向影响	成立
H2：娱乐价值对消费者社交媒体融入有正向影响	成立
H3：体验价值对消费者社交媒体融入有正向影响	成立
H4：互动价值对消费者社交媒体融入有正向影响	成立
H5：积极情绪在短视频功能价值与消费者社交媒体融入之间起中介作用	成立
H6：积极情绪在短视频娱乐价值与消费者社交媒体融入之间起中介作用	成立
H7：积极情绪在短视频体验价值与消费者社交媒体融入之间起中介作用	成立
H8：积极情绪在短视频互动价值与消费者社交媒体融入之间起中介作用	成立

3.6 结论与展望

3.6.1 研究结论与理论贡献

在阅读大量国内外文献的基础上,本研究将短视频内容划分为四个维度进行测量,这四个维度分别是"功能价值""娱乐价值""体验价值""互动价值"。本研究构建了短视频内容的价值维度影响消费者社交媒体融入的理论模型,并且将"积极情绪"作为中介变量来研究。运用 SPSS 分析软件和 AMOS 分析软件,对数据进行分析后,本研究得出以下结论。

(1) 目前学者们对短视频内容价值维度的研究还比较少

本研究从顾客价值理论出发,将短视频内容的价值维度划分为功能价值、娱乐价值、互动价值和体验价值。结合定性和定量研究方法,本研究证明了短视频内容的四个价值维度是有效的,丰富了有关短视频内容价值维度的理论研究,为这一研究领域提供了有益补充。

(2) 短视频内容的价值维度对消费者社交媒体融入的影响

数据分析表明,短视频内容的四个维度均对因变量"消费者社交媒体融入"有显著的正向影响。这和 Dobele(2005)的研究结果一样。"娱乐价值"等特征的验证结果与杨学成等(2013)、胡玲和韩悦心(2018)、钟科等(2016)、刘容(2017)的研究结果一致。本研究的结论验证了短视频内容对消费者社交媒体融入的影响,同时从短视频内容价值维度的角度丰富了短视频内容对消费者社交媒体融入的影响研究。

(3) 积极情绪发挥中介作用

本研究验证了积极情绪在短视频内容的价值维度对消费者社交媒体融入的影响中发挥中介作用,再次从理论角度证实了"刺激—情绪反应—分享行为"这一作用路径的合理性,同时也为后续有关积极情绪的影响结果研究开拓了视角和思路。

3.6.2 营销启示

本研究向短视频营销人员提出以下相关建议以全面提高短视频内容价值,从而助力国内短视频内容营销发展,促进短视频内容营销科学化。

(1) 着力提升短视频内容的功能价值

本研究证实了短视频内容的功能价值对消费者社交媒体融入有显著性影响。短视频内容中体现产品的实用性信息越多,越能激发消费者对短视频产生社交媒体融入的行为。因此,营销人员需要巧妙构思,将产品所具备的功能信息融入短视频中,使短视频内容具有丰富的有用信息,使消费者在有限的观看时间内获得更多的知识和实质性的信息资讯收益,满足消费者对产品信息及细节的认知需要,以此激发消费者接受短视频内容并主动点赞分享以及转发。

(2) 努力提高短视频内容的体验价值

前文证实了短视频内容的体验价值对消费者社交媒体融入有显著性影响。短视频内容中呈现的体验价值越多,越能激发消费者对短视频产生社交媒体融入的行为。本研究认为,具有体验价值的短视频内容在感官上具有冲击力和想象力,并且具有生动拟人的特点,能够使消费者产生美的享受和亲切感。因此,营销人员应该深耕产品特性与公司文化特征,打造亲民的产品品牌"人设",强化产品品牌形象,通过短视频内容促进消费者对其人设的认可,加深消费者与产品品牌的联系,从而提高消费者的体验价值。另外,通过融合产品和品牌形象,提高短视频的视觉传达水平,提升短视频的感官体验感,使短视频在感官表达上吸引消费者的注意力,激发消费者对短视频内容的享受。

(3) 着手改善短视频的娱乐价值

短视频内容在进行创作时,要坚持娱乐价值本位的立场。营销人员在进行短视频创作时,可以通过增加竞猜、游戏、益智、科普等形式,使短视频的呈现内容更具趣味性和幽默感。使人们在观看短视频时获得娱乐价值,同时通过这种方式也可以使短视频内容创作题材更加新颖。另外,可以通过推出一系列作者养成计划,扶持更多专业型娱乐创作者,将其纳入娱乐价值视频的创作圈中,创作出更多富有想象力和创意的短视频内容,以此促进短视频内容娱乐价值良性发展。

(4) 注重提升短视频内容的互动价值

营销者应该汲取"互动营销"的理念和经验,充分提高短视频内容营销的互动价值。营销人员制作的短视频应该深耕国内主流的正能量热点话题,利用热点舆论结合短视频中的产品内容,以此争取消费者的认可。同时,营销人员应积极申请公司相关物料福利权限,通过短视频传播渠道进行产品的福利性推广,融合公司提供的相关奖励,举行一些不定期的线上互动性较强的抽奖活动,从而充分提高消费者与发布者的互动性,进而提高消费者的互动体验感。

(5) 善于唤起消费者的积极情绪

本研究揭示了积极情绪对于消费者社交媒体融入的重要性。现实中,短视频内容对于积极情绪的唤起有利于提高该短视频的传播力度,并提升该短视频品牌的营销影响力。因此,营销人员应该努力提高短视频的价值属性,增加短视频内容的剧情式效果,使短视频的情感基调与消费者审美相契合,在打动消费者内心深处情感的同时,实现融入行为的自然发生。

3.6.3 研究不足与未来展望

(1) 样本局限性

由于笔者自身条件的限制,本文调研对象以学生和上班族为主,包括刚步入工作岗位的年轻人。样本的局限性可能会影响研究数据的分析结果。希望未来增加访谈样本的数量,并且尝试多年龄段的深入访谈。对于实证样本数据,应该克服线上收集问卷的局限性,通过线下随机抽样等方法进行调研,从而保证样本的多样性,进而提高研究结论的科学性。

(2) 方法局限性

由于问卷分析方法只能验证自变量及因变量之间的相关性,无法合理地诠释其中的因果关系。为更好地探究短视频内容的价值维度对消费者社交媒体融入的影响,未来将通过实验法或其他研究方法作进一步研究。

参考文献

[1] AHMED D B, HADI Z M. Misinformation on salt water use among Nigerians during 2014 Ebola outbreak and the role of social media[J]. Asian Pacific Journal of Tropical Medicine, 2019(4): 175-180.

[2] ANDREAS M KAPLAN, MICHAEL H. Social media: Back to the roots and back to the future[J]. Journal of Systems and Information Technology, 2012, 14(2): 101-104.

[3] ANTONY M. Whatissocialmedia[EB/OL]. https://www.antonymayfield.com/2006/09/27/social-media-ebook/2021-09-10/2006-09-27.

[4] BERGER J. Word of mouth and interpersonal communication: A review and directions for future research[J]. Journal of Consumer Psychology, 2014, 24(4): 586-607.

[5] BRODIE R J, HOLLEBEEK L D, JURIC B, et al. Customer engagement: Conceptual domain, fundamental propositions, and implications for research[J]. Journal of Service Research, 2011, 14(3): 252-271.

[6] CALDER B J, MALTHOUSE E C, SCHAEDEL U. Anexperimental study of the relationship between online engagement and advertising effectiveness[J]. Journal of Interactive Marketing, 2009, 23(4): 321-331.

[7] CHU S C, LIEN C H, CAO Y. Electronic word-of-mouth(eWOM) on we chat: Examining the influence of sense of belonging, need for selfenhancement, and consumer engagement on Chinese travellers'e WOM[J]. International Journal of Advertising, 2019, 38(1): 26-49.

[8] DE ANGELIS M, BONEZZI A, PELUSO A M, et al. On braggarts and gossips: A self-enhancement account of word-of-mouth generation and transmission[J]. Journal of Marketing Research, 2012, 49(4): 551-563.

[9] DONOVAN R J, ROSSITER J R, MARCOOLYN G, et al. Store atmosphere and purchasing behavior[J]. Journal of Retailing, 1994, 70(3): 283-294.

[10] DOBELE A, TOLEMAN D, BEVERLAND M. Controlled infection! Spreading the brand message through viralmarketing[J]. Business Horizons, 2005, 48(2): 143-149.

[11] ENNEW C T, BINKS M R. Impact of participative service relationships on quality, satisfaction and retention : An exploratory study[J]. Journal of Business Research, 1999, 46(2): 121-132.

[12] ERIC W T NGAI, SPENCER S C TAO, KAREN K L MOON. Social media research: Theories, constructs, and conceptual frameworks[J]. International Journal of Information Management, 2015, 35(1): 33-44.

[13] Ferreira M, Zambaldi F, Guerra D S. Consumer engagement in social media: scale comparison analysis[J]. Journal of product & brand management, 2020, 29(4): 491-503.

[14] LIN H F. Effects of extrinsic and intrinsic motivation on employee knowledge sharing intention [J]. Journal of Information Science, 2007, 33(2):

135-149.

［15］FRIJDA N H. The emotions［M］. England：Cambridge University Press，1986.

［16］FU P W, WU C C, CHO Y J. What makes users share content on facebook? Compatibility among psychological incentive, social capital focus, and content type［J］. Computers in Human Behavior, 2017, 67(2)：23-32.

［17］HENNIG-THURAU, THORSTEN, GWINNER K P, et al. Electronic word-of-mouth via consumer-opinion platforms：What motivates consumers to articulate themselves on the internet?［J］. Journal of Interactive Marketing, 2004, 18(1)：38-52.

［18］HINZ O, SKIERA B, BARROT C, et al. Social contagion：An empirical comparison of seeding strategies for viral marketing［J］. Journal of Marketing, 2011, 75(6)：55-71.

［19］HOLLEBEEK L D. Exploring customer brand engagement：Definition and themes［J］. Journal of Strategic Marketing, 2011, 19(7)：555-573.

［20］JEONG S W, FIORE A M, NIEHM L S, et al. The role of experiential value in online shopping［J］. Internet Research, 2009, 19(1)：105-124.

［21］BRAKUS J J, SCHMITT B H, ZARANTONELLO L. Brand experience：What is it? How is it measured? Does it affect loyalty?［J］. Journal of Marketing, 2009, 5(73)：52-68.

［22］JIANG C, LIANG K, CHEN S. Analyzing market performance via social media：A case study of a banking industry crisis［J］. Science China(Information Sciences), 2014(5)：33-50.

［23］KAPLAN A M, HAENLEIN M. Users of the world, unite! The challenges anopportunities of Social Media［J］. Business Horizons, 2019, 53(1)：59-68.

［24］CHEUNG C M K, LEE M K O. What drives consumers to spread electronic word of mouth in online consumer opinion platforms［J］. Decision Support Systems, 2012, 53(1)：218-225.

［25］XU K, WANG F, WANG H, et al. Detecting fake news over online social media via domain reputations and content understanding［J］. Tsinghua Science and Technology, 2020(1)：20-27.

[26] LAZARUS R S. Emotion and adaptation[M]. New York: Oxford University Press, 1991.

[27] LEE J, HONG I B. Predicting positive user responses to social media advertising: The roles of emotional appeal, informativeness, and creativity[J]. International Journal of Information Management, 2016, 36(3): 360-373.

[28] LEI Z, FENG W, LIU J, et al. Understand instant video clip sharing on mobile platforms: Twitter's vine as a case study[C]. ACM Journals, 2014: 85-90.

[29] LIBERT K, TYNSKI K. The emotions that make marketing campaigns go viral[J]. Harvard Business Review, 2013(10): 17-20.

[30] LOVETT M J, PERES R, SHACHAR R. On brands and word of mouth [J]. Journal of Marketing Research, 2013, 50(4): 427-444.

[31] NAMBISAN S, NAMBISAN P. How to profit from a better "virtual customer environment"[J]. Mitsloan Management Review, 2008, 49(3): 53-61.

[32] NYSVEEN H, PEDERSEN P E. Influences of co-creation on brand experience[J]. International Journal of Market Research, 2014, 56(6): 807-832.

[33] NEAL. Using vine to cover breaking news[J]. Fast Company, 2013(2): 7-15.

[34] Nussbaum P A, Herrera A, Joshi R, et al. Analysis of viewer EEG data to determine categorization of short video clip[J]. Procedia Computer Science, 2012(12): 158-163.

[35] ECKLER P, BOLLS P. Spreading the virus[J]. Journal of Interactive Advertising Volume, 2011, 11(2): 1-11.

[36] PHELPS J E, LEWIS R. Viral marketing or electronic word-of-mouth advertising: Examining consumer responses and motivations to pass along email[J]. Journal of Advertising Research, 2004, 44(4): 333-348.

[37] REYNOLDS F D, DARDEN W R. Construing life style and psychographics[M]. Marketing Classics Press, 1974.

[38] SARA S, BEN J K. Use of technology and social media in dementia care: Current and future directions[J]. World Journal of Psychiatry, 2021(4): 109-123.

[39] SANJAY K Y, NISHTHA YADAV. Continuity of cancer care in the era of COVID-19 pandemic: Role of social media in low-and middle-income countries

[J]. World Journal of Clinical Cases, 2021(2): 291-295.

[40] SCHAUHJ, MUIZJRAM, ARNOLD E J. How brand community practices create value[J]. Journal of Marketing, 2009, 73(5): 30-51.

[41] SYN S Y, OH S. Why do social network site users share information on Facebook and Twitter?[J]. Journal of Information Science, 2015, 41(5): 553-569.

[42] TOMKINS S S. Affect, imagery, consciousness: The positive affect [M]. New York: Springer Publishing Company, 2004.

[43] PETTY R E D D, CACIOPPO. "The Elaboration Likelihood Model of Persuasion" in Perspectives on Persuasion, Social Influence and Compliance Gaining[M]. Boston: Allyn & Bacon, 2004.

[44] VICTORIA T, ARACELI C. Commenting on top spanish youtubers: "No Comment"[J]. Social Sciences Volume, 2019, 10(8): 231-237.

[45] VRIES L P A M, ROMANI S L P M, A. Explaining consumer brand-related activities on social media: An investigation of the different roles of self-expression and socializing motivations[J]. Computers in Human Behavior, 2017, 75(10): 272-282.

[46] VAN DOORN J, LEMON K N, MITTAL V, et al. Customer engagement behavior: Theoretical foundations and research directions[J]. Journal of Service Research, 2010, 13(3): 253-266.

[47] VIVEK S D, BEATTY S E, DALELA V, et al. A generalized multidimensional scale for measuring customer engagement[J]. Journal of Marketing Theory & Practice, 2014, 22(4): 401-420.

[48] YAN Z, HUANG Z, WANG Y. Are social embeddedness associated with food risk perception under media coverage?[J]. Journal of Integrative Agriculture, 2019(8): 1804-1819.

[49] YUKI T. What makes brands' social content shareable on Facebook?[J]. Journal of Advertising Research, 2015, 55(4): 458-470.

[50] 卜庆娟，金永生，李朝辉. 互动一定创造价值吗？——顾客价值共创互动行为对顾客价值的影响[J]. 外国经济与管理，2016，38(9)：21-37.

[51] 陈娟，李金旭."利他"的捐助与"利己"的信息分享——"轻松筹"项目的参与动机研究[J]. 新闻大学，2018(6)：91-100.

[52] 车思琪，李学沛．评价系统视阈下中美企业致股东信情感话语对比分析——基于情感词典和机器学习的文本挖掘技术[J]．外国语(上海外国语大学学报)，2021，44(2)：50-59．

[53] 陈信康，杜佳毅．主题乐园消费者体验测量量表研究——基于体验质量和体验价值的维度[J]．财经问题研究，2019(12)：104-111．

[54] 陈晓磬，章海宏．社交媒体的旅游应用研究现状及评述[J]．旅游学刊，2015，30(8)：35-43．

[55] 邓稳根，黎小瑜，陈勃，等．国内心理学文献中共同方法偏差检验的现状[J]．江西师范大学学报(自然科学版)，2018，42(5)：447-453．

[56] 付森会，晏青．社交媒体中关系融入的认知机制研究——基于相似性视角的分析[J]．西南民族大学学报(人文社会科学版)，2021，42(6)：178-184．

[57] 高鹏，李纯青，褚玉杰，等．短视频顾客灵感的触发机制及其对顾客融入的影响[J]．心理科学进展，2020，28(5)：731-745．

[58] 郭婷婷，李宝库．"看得见"还是"摸得着"？——在线评论中感官线索引发的意象体验效应[J]．财经论丛，2019(9)：82-91．

[59] 龚兴军，杨琛．消费者情绪、价格公平感知和支付意愿的关系研究——基于公平理论的分析[J]．价格理论与实践，2017(8)：160-163．

[60] 贺爱忠，蔡玲，高杰．品牌自媒体内容营销对消费者品牌态度的影响研究[J]．管理学报，2016，13(10)：1534-1545．

[61] 黄敏学，雷蕾，朱华伟．谈钱还是谈情：企业如何引导消费者分享自媒体营销[J]．心理学报，2016，48(2)：211-220．

[62] 侯玉波，葛枭语．使用社交媒体能提升用户的社交自我效能感吗？[J]．北京大学学报(自然科学版)，2019(5)：968-976．

[63] 侯天一，邓富民，王晓妍．品牌社交媒体广告内容对消费者社交媒体参与度的影响[J]．贵州财经大学学报，2021(7)：19-28．

[64] 胡玲，韩悦心．企业微博的信息特征对消费者口碑再传播的影响研究[J]．管理学报，2018，15(11)：1713-1721．

[65] 李宏，刘菲菲．基于情绪视角的营销信息分享述评与展望[J]．外国经济与管理，2018(9)：143-152．

[66] 刘伟，刘昱彤，李纯青，等．刷屏的原理：在线内容的病毒式分享机制[J]．心理科学进展，2020(4)：638-649．

[67] 梁阜,李树文. SOR 视角下组织学习对组织创新绩效的影响[J]. 管理科学,2017(3):63-74.

[68] 裘江南,葛一迪. 社交媒体情绪对信息行为的影响:基于两类灾害事件的比较研究[J]. 管理科学,2020(1):3-15.

[69] 沈鹏熠,万德敏. 全渠道零售体验价值共创行为对顾客忠诚的影响——基于服务主导逻辑视角[J]. 北京工商大学学报(社会科学版),2019,34(3):15-27.

[70] 屠莺,周仁来. 单纯呈现效应与积极情感的产生[J]. 心理科学,2008(2):356-362.

[71] 王朝阳,魏杰杰. 移动短视频新闻用户认知效果的比较实验研究[J]. 新闻与传播评论,2021,74(1):13-25.

[72] 王烽权,江积海. 互联网短视频商业模式如何实现价值创造?——抖音和快手的双案例研究[J]. 外国经济与管理,2021,43(2):3-19.

[73] 王雯夫,陈子豪,孙奇等. 基于社交媒体的城市旅游区特征分析——以苏州市为例[J]. 北京大学学报(自然科学版),2019(3):473-481.

[74] 王协顺,杨心玥,苏彦捷. 自发性知觉经络反应中产生刺麻感和积极情绪的原因[J]. 心理学探新,2021,41(2):122-155.

[75] 王德胜,韩杰,蔡佩芫. 轻量化视角下微信小程序持续使用研究[J]. 科研管理,2020(5):191-201.

[76] 汪涛,谢志鹏,崔楠. 和品牌聊聊天——拟人化沟通对消费者品牌态度影响[J]. 心理学报,2014,46(7):987-999.

[77] 谢礼珊,赵强生,马康. 旅游虚拟社区成员互动、感知利益和公民行为关系——基于价值共创的视角[J]. 旅游学刊,2019,34(3):28-40.

[78] 徐鑫亮,孟蕊,徐建中. 新媒体情境下基于互动的品牌价值实现机制研究[J]. 中国软科学,2021(5):158-166.

[79] 谢起慧,褚建勋. 基于社交媒体的公众参与政府危机传播研究——中美案例比较视角[J]. 中国软科学,2016(3):130-140.

[80] 许晟,余明阳,等. 新媒体情境下品牌体验对消费者反应的影响机理研究[J]. 管理评论,2021,33(5):341-352.

[81] 杨锴. 服务员工能够激发顾客的积极情绪吗?——情绪感染理论及其在服务营销领域的应用[J]. 生产力研究,2011(1):174-176.

[82] 杨慧,王舒婷. 品牌拟人化对消费者价值共创的影响机制研究[J].

江西社会科学, 2020, 40(7): 201-210.

[83] 杨学成, 葛婷婷, 兰冰. 品牌微博可信度影响因素研究[J]. 山西财经大学学报, 2013, 35(10): 68-80.

[84] 张洪, 蒋婷, 万晓榆, 等. 信息情绪类型对用户分享意愿的影响——基于微博热点事件的研究[J]. 情报杂志, 2019(5): 169-176.

[85] 周浩, 龙立荣. 共同方法偏差的统计检验与控制方法[J]. 心理科学进展, 2004(6): 942-950.

[86] 张玥, 刘越月, 石加男. 积极情绪强度对广告外显和内隐记忆的影响[J]. 心理与行为研究, 2015(4): 541-546.

[87] 钟科, 王海忠, 杨晨. 感官营销研究综述与展望[J]. 外国经济与管理, 2016, 38(5): 69-85.

[88] 赵相忠, 张梦. 基于品牌知晓度的内容营销与品牌忠诚研究[J]. 商业研究, 2019(1): 10-17.

[89] 廖以臣, 翟沁丽, 严思怡. 内容重要还是形式重要——企业在线分享视频广告的分享扩散研究[J]. 中国地质大学学报(社会科学版), 2015, 15(02): 113-121.

[90] AKPINAR E, BERGER J. Valuable virality[J]. Journal of Marketing Research, 2017, 54(2): 318-330.

[91] HO J Y C, DEMPSEY M. Viral marketing: Motivations to forward online content[J]. Journal of Business research, 2010, 63(9-10): 1000-1006.

[92] 赵倩蓓. 方言短视频的分享动机与文化认同研究[J]. 传播力研究, 2019, 3(35): 127.

4

员工的短视频内容营销及其影响研究

摘　要　近年来，不少企业员工通过在社交媒体平台上发布短视频内容而走红网络。然而，目前十分缺乏对员工短视频内容营销的相关研究。通过质性研究和实证研究，本文揭示了员工的短视频内容营销主题对消费者积极反应的作用机制及其中介效应。基于扎根理论，研究一明确了员工短视频内容营销的各个主题，同时构建了其对消费者积极反应（品牌态度和社交媒体融入）的影响机制模型。研究二通过问卷调查法进行模型验证，分析各个主题对消费者品牌态度和社交媒体融入的具体影响，并检验了员工品牌依恋的中介作用。本文在丰富内容营销相关理论的同时，也为企业如何进行员工的短视频内容营销以使消费者产生积极反应提供了具体的建议。

关键词　内容营销；短视频；品牌态度；社交媒体融入；员工品牌

4.1　引言

中国互联网络信息中心发布的第51次统计报告显示，截至2022年12月，我国短视频用户规模首次突破10亿，用户使用率高达94.8%，五年间短视频用户规模从6.48亿增长至10.12亿。短视频逐渐受到各个商家的追捧，成为互联网时代不可或缺的营销途径之一。

与此同时，随着消费水平的升级，消费者需要"好"的内容。与其他营销方式不同，内容营销主要用情感打动消费者，进而拉近与消费者之间的距离，与消费者建立起关系密切的情感契约关系。与消费者进行内容互动，可以吸引消费者参与其中，培养其对品牌的信赖，最终实现品牌忠诚。然而，当前网络上内容繁多，质量参差不齐，用户每天都需要耗费大量时间来处理这些琐碎的信息。那么，企业如何在众多纷乱的内容中脱颖而出？互联网极具公开透明的特点也让企业陷入了内容营销同质化的困境，企业应如何突破这一困境？

"网红经济"作为一种新的商业模式，带来了新的营销视角。各种各样的网红横空出世，深受年轻人的喜爱和追捧。网红凭借其颜值、魅力、技能和特长等优势走红，并在与粉丝互动交流的过程中增强粉丝黏性，使其逐渐转化为粉丝的情感寄托，形成了以网红为中心、粉丝为支撑的独特交际生态圈。

基于此，不少企业开始借助短视频平台有意识地培养员工网红，以吸引更多消费者，如大唐不夜城的"不倒翁"皮卡晨、长安十二时辰主题街区的"杨贵肥"，吸引了无数游客前来打卡。与此同时，许多企业也开始有意识地引导意外走红的员工在短视频平台发布内容，增强与消费者的互动性，获取流量，从而拉近消费者与品牌的关系。

Altimeter Group、爱德曼和MSL Group等咨询和营销机构的调研结果显示，同样的品牌内容，员工个人账号的阅读率是品牌账号的4.4倍，转发率是品牌账号的24倍。由此可见，员工网红内容营销策略有巨大的发展潜力。在新媒体时代，如何更好地发挥员工在新媒体中的作用已经成为企业营销能力建设的关键，这需要引起管理者的重视。员工通过短视频平台发布内容，塑造员工品牌，从而激发消费者对该员工品牌的情感，打造长久的粉丝关系。但在短视频内容营销的过程中，员工应在短视频中呈现什么内容来吸引消费者才能使他们产生积极反应？

理论方面，本文基于两种研究相结合的方式，探讨了员工的短视频内容营销主题对消费者品牌态度和社交媒体融入的作用，丰富了内容营销的研究文献，拓展了品牌态度和社交媒体融入的研究内容，为未来相关研究提供了新思路。实践方面，依据质性研究和实证研究得到的结果，本文总结提炼了员工短视频内容营销主题策略，为企业的短视频内容营销提供了新途径和新的竞争力来源。

4.2 文献综述

4.2.1 关于"人"的品牌

人类品牌理论是一个相对较新的领域。人类品牌（human brand）是任何可以成为营销传播对象的知名人士。经过专业的管理，他们具有相应的品牌联想等品牌特征，所以能够成为品牌。作为消费现象的一部分，"人类品牌"（有时等同于名人）是当代文化和当代市场经济的重要组成部分。而个人品牌（personal brand）主要集中在个人职业发展的领域，也就是个人运用品牌策略为自己寻求职业的发展。个人品牌是个人的、差异化的一组特征（属性、价值观、信仰等）的呈现，并可以在目标受众心目中建立起拥有竞争优势的形象。个人品牌化（personal branding）是一个战略过程，即基于个人特征的独特组合来创造、定位和保持外界对自己的积极印象，通过差异化的叙述和形象向目标受众传递某种承诺。像任何一般的产品或服务一样，个人也可以成为一个品牌。个人品牌化的基本目标是在工作中追求竞争优势，以实现成功。

员工品牌（employee brand）是组织中的员工向组织中的客户和利益相关者呈现出的形象。Miles 和 Mangold（2004）在内部营销框架内将员工品牌概念化，并将员工品牌化（employee branding）定义为"员工将他们想要的品牌形象内化，并激励他们向客户和组织的其他成员展示这些形象"。具体来说，员工品牌化是指员工在接受适当的企业文化教育和培训后，理解和认同公司愿景中的品牌形象，并向客户和其他公司的利益相关者进行传达，强调员工能够理解和传递品牌价值。同时，员工是企业的"品牌大使"，员工品牌化强调的是员工与企业品牌形象的一致性。

从品牌的角度来说，员工品牌属于个人品牌，个人品牌属于人类品牌，它们之间是相互包含的关系。个人品牌具有人类品牌的共性，员工品牌具有个人品牌和人类品牌的共性，体现出三者之间是"共性"与"个性"的关系。具体而言，员工品牌是基于组织视角的个人品牌或人类品牌。在过去十年中，学术界对个人品牌的关注显著增加，使这一现象得到了社会各界的广泛关注。目前，学术界对人类品牌和人类品牌现象的研究表现出极大的热情，但现有研究基本上集中在独立的人类品牌本身。通过文献梳理发现，当前关于"人"的品牌的研究，大多集中在人类品牌和个人品牌，较少从公司层面对员工品牌进行研究。

4.2.2 员工品牌化

对于消费者而言，员工的一言一行均会影响其对品牌的看法，员工对公司品牌的作用至关重要。在消费者心中，员工是消费者排在第一位的"品牌大使"。员工主要通过两种方式共同创造公司品牌价值：其一，员工以合适的方式对外表现出符合公司品牌形象的言行举止，进而增强公司品牌资产，强调员工与企业品牌的紧密联系；其二，打造员工个人品牌，塑造员工个人形象，以此提高公司的品牌绩效，强调员工品牌的独立性。简而言之，也就是员工品牌化和员工个人品牌化两种方式，然而目前学术界大多把重点放在前者，对后者的关注较少。由此可知，现有文献缺乏员工作为个人品牌的相对独立性的研究。

邱玮和白长虹（2012）以动、静两种视角分别解释了员工品牌化行为这一概念。员工品牌化行为的静态视角突出的是状态和现象，即员工达到并表现出来的工作状态及其表征；而员工品牌化行为的动态视角突出的是行为表现，即员工与企业品牌价值有关的各种动态行为。

员工品牌化行为的基本内涵如表4-1所示。

表4-1 员工品牌化行为的基本内涵

静态视角相关概念	动态视角相关概念
"员工内在认同"（employee buy-in）、"品牌责任感"（brand responsibility）、"品牌大使"（brand ambassador）和"品牌拥护者"（brand champion）	"建立共享的品牌认知"（developing a shared brand understanding）、"员工品牌化"（employee branding）、"品牌支持行为"（brand-supporting behavior）和"活出品牌"（live the brand）

除此之外，国外学者对员工品牌化的影响因素进行了研究。Loehndorf和Diamantopoulos（2014）通过分析表明，组织认同是员工成为品牌拥护者的强大动力，在很大程度上调节了内部品牌成果的影响。Altaf和Shahzad（2018）的研究结果证实了品牌授权、员工心理状态（员工品牌理解和品牌心理所有权）与员工品牌资产之间的正相关关系。Jacobson等（2021）发现三个员工品牌资产维度按照重要性排序，从大至小依次为品牌一致性行为、品牌忠诚度、品牌背书。

然而，通过文献梳理发现，员工品牌化仍是一个比较新的概念，并且当前缺乏员工品牌化对消费者影响的相关研究，现有文献对员工品牌化的研究不够充分。作为消费者与品牌的第一联系人，员工直接与消费者接触，其言行会直接影响消费者对品牌的积极反应。然而，目前缺乏对此的实证研究。因此，有必要验证员工品牌化行为与消费者的积极反应之间的关系，为企业改善消费者对品牌的积极反应提供新思路，推动理论的实践应用。

4.2.3　内容营销和品牌态度

态度被认为是解释消费者行为的关键组成部分。品牌态度是一种心态，使客户能够根据特征、耐用性、适用性和性能以及体验利益等属性形成对品牌的看法。消费者对品牌的态度反映了对品牌的好坏评价，并影响其随后的行为。品牌态度是认知、情感和行为三者的组合，进一步可分为认知品牌态度、情感品牌态度和品牌购买意向三个维度。

2017年是营销发展的转折点，营销从"渠道为王"转变为"内容为王"，实现了内容、渠道和媒介的高度融合，营销发展向前跨越，迈入内容营销的最新阶段。企业希望通过内容营销来实现战略营销的目的，以长远的眼光致力于创建和发布有用的、有关的和统一的内容，以战略思维吸引消费者并维护与其关系，最终产生可盈利的客户行为。Mueller和Christandl（2019）指出，内容营销可以使消费者对生产内容的品牌的态度和行为产生积极影响。

那么，什么是好的内容？什么样的内容会使消费者产生积极的品牌态度？国内外学者对影响内容营销效果的因素进行了研究。Lou和Xie（2021）根据现有的内容营销文献，提出了一个全面的理论框架，解释了品牌内容营销在高产品参与品牌和低产品参与品牌的品牌忠诚度中的机制。He等（2021）的研究结果表明，品牌社交媒体内容营销（SMCM）包括三种方式：谈话、讲故事和顾客互动与参与，这三种方式均能够对消费者的品牌个性感知和品牌态度产生正向影响。Ho等（2020）指出，内容创作必须与品牌价值和价值创造保持一致，创建具有吸引力的内容并将其社会化，以产生积极影响。

现有文献主要从宏观层面对企业内容营销策略进行研究，缺乏对具体内容营销策略的研究。并且当前的研究主要是从公司的角度来探讨内容营销策略，忽视了员工对于企业内容营销的作用，缺乏以员工为主体的内容营销策略的实证研究。管理者需要意识到员工这一长期被忽视的营销力量的潜在作用，员工不仅能够生产产品和提供服务，也能发挥自己的想象力和创造力进行内容的创建，员工有能力也有潜力帮助企业脱离当前内容营销的困境。

4.2.4　员工社交媒体行为

随着社交媒体的发展，人们交流、联系和兴趣分享的方式也在发生着变化。如今，社交媒体正以迅猛之势渗透到企业之中，对外成为企业进行品牌营销的有力武器，对内成为沟通和交流的有效手段。虽然社交媒体在工作场所的普遍性和影响力日益引起了学术界的重视，但关于员工社交媒体使用的研究仍然相对较少，同时，目前关于员工社交媒体使用在工作场所的影响的研究主要集中在工作绩效领域。基于组织承诺理论，Zhang 等（2019）开发了一个研究模型，研究不同的社交媒体使用目的对中国员工职业满意度和离职意愿的影响作用情况。Lee（2020）通过阐明员工参与各种社交媒体平台的动机动态，为组织领导者和平台运营商提供了重要的实用指南。

社交媒体的发展为企业触达客户提供了更加高效、便捷的形式。企业通过在不同的社交媒体平台建立自己的品牌，并创建相关的内容来吸引消费者，以促进企业与客户的在线联系，提高消费者的品牌忠诚度。然而纵览现有文献，目前关于员工社交媒体行为的研究大多集中在组织内部，忽视了员工使用社交媒体除影响工作绩效之外的作用，有关员工社交媒体使用对企业品牌、消费者品牌态度以及消费者社交媒体融入影响的研究较少。

4.2.5　社交媒体融入

社交媒体融入是用户在互动中所表现出的动机和心理状态，是现有客户和潜在客户对在线品牌相关内容做出的积极行为努力。这些非贸易行为包括自愿推荐、自愿评论和自愿口碑传播。

现有文献从不同的层面对社交媒体融入进行了研究。Hallock 等（2019）通过一项探索性研究来探讨企业层面对社交媒体融入的看法，认为企业需要更好地定义参与意味着什么，并评估与客户建立接触生态系统的最佳平台。Shawky 等（2020）从社交媒体营销专业人士和用户的角度研究了通过社交媒体建立和支持客户参与的过程，并提出了一个动态框架，该框架解决了社交媒体上客户参与的四个级别，并为每个级别确定了正确的指标。

通过进一步的文献梳理发现，当前社交媒体融入的影响因素主要分为内因和外因。影响消费者社交媒体融入的内因主要包括动机和心理两个方面。Bailey 等（2021）认为，社交促进动机、参与和社交动机以及信息动机正向影响消费者对社交网站的总体态度，随后会影响对营销人员社交网站的态度，进而影响后续的消费者参与行为。Osei-Frimpong 等（2022）考察了社会心理满足变量（感知同质性、感知临界质量和寻求自我地位）和消费者价值观（个人、人际关系和乐趣）对消费者参与社交媒体品牌互动的相互作用，研究结果表明，社会心理满足变量推动消费者参与社交媒体上的品牌页面和品牌社区，消费者价值观加强了这种关系。

影响社交媒体融入的外因主要体现在社交媒体内容、帖子的特征、营销参与方式、社交媒体环境、多平台传播等方面。Dolan 等（2019）通过研究确定了信息性、娱乐性、报酬性和相关性内容对社交媒体用户的被动和主动参与行为的不同影响，即社交媒体中的理性诉求在促进社交媒体用户之间的主动和被动参与方面具有优越的效果，而情感诉求促进被动而不是高度主动的参与行为。Zhao 等（2021）进一步证明了不同帖子内容对消费者参与度产生的具体影响。娱乐内容容易引发适度的消费者参与，信息内容对分享的影响明显强于评论和点赞，宣传内容对点赞有影响。

Hamzah 等（2021）指出消费者对互动和/或新颖的帖子反应积极，并进一步证明了消费者对品牌帖子的参与对所有客户—品牌关系方面产生了积极影响，包括品牌喜爱和客户—品牌认同。Zhao 等（2021）进一步提炼出不同帖子特征（帖子类型、帖子长度、发布时间）对消费者社交媒体融入产生的具体影响：视频和问题分别作为最生动和最具互动性的特征，显著影响中层消费者的参与度；将帖子长度保持在 16~50 个字符的范围内会刺激中等程度的分享；周末创建的帖子提升了中等水平的分享和低水平的点赞，而在高峰期或低点高峰期发布的帖子分享水平相同，但不影响评论或点赞。

Jung 等（2020）则以营销参与方式为切入点，认为与社交媒体营销中的其他方法相比，基于抽奖的营销在吸引客户注意力和促进与客户的互动方面取得了成功。此外，该学者经过研究检验了基于抽奖的社交媒体营销策略，并进一步介绍了有利于促进客户参与的抽奖活动设计方法，为社交媒体营销人员指明了方向。

Cao 等（2021）关注的是关键社交媒体背景因素（媒体丰富性和内容可信度）影响的不同层次的参与行为，结果揭示了媒体环境对参与行为的显著影响。Unnava 和 Aravindakshan（2021）将镜头对准品牌在多个社交媒体上发帖时消费者参与度的演变，通过实证分析表明，一个平台上的品牌传播可能会在同一平台内产生参与度（直接效应），并可能影响其他平台上的品牌参与度（溢出效应）；此外，过去与平台上帖子的互动可以持续到未来，从而延长帖子的寿命（结转效应）。

纵览现有文献，关于社交媒体融入影响因素的研究从数量和质量上看都比较高，学者们从不同的学科背景和不同的专业角度对社交媒体融入的影响因素进行了充分的研究。然而，目前的研究较为碎片化，主要集中在各自的领域，缺乏从宏观层面对社交媒体融入的影响因素进行的系统总结与概括。

4.3 研究一：基于扎根理论的质性研究

4.3.1 研究方法与案例选择

本研究通过对不同行业的品牌官方账号中有关员工的短视频内容以及不同岗位的员工个人账号的短视频内容进行梳理，获取一手资料数据，为研究提供强有力的证据。再运用扎根理论对所得到的质性材料进行编码分析，以明确员工短视频内容营销的各个主题，揭示员工短视频内容营销主题与消费者品牌态度和社交媒体融入之间的关系及概念模型，为后续实证研究奠定基础。

通过收集案例发现，当前企业塑造员工品牌主要有两种方式：一种是在官方账号发布与员工有关的短视频内容；另一种是允许员工自己开设账号并发布视频。

本研究在官方账号中选取品牌时考察得较为全面，以品牌热DOU榜第42期（2023.03.05—2023.03.11）各行业的品牌为例。抖音推出的品牌热DOU榜，旨在深入了解抖音上各个品牌的综合营销效果和品牌价值。过去越来越多的品牌将热DOU榜作为在抖音上"短期营销（度量营销活动效果）+长效经营（品牌阵地经营下的种草价值衡量）"的重要参考依据；目前主要覆盖食品饮料、餐饮、酒旅、游戏、奢侈品、大健康等13个行业（见表4-2）。

表4-2 官方账号的案例选择

行业	短视频主要内容	是否有与员工相关的短视频内容（举例）
1. 汽车	产品介绍、广告	有；上汽大众、五菱宏光
2. 手机	介绍产品系列、拍照教程和直播回放	有；iQOO、红米
3. 美妆	代言人广告、彩妆教程、产品介绍、妆容展示、化妆品科普、护肤技巧等	有；花西子、完美日记
4. 食品饮料	产品介绍、创意吃法、产品制作过程；知识科普、工厂溯源、烹饪教程等	有；良品铺子、旺旺
5. 餐饮	活动福利、点单攻略、周边、产品介绍、灵魂吃法、代言人广告等	有；瑞幸、巴奴毛肚火锅
6. 家用电器	产品介绍、操作指南、代言人广告等	有；格力
7. 奢侈品	模特走秀、代言人广告、产品展示、品牌百科、穿搭建议等	无

续表

行业	短视频主要内容	是否有与员工相关的短视频内容（举例）
8. 服饰鞋帽	以产品展示和代言人广告为主	无
9. 母婴	大多为产品介绍、玩具教程、育儿知识	无
10. 日化	活动福利、产品介绍、购物指南、直播预告、养护科普、工厂实拍等	无
11. 游戏	角色PV、游戏攻略、技能展示、代言人推荐等	无
12. 大健康	产品介绍、使用教程等	无
13. 酒旅	项目介绍、游玩攻略、预约指南、活动内容等	无

本研究在个人账号中选取的是网络中较有名气、拥有一定粉丝数的具有代表性的员工账号，涉及的职业较为广泛，不局限于营利性企业，包括警察、机构教师、景区工作人员、空姐、董事长秘书等（见表4-3）。

表4-3 个人账号的案例选择

员工	职业	抖音粉丝数	简介
大漠叔叔	警察	1062.6万	本名李文哲，曾任海南省儋州市公安局技术侦查支队技术保障大队的大队长。起初凭借所拍摄的"反向普法"短视频走红网络，受到广大网友的喜爱；如今大部分内容是介绍海南省地方美食和风土人情，其中不乏网络段子，用幽默的手法推广海南旅游业，被粉丝戏称"海南军阀"
董宇辉	机构教师；直播主持人	1037.5万	曾任新东方在线高三英语名师和学科负责人。2022年摇身一变，成为一名销售农产品的直播主持人。其丰富的学识和文化涵养在一定程度上赋予了带货主播这个职业更加丰富的精神价值。他的直播间，处处闪耀着知识的光辉，无论是诗词歌赋，还是人生哲学，他都信手拈来，与网友共赴一场知识的盛宴
皮卡晨	景区工作人员	206.2万	本名冯佳晨，是西安大唐不夜城扮演"唐妞"不倒翁的演员。2019年，皮卡晨因为在表演中的即兴发挥，凭借"大唐女子绝美牵手"短视频走红网络，吸引无数网友前来打卡。以一己之力带火西安的大唐不夜城
杨贵肥本妃	景区工作人员	4.7万	原名王宇，和朋友在"长安十二时辰"街区内经营着一家下午茶的茶馆。因生病吃药体重不受控制，超过200斤。自2019年接触汉服后找到了自信，2022年在景区内cos杨贵妃走红网络，吸引很多参观者前来打卡留念。正如她对自己网名的调侃，既体现了对历史人物的尊重，又有着胖女孩的自信和乐观

续表

员工	职业	抖音粉丝数	简介
程大Cora（离职前）	乘务长（空姐）	33.7万	原名程旻，曾任海南航空控股股份有限公司乘务长，曾获全国民航十佳空乘称号。程大发是海南航空网络品牌形象代言人，各地机场海航值机柜台、贵宾室门口都有她的人形牌，其凭借优质形象得到了粉丝们的喜爱。凭借在综艺节目里"可乐里不可以加微信，只可以加冰"的爆笑段子圈了大量粉丝，路人好感急升

除了上述两种主要方式，还有一种方式是网友制作视频而意外走红网络，这类员工虽然没有特意宣传自己，但在网络中拥有较高的热度，同时对粉丝有较高的影响力。

4.3.2 概念模型设计

（1）开放性编码

本研究的开放性编码过程：首先对原始一手资料进行编码，初步提取56条初始代码，然后对此进行概念化和范畴化，结果得到40个概念和14个范畴（见表4-4）。

表4-4 员工的短视频内容营销主题的开放性编码

初始化定义	概念化	范畴化
上汽大众可可：生活化的故事情节	暖心故事	人文关怀
花西子《主播来了》5：心理压力缓解	心理疏导	
大漠叔叔《美丽乡村Vlog》：乡村美食拍摄	乡村美食	
大漠叔叔"大型土匪进村连续剧"：剧情化乡村故事；乡村振兴	剧情故事、乡村振兴	
上汽大众艾琳：汽车大片拍摄技巧	大片拍摄知识	知识科普
上汽大众小羊：汽车性能测评和介绍	性能测评、性能介绍	
花西子《主播来了》3：护肤技巧	护肤知识	
完美日记《主播来了》4：化妆小技巧	化妆知识	
大漠叔叔《政务Vlog》：政务知识科普记录	政务知识	
董宇辉视频1：知识分享	科幻知识	

续表

初始化定义	概念化	范畴化
董宇辉视频2：诗情画意（文案的意境）	诗句意境	主题文化
董宇辉视频5：直播精彩片段；董宇辉语录	金句输出	
皮卡晨《第一套国风广播体操》	国风文化	
皮卡晨《古诗集》	古诗文化	
皮卡晨国风体验：非遗传承	非遗文化	
红米《小米员工的日常》：凡尔赛上班体验；办公室搞笑	凡尔赛	热点话题
花西子/完美日记《主播来了》4：抖音热门话题	热门话题	
良品铺子《主播带你逛良品》：神仙公司的日常；评论区抽人送零食大礼包	凡尔赛	
旺旺《普通人VS旺旺人》：抖音热门话题对比	热门话题	
五菱宏光朵朵、杉杉《五菱少女探车记》：采访车主；改装车展示；给车主拍大片	售后采访	双向互动
五菱宏光艾玛等《挑战100城卖车》：街头采访；挑战街头卖车；剧情安排	街头挑战	
皮卡晨街头挑战	街头挑战	
程大发3：爱用好物种草	好物种草	
良品铺子《厂花打工日记》1：厂花追厂草的故事	搞笑剧情	剧情故事
瑞幸《高颜值咖啡师》4：卖咖啡的故事	搞笑剧情	
iQOO小爱《王牌员工之旗舰店系列》：剧情化的员工日常生活；产品功能介绍	日常生活记录、产品功能介绍	产品介绍
花西子/完美日记《主播来了》1：产品试色/介绍	产品展示	
良品铺子《厂花打工日记》2：工厂生活	生活记录	日常生活
旺旺《居家聊天》：日常聊天记录	聊天记录	
旺旺《用综艺的方式打开旺旺人的日常》：综艺日常	日常记录	
董宇辉视频3：日常记录	日常记录	
董宇辉视频4：乡村生活	生活记录	
孟羽童2：个人日常	日常记录	
程大发2：空姐日常	日常记录	
花西子《主播来了》2：个人美照	颜值、外貌	个人形象
完美日记《主播来了》6：变装视频	外貌、外形	
瑞幸《高颜值咖啡师》1：变装视频	外貌、外形	
瑞幸《高颜值咖啡师》2：颜值展示	颜值、外貌	
孟羽童3：个人美照	颜值、外貌	
皮卡晨cosplay	美貌、外形	
新加坡女孩1：温婉端庄的仪态	仪态端庄	

续表

初始化定义	概念化	范畴化
完美日记《主播来了》5：仿妆挑战	化妆技能展示	个人特长
孟羽童4：女团舞	舞蹈技能展示	
杨贵肥本妃1：书法展示	书法技能展示	
谭爷爷魔性喊声："果赖"（过来）	口音	个人特色
威震天："话痨"（怼游客）	性格特点	
央视boys2：话语幽默风趣	幽默风趣	
新加坡女孩2：出色的机上服务	服务专业	专业素质
央视boys1：业务能力出色	专业	
西雅图派克鱼市场的员工1：一流的服务	服务专业	
瑞幸《高颜值咖啡师》3：咖啡制作	工作记录	工作内容
皮卡晨《不倒翁小姐姐》	工作记录	
孟羽童1：格力工作日常	工作记录	
杨贵肥本妃2：cos杨贵妃	工作记录	
程大发1：工作vlog	工作记录	
西雅图派克鱼市场的员工2：积极向上的工作态度	积极向上	工作态度
计56条短视频内容	计40个概念	计14个范畴

为进一步明确消费者对员工的短视频内容营销主题的反应，本研究还对消费者关于员工短视频内容的在线评论进行了开放性编码。通过选取各个品牌以及员工个人账号所发布的短视频中具有代表性的消费者评论，并对该叙述性评论语句进行编码，归纳提炼出一个中介变量（员工品牌依恋）和两个结果变量（社交媒体融入、品牌态度），消费者主要评论编码如表4-5所示。

表4-5 消费者主要评论编码

初始化定义	概念化	范畴化
1.（上汽大众）买大众车找可可姑娘，她那里人好车好	认同	员工品牌依恋
2.（花西子）只为一诺来花西子直播间	独一无二	
3.（董宇辉）你们是带货平台的一股清流，没有谄媚、没有虚伪、没有夸张、没有不适，你们是文化带货人，带给人们知识、爱、包容、忍让，非常非常喜爱你们的出现	非常喜爱	
4.（皮卡晨）任何人也替代不了皮卡晨表演时给所有观众带来的快乐感	无可替代	
5.（瑞幸）不是这个咖啡师弄的，我不喝	认准	

续表

初始化定义	概念化	范畴化
6.（瑞幸）告诉我这个咖啡师的所有信息	深入了解	员工品牌依恋
7.（董宇辉）我看到董宇辉的视频觉得他不像卖货主播，更像我的朋友，希望他好	朋友	
8.（孟羽童）本来喜欢她的职位，后来发现她能力出众，再后来发现她越来越好看，怎么可以集这么多优点于一身	集众多优点于一身，深深吸引	
9.（孟羽童）我真的太喜欢你了，又努力又上进，浑身都散发着光芒，一站在那里就很让人向往，姐姐简直是我的女神，能使我奋进	女神，使人向往、奋进	
10.（程大发）说实话，飞了几年可能到了一个所谓厌飞期，最近压力也一直很大，但每次看到小姐姐你的视频，就又能看到这份工作的美好，人应该保持初心，让自己强大，不断提高自己才是我该做的事，很喜欢你，加油	得到鼓励	
11.（程大发）一定要坐一次大发的航班	见面	
12.（皮卡晨）小姐姐什么时候去演出啊？我去西安看你，就是为了你	见面	
13.（杨贵肥本妃）被圈粉了，第一次刷到的时候还以为是个胖胖的美女，现在是完全被才艺圈粉	圈粉	
14.（孟羽童）加油小孟，格力是中国的骄傲，努力为格力服务，不断提高知识和商务能力，你是最棒的，加油	支持	
15.（完美日记）马甲是我最喜欢的完美日记的女主播，她超级甜，而且画眼影很好看，她让我种草了好多产品	最喜欢，种草	
1.（瑞幸）求咖啡师抖音号	关注	社交媒体融入
2.（杨贵肥本妃）有功底，果断关注	关注	
3.（上汽大众）有没有可可抖音号	关注	
4.（上汽大众）学到了，约上姐妹好好拍照留念	学以致用	
5.（iQOO）转发，很有意思哦	转发	
6.（大漠叔叔）转发，必须转发	转发	
7.（iQOO）追"剧"成功，期待下一集	期待更新	
8.（瑞幸）虽然你掌握了一点点流量密码，但是你家的视频看完就是太正经、太板正，有些人出镜时感觉很疲惫，没有阳光俏皮明媚感	批评指正	
9.（五菱宏光）提个小小的建议，上半身浅色调的话穿白丝会比黑丝好很多	建议	
10.（孟羽童）可以发一些格力公司的伙食，还有办公室挑战内容	建议	
11.（大漠叔叔）看漠叔的视频很长知识，建议大家关注	推荐	
12.（董宇辉）董老师你什么时候还是更新一下抖音吧，你不更新我就把你的作品反复看	重复观看，催更	
13.（皮卡晨）支持古诗集系列，对于学生们也很有学习意义，寓教于乐	支持	
14.（大漠叔叔）多出这种科普知识视频	催更	
15.（程大发）就喜欢这种vlog，多发点嘛	催更	

续表

初始化定义	概念化	范畴化
1.（上汽大众）上汽大众不仅车好，员工也这么有爱心，为上汽大众点赞！为上汽员工点赞！	以人为本	
2.（上汽大众）上汽的这个广告很有内涵：以人为本，懂得尊重该尊重的一切。愿你们从上至下皆可可	以人为本	
3.（上汽大众）员工好形象也代表企业的成功	积极态度	
4.（花西子）自从用了花西子的套装，每天出门都是元气满满的	积极向上	
5.（旺旺）整个旺旺都是这样不正经中透露着正经吗	有趣	
6.（程大发）姐姐这么美，我以后旅游是不是要搭乘海航航班了	选择	
7.（旺旺）我以为我看错了，没想到真的是我关注的官方	意外	品牌态度
8.（上汽大众）品牌产品质量很好，值得信赖	支持	
9.（花西子）支持国货！剧情好用心！代入了！我也要人！	购买意愿	
10.（旺旺）不火就离谱	肯定	
11.（旺旺）他们公司氛围真好，羡慕	羡慕	
12.（大漠叔叔）海南是我这辈子最想去的地方	肯定	
13.（董宇辉）新东方培养了一群有理想的人，不论顺境逆境都为之奋斗，这才叫不死鸟	敬佩	
14.（程大发）海航 yyds	赞美	
15.（上汽大众）支持好车，值得拥有，大气	推荐	

（2）主轴式编码

通过开放性编码所得到的范畴，内涵意义较为广泛且无法体现潜在关联，需要进一步作主轴编码。通过主轴式编码，对不同范畴进行归类分析，挖掘出不同范畴的潜在关系，从而归纳提炼出主范畴，并对此进行系统的命名。最后对14个范畴进行系统性分析及整理，得到个人吸引力、信息性内容、娱乐性内容和情感性内容4个主范畴（见表4-6）。

表4-6 主范畴及其内涵

主范畴	主范畴内涵	包含范畴举例
个人吸引力	员工所展示出的外在形象和内在特点	个人形象、个人特长、个人特色、专业素质、工作态度
信息性内容	包含相关丰富信息的内容	知识科普、主题文化、产品介绍、工作内容
娱乐性内容	轻松搞笑、带有娱乐性质的内容	热点话题、剧情故事、日常生活
情感性内容	短视频内容中所表现出的对现实的关注和体现出的对具体个人的关爱	人文关怀、双向互动

（3）选择性编码

选择编码就是将主范畴理论化。通过系统分析主轴编码中所提炼出的主范畴，挖掘出核心范畴，从而构建理论模型。通过选择性编码发现，个人吸引力、信息性内容、娱乐性内容和情感性内容四个主范畴共同构成了核心范畴"员工的短视频内容营销主题"。同时，结合消费者的主要评论信息，得到员工的短视频内容营销主题对消费者社交媒体融入和品牌态度的影响机制的概念模型，如图4-1所示。

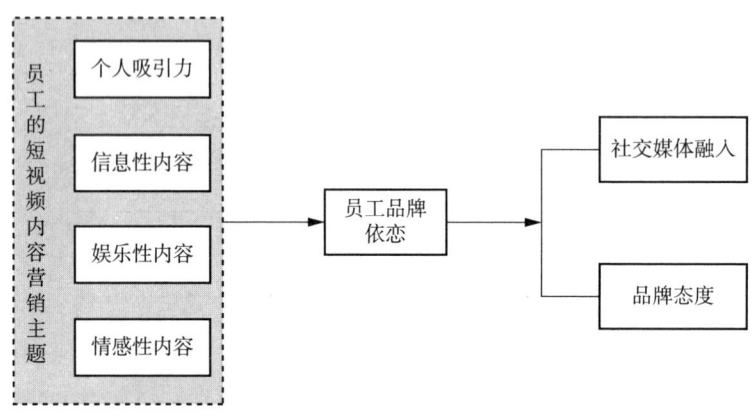

图 4-1　影响机制模型

4.3.3　结果分析

员工应向消费者展示什么样的短视频内容？由本文质性研究所得到的影响机制模型可知，员工的短视频内容营销主题应包含个人吸引力、信息性内容、娱乐性内容和情感性内容四个方面，消费者通过这四个方面的主题对员工品牌产生依恋，进而影响消费者的社交媒体融入和品牌态度。

（1）员工的短视频内容营销主题

人际吸引力包括身体吸引力、任务吸引力和社交吸引力。身体吸引力是容貌和身体特征的魅力，任务吸引力是工作态度和处理任务能力的魅力，社交吸引力是能够分享个人亲密感和纽带的魅力。因此，本研究将员工所展示的外在形象和内在特点定义为个人吸引力，包括个人形象、个人特长、个人特色、专业素质和工作态度五个范畴。

从信息生态学的角度来看，信息是由给定环境中的人、行为、价值观和技术组成的有机整体。信息技术的飞速发展催生了新的传播方式和手段。人类信息传播活动深受信息技术发展的影响,当下 5G 及其赋能的新技术也不例外。短视频作为近年来兴起的崭新的信息传播形式,为传统媒体转型提供了创新驱动力。目前,科普短视频在众多的科普数字出版产品中脱颖而出,越来越受到短视频用户的青睐,呈现出蓬勃发展的态势。从文化生产和传播的角度来看,以快手、抖音为代表的视频平台在视频社会化时代越来越多地参与到当代文化知识的生产和传播中,极大地改变了过去以文字和印刷为基础的文化知识生产和传播方式。同时,短视频营销实现了对销售模式的一次革新。与传统营销模式相比,短视频营销模式可以打破空间障碍,有效地为客户提供产品信息,以满足不同客户群体的个性化需求。除此之外,公司经常创建具有不同主题的内容与追随者沟通,如奖励、产品、工作。品牌页面中的这些公司发起的营销传播是公司生成的内容(FGC)。根据上述分析,本研究将员工的短视频中包含相关丰富信息(知识、文化、产品和工作信息)的内容定义为信息性内容,涉及知识科普、主题文化、产品介绍和工作内容四个范畴。

娱乐是人以愉悦身心为主要或唯一目的的生命活动,简单地说,是一种乐生活动。从古至今,"娱乐"都是社会与个体生活中的重要组成部分,是不可缺少的,不仅能够愉悦身心、缓解压力,还能调剂补充、延拓生活体验等。"摆脱无聊"是人们进行娱乐消费的重要目的。相较于枯燥无聊的广告,短视频商业模式的内容创作者以记录现实生活为出发点,进行日常生活的分享,逐渐用短视频代替产品,巧妙地唤醒了消费者,并以愉悦的方式激发消费者的购买意愿,实现产品与剧情的无缝对接。抖音热门话题所应用的素材主要分为两种类型:其一,给定的台词/歌词;其二,带有猎奇性的搞笑段子。就抖音这一媒体形式所涵盖的价值而言,原属于歌曲或者影视作品等艺术作品的社会内涵、社会反思甚至社会批判因素完全被剥离掉了,取而代之的则是被最大功利化的使用价值,即视频所具有的娱乐性质。根据上述分析,本研究将员工短视频中轻松搞笑、带有娱乐性质的内容定义为娱乐性内容,其中包括热点话题、剧情故事和日常生活三个范畴。

2021 年 12 月 14 日,习近平总书记在中国文学艺术界联合会第十一次全国代表大会、中国作家协会第十次全国代表大会开幕式上强调,"源于人民、为了人民、属于人民,是社会主义文艺的根本立场,也是社会主义文艺繁荣发展的动力所在"。为了在传递思想意识的同时唤起人们的情感共鸣,陶冶情操,优秀的文艺作品必须兼顾思想性、情感性和审美性。在很多现实情况中,人们喜欢观看能够引起他们情感共鸣或带来相似情感体验的视频内容。社会学家兰德尔·柯林斯认为,互动发生在情境中,情感和意识在人类群体中瞬间相遇,形成互动。在互动仪式中,情感是仪式活动的关键要素,能够激励参与者主动投入该场域之中。抖音的视频创作者可以直接、清楚地了解观众对其发布的短视频的每一次点赞、评论或分享,他们可以对此做出反应,进行回复、点赞或评论,实现双向互动;此外,若创作者反应及时,也能够与观众实现实时互动。根据上述分析,本研究将员工短视频中所表现出的对现实的关注以及体现出的对具体个人的关爱定义为情感性内容,包括人文关怀和双向互动两个范畴。

(2) 员工品牌依恋

依恋理论 (Attachment Theory) 是以社会个体间的互动关系为基础的,反映的是个体与特定对象之间的情感联结。品牌依恋是联结品牌与自我的关系强度,它体现在一个丰富而可访问的记忆网络(或心理表达)中,该网络可处理对品牌的思考和情感,以及品牌与自我之间的关系。品牌依恋理论在员工品牌领域进一步延伸即可得到员工品牌依恋。黎建新等(2020)经过实证研究发现,服务热情、专业能力和职业道德能够对消费者形成员工品牌依恋产生积极影响。

"你们是带货平台的一股清流,没有谄媚、没有虚伪、没有夸张、没有不适,你们是文化带货人,带给人们知识、爱、包容、忍让,非常非常喜爱你们的出现"(非常喜爱文化带货人—喜爱—员工品牌依恋)、"本来喜欢她的职位,后来发现她能力出众,再后来发现她越来越好看,怎么可以集这么多优点于一身"(集众多优点于一身—深深吸引—员工品牌依恋)、"被圈粉了,第一次刷到的时候还以为是个胖胖的美女,现在是完全被才艺圈粉"(被才艺圈粉—圈粉—员工品牌依恋)、"说实话,飞了几年可能到了一个所谓厌飞期,最近压力也一直很大,但每次看到小姐姐你的视频,就又能看到这份工作的美好,人应该保持初心,让自己强大,不断提高自己才是我该做的事,很喜欢你,加油"(看到工作的美好—得到鼓励—员工品牌依恋)等一系列表述均体现了正能量的员工对消费者产生的积极影响,也反映了消费者对正能量的员工所产生的积极情感。

正如消费者所说,"买大众车找可可姑娘,她那里人好车好"(人好车好—认同—员工品牌依恋)、"只为一诺来花西子直播间"(只为一诺—独一无二—员工品牌依恋)、"任何人也替代不了皮卡晨表演时给所有观众带来的快乐感"（任何人都不能替代—无可替代—员工品牌依恋）"不是这个咖啡师弄的，我不喝"（非他不可—认准—员工品牌依恋）充分表现了消费者对员工个人品牌的强烈认同感，明确表示该员工在消费者心中无可替代的独特地位。此外，还有消费者把员工比作朋友，"我看到董宇辉的视频觉得他不是卖货主播，更像我的朋友，希望他好"（像我的朋友—朋友—员工品牌依恋），还有消费者把员工比作女神，令人向往，"我真的太喜欢你了，又努力又上进，浑身都散发着光芒，一站在那里就很让人向往，姐姐简直是我的女神，能使我奋进"（我的女神—女神—员工品牌依恋）。无论是"朋友"还是"女神"，都从侧面展现了消费者对该员工的精神寄托和深深的情感依恋。

（3）社交媒体融入和品牌态度

消费者对员工品牌产生依恋后，会进一步影响消费者的社交媒体融入。社交媒体的互动特性已将消费者从内容的被动观察者转变为积极的参与者，他们通过在线对话、互动和行为创造了大量内容。社交媒体网站上的各种消费者品牌参与行为代表了不同级别的参与努力和创造力，例如，从"关注"（较低级别）到"评论"（较高级别）。Dolan 等（2016）将社交媒体参与行为定义为"客户的行为表现，除了购买之外，还关注社交媒体，这是由动机驱动引起的"。反映与社交媒体互动的行为包括客户在社交网络中创建、贡献或消费品牌相关内容。

消费者会主动关注该员工，如"求咖啡师抖音号"（求个人账号—关注—社交媒体融入）、"有功底，果断关注"（果断关注—关注—社交媒体融入）、"有没有可可抖音号"（求个人账号—关注—社交媒体融入）。消费者看到有意思的内容会主动转发，如"转发，很有意思哦"（主动转发—转发—社交媒体融入）、"转发，必须转发"（必须转发—转发—社交媒体融入）。并进一步对员工短视频内容给出相应的建议，如"虽然你掌握了一点点流量密码，但是你家的视频看完就是太正经、太板正，有些人出镜感觉很疲惫，没有阳光俏皮明媚感"（批评指正—建议—社交媒体融入）、"可以发一些格力公司的伙食之类的，还有办公室挑战"（提供建议—建议—社交媒体融入），有消费者甚至会吐槽员工的穿搭并给出相应的建议，例如，五菱宏光销售的评论区中，消费者对其穿搭进行了吐槽，同时给出穿搭建议，如"提个小小的建议，上半身浅色调的话穿白丝会比黑丝好很多"（提供穿搭建议—建议—社交媒体融入）。消费者还会对员工短视频内容进行推荐，以吸引更多的人关注，如"看漠叔的视频很长知识，建议大家关注"（建议关注—推荐—社交媒体融入)。最后，消费者会对他们喜欢的员工短视频内容进行催更，如"董老师什么时候还是更新一下抖音吧，你不更新就把你的作品反复看"（更新抖音—催更—社交媒体融入）、"就喜欢这种 vlog，多发点嘛"（多发点 vlog—催更—社交媒体融入）、"多出这种科普知识视频"（多出科普知识—催更—社交媒体融入）。

此外，消费者形成员工品牌依恋之后，也会进一步影响消费者对企业的品牌态度。总体来说，品牌态度是个人对品牌的整体评价，可以描述为相互关联的信念网络和对品牌的持久意见：整体品牌评估。品牌态度包括整体感知、情感集合和行为倾向三个层面。

认知上，表现出了消费者对品牌的印象和评价。例如，上汽大众的员工短视频内容给消费者留下了上汽大众以人为本的品牌印象，如"上汽大众不仅车好，员工也这么有爱心，为上汽大众点赞！为上汽员工点赞！"（有爱心—以人为本—品牌态度）、"上汽的这个广告很有内涵：以人为本，懂得尊重该尊重的一切。愿你们从上至下皆可可"（尊重一切—以人为本—品牌态度）。花西子的员工短视频内容给消费者留下了元气满满的品牌印象，如"自从用了花西子的套装，每天出门都是元气满满的"（元气满满—积极向上—品牌态度）。旺旺的员工短视频内容则给消费者留下了活泼有趣的品牌印象，如"整个旺旺都是这样不正经中透露着正经吗?"（不正经—有趣—品牌态度）。

情感上，表现出了消费者对品牌的情绪状态。有消费者直接在程大发的短视频评论区表达了对海南航空的赞美，如"海航 yyds"（yyds—赞美—品牌态度），还有消费者在大漠叔叔相关视频的评论区给予海南极高的评价，如"海南是我这辈子最想去的地方"（最想去—肯定—品牌态度）。旺旺有关员工短视频内容的评论区消费者表达的情感较为丰富，主要表现出了意外、羡慕和肯定的积极情绪。消费者对旺旺与众不同的短视频内容感到意外和惊喜，如"我以为我看错了，没想到真的是我关注的官方"（没想到—意外—品牌态度）；消费者还对旺旺员工短视频内容中展现出的轻松欢乐的氛围表示羡慕，如"他们公司氛围真好，羡慕"（氛围好—羡慕—品牌态度）；消费者最后还为旺旺员工短视频数据"抱不平"，如"不火就离谱"（希望爆火—肯定—品牌态度）。

行为上，表现出了消费者对品牌的行为反应。如"姐姐这么美，我以后旅游是不是要坐海航航班了"（选择海航—选择—品牌态度）、"支持国货！剧情好用心！代入了！我也要入！"（我也要入—购买意愿—品牌态度）、"支持好车，值得拥有，大气"（值得拥有—推荐—品牌态度）、"品牌产品质量很好，值得信赖"（值得信赖—支持—品牌态度）等表述充分展现了消费者对品牌产生的一系列积极的行为反应，如选择、购买意愿、推荐等。

4.4 研究二：基于问卷调查法的实证研究

4.4.1 研究假设

信号理论包括三个主要元素，即信号发送者（服务提供商）、接收者（客户）和信号。为了影响客户的意见，服务提供商经常传达有关其品牌属性和服务交付质量的信息；他们希望向客户保证他们的信誉和诚信，并将这些信息转化为信号，通过各种媒介恰当地传输给客户。根据社会心理学中的信息源信度和效价模型，信息源可以从可信性、专业性和吸引力三方面特性影响其对受众的说服效果，并通过心理内化、心理顺从和心理认同对个体态度产生影响。

品牌传播是指企业向消费者进行宣传以传递品牌信息、说服消费者购买品牌、维护品牌记忆的各种直接或间接的方式。传播效果是传播行为产生的所有影响和效果的总和，在现实中可以转化为说服力和影响力，所以传播效果也可以看作传播力。

说服是一种有明确目的的行为，是指通过信息、解释等改变人们的态度、观念或行为。说服包括两个层面：说服意图，以及对态度改变的期待。从微观上看，信息的传播效果侧重于说服传播效果，指的是带有说服动机的传播行为在受传者身上引起的认知、态度和行为的变化。

如果一个人被认为有吸引力，就会产生积极的反应。有魅力的成年人会比没有魅力的成年人得到更多的关注、积极的社会互动和他人的帮助。情感是最高层的视频语义特征，直接影响观看者的感知、决策及对视频服务的满意度。兰德尔·柯林斯认为互动是在情境中进行的，情感和意识在人类群体中瞬间相遇形成了互动。娱乐营销主要考虑目标顾客的情感需求，在全民化娱乐的同时，让消费者不知不觉对品牌产生情感，从而提升品牌价值。品牌娱乐视频通常会在视频中展示产品或品牌，试图将娱乐视频唤起的积极情绪传递给品牌。许多实证研究结果也表明，实用性强、信息量丰富、有价值的在线内容可以引发消费者的主动分享以达到病毒式传播的效果。因此，为了使某个在线内容能够尽可能获得病毒式分享的效果，该内容的主题最好具有较高的新奇性、趣味性或实用性,并满足相关的形式要求。

基于此,本文提出以下研究假设:

H1a:员工的短视频中的个人吸引力会对消费者的品牌态度产生积极影响。

H1b:员工的短视频中的信息性内容会对消费者的品牌态度产生积极影响。

H1c:员工的短视频中的娱乐性内容会对消费者的品牌态度产生积极影响。

H1d:员工的短视频中的情感性内容会对消费者的品牌态度产生积极影响。

H2a:员工的短视频中的个人吸引力会对消费者的社交媒体融入产生积极影响。

H2b:员工的短视频中的信息性内容会对消费者的社交媒体融入产生积极影响。

H2c:员工的短视频中的娱乐性内容会对消费者的社交媒体融入产生积极影响。

H2d:员工的短视频中的情感性内容会对消费者的社交媒体融入产生积极影响。

在心理学领域,刺激—有机体—反应理论(S-O-R 理论)认为,借助情感及认知,有机体能够对刺激和反应进行调节。当粉丝感知到个人品牌的影响力时,他们会增强与该品牌的联系,倾向于与该品牌更加亲近,进而对该品牌形成情感依恋。关键意见领袖通常在社交媒体平台上拥有众多的粉丝,是传播过程中重要的中介力量,对普通网民的意见、态度、信念、动机和行为具有强大的影响力。受众出于对网红个人的信任,会将与网红相关的积极联想转移到特定品牌上,从而对该品牌产生积极的态度。

基于上述分析,本文提出以下研究假设:

H3a:消费者的员工品牌依恋在个人吸引力对其品牌态度的影响中发挥着显著的中介作用。

H3b:消费者的员工品牌依恋在信息性内容对其品牌态度的影响中发挥着显著的中介作用。

H3c:消费者的员工品牌依恋在娱乐性内容对其品牌态度的影响中发挥着显著的中介作用。

H3d：消费者的员工品牌依恋在情感性内容对其品牌态度的影响中发挥着显著的中介作用。

H4a：消费者的员工品牌依恋在个人吸引力对其社交媒体融入的影响中发挥着显著的中介作用。

H4b：消费者的员工品牌依恋在信息性内容对其社交媒体融入的影响中发挥着显著的中介作用。

H4c：消费者的员工品牌依恋在娱乐性内容对其社交媒体融入的影响中发挥着显著的中介作用。

H4d：消费者的员工品牌依恋在情感性内容对其社交媒体融入的影响中发挥着显著的中介作用。

4.4.2 研究设计

（1）变量测量

本研究模型包括个人吸引力、信息性内容、娱乐性内容、情感性内容、员工品牌依恋、社交媒体融入和品牌态度七个变量。为了保证问卷的信度和效度，本研究所采用的量表大多为经典量表以及发表在高水平期刊上的成熟量表，并结合当前员工的短视频内容营销主题的具体情境进行了适当的修改和删减。其中，消费者品牌态度的测量完全采用了得到学术界普遍认可的成熟量表。

所有测量项目均采用 Likert 五级量表法进行测量，各变量的具体测项如表 4-7 所示，"1~5" 表示 "非常不同意—非常同意"。

表 4-7　变量及其测项

变量	测量题项	量表来源
个人吸引力	我之所以关注该员工，是因为他（她）很有魅力 我认为我所观看短视频的员工人很有趣 我认为我所观看短视频的员工具有专业的知识和技能 我认同该员工的生活习惯	刘凤军等（2020）
信息性内容	我认为该员工的短视频内容提供的信息很有用 我认为该员工的短视频内容提供的信息很有价值 我认为该员工的短视频内容是获取相关问题答案的好途径	Wiertz 和 Ruyter（2007）
娱乐性内容	我认为该员工发布的内容让我充满想象和好奇 我认为该员工发布的内容让我有沉迷其中的感觉 我认为该员工发布的是让我觉得激动和兴奋的内容	Liu 和 Arnett（2000）

续表

变量	测量题项	量表来源
情感性内容	我认为该员工发布的短视频内容让我产生情感共鸣 我认为该员工发布的短视频内容很接地气，让我没有距离感 我认为该员工发布的短视频内容可以让我感同身受 我认为该员工发布的短视频内容直击人心	孙天旭（2016）
员工品牌依恋	观看该员工的短视频使我内心感觉很愉悦 我对该员工的短视频内容总是充满期待 我时常会想起该员工所发布的短视频内容 当和朋友交谈中提到有关的短视频内容时，我会想起该员工 当其他人对该员工给出好评时，我内心也感觉很高兴	黎建新等（2020）
社交媒体融入	我一天多次访问该员工的短视频账号主页 我一天多次观看该员工所发布的短视频内容 我一天多次分享该员工所发布的短视频内容 我一天多次点赞该员工所发布的短视频内容 我一天多次评论该员工所发布的短视频内容	Achen（2016）
品牌态度	我对该员工短视频背后所代表的品牌总体印象很好 我非常喜爱该员工短视频背后所代表的品牌 该品牌的产品能够充分满足我的需求 该品牌的产品在同类产品中是一流的 我非常愿意使用该品牌的产品及服务 我非常愿意将该品牌推荐给我的朋友们	Keller（1993）； 陈静宇等（2014）

（2）数据收集与样本特征

为了保证正式调查的顺利进行，提高效率，本研究先进行了预调查。通过社交媒体平台在学生群体中发布问卷，得到预调研问卷70份。通过分析预调研问卷以及倾听受访者的意见，对相关测项进行修改调整。

在正式调查阶段，首先，本研究采取付费调查的方式，通过一站式智能调研平台"见数"，以每份问卷2元的价格从该平台的数据集市收集130份问卷，样本分布较为广泛，来自不同的年龄和不同的背景。其次，利用问卷设计平台的自主分享功能，通过微博、小红书等社交媒体平台发布问卷，两天内收回问卷250份，样本主要集中于大学生群体。经过以上两种方式共收集问卷380份，系统自动排除了未通过筛选项和测谎题的33份无效答卷，再根据答卷时间过长或过短、答案过于规律等具体指标进行人工筛查，剔除22份无效答卷，最终得到有效问卷325份，问卷有效率达到85.5%。

表4-8显示了本次调查的样本特征,在回收的样本中,调查群体均观看过相关员工的短视频内容,并且86.769%的参与者最常使用的短视频软件为抖音,符合本研究对调查对象的要求。

表4-8 描述性统计分析

名称	题项	频数	百分比/%
性别	女	258	79.385
	男	67	20.615
年龄	18~25岁	215	66.154
	31~40岁	70	21.538
	26~30岁	31	9.538
	41~50岁	5	1.538
	50岁以上	3	0.923
	18岁以下	1	0.308
学历	本科	287	88.308
	硕士	34	10.462
	本科以下	3	0.923
	博士	1	0.308
月可支配收入	3000元以下	175	53.846
	10000元以上	58	17.846
	5001~10000元	46	14.154
	3000~5000元	46	14.154
常用软件	抖音	282	86.769
	其他	23	7.077
	快手	17	5.231
	微视	3	0.923
合计		325	100.000

4.4.3 数据分析

(1) 信度效度检验

信度指的是数据的可靠性,通过对信度的检验可以看出样本数据是否可以信任。本研究以Cronbach's α 系数为核心指标对问卷进行信度分析。由表4-9的数据分析结果可知,此次问卷的总 α 系数为0.945,表明问卷整体具有较为理想的内部一致性。

表 4-9 各变量的信度检验

测量题项	各变量信度分析		量表总体信度分析	
	删除项后的 α 系数	Cronbach's α 系数	删除项后的 α 系数	Cronbach's α 系数
个人吸引力 1	0.512	0.62	0.945	0.945
个人吸引力 2	0.589		0.945	
个人吸引力 3	0.554		0.945	
个人吸引力 4	0.544		0.944	
信息性内容 1	0.507	0.685	0.944	
信息性内容 2	0.623		0.944	
信息性内容 3	0.648		0.944	
娱乐性内容 1	0.693	0.711	0.944	
娱乐性内容 2	0.609		0.944	
娱乐性内容 3	0.535		0.943	
情感性内容 1	0.655	0.719	0.944	
情感性内容 2	0.701		0.944	
情感性内容 3	0.626		0.944	
情感性内容 4	0.643		0.943	
员工品牌依恋 1	0.722	0.754	0.945	
员工品牌依恋 2	0.706		0.943	
员工品牌依恋 3	0.708		0.943	
员工品牌依恋 4	0.707		0.944	
员工品牌依恋 5	0.707		0.944	
社交媒体融入 1	0.915	0.929	0.942	
社交媒体融入 2	0.908		0.942	
社交媒体融入 3	0.911		0.943	
社交媒体融入 4	0.913		0.942	
社交媒体融入 5	0.917		0.943	
品牌态度 1	0.838	0.845	0.944	
品牌态度 2	0.818		0.944	
品牌态度 3	0.818		0.944	
品牌态度 4	0.817		0.944	
品牌态度 5	0.809		0.944	
品牌态度 6	0.812		0.943	

为了判别测量量表的效度情况，本研究对各个变量进行了验证性因子分

析。数据显示,各变量所包含测项的标准化载荷系数基本上大于0.6,基本符合要求,说明测量关系良好;根据Fornell和Larcker(1981)建议的AVE值0.36的可接受门槛,除个人吸引力外,其他六个变量的AVE值均超过0.39,同时,大部分变量的组合信度CR值大于0.7,个别变量的CR值接近于0.7,表明本次问卷设计中所采用的量表具有良好的收敛效度。而个人吸引力的AVE值为0.301,CR值为0.625,均未达到指标要求,说明因子内测量指标提取度较差,这主要是员工个体差异性导致的(见表4-10)。

表4-10 各变量的效度检验

因子	变量	标准化载荷系数	AVE	CR
个人吸引力	个人吸引力1	0.518	0.301	0.625
	个人吸引力2	0.502		
	个人吸引力3	0.504		
	个人吸引力4	0.629		
信息性内容	信息性内容1	0.723	0.429	0.692
	信息性内容2	0.64		
	信息性内容3	0.614		
娱乐性内容	娱乐性内容1	0.624	0.47	0.722
	娱乐性内容2	0.647		
	娱乐性内容3	0.757		
情感性内容	情感性内容1	0.648	0.397	0.722
	情感性内容2	0.539		
	情感性内容3	0.635		
	情感性内容4	0.682		
员工品牌依恋	员工品牌依恋1	0.549	0.392	0.757
	员工品牌依恋2	0.682		
	员工品牌依恋3	0.661		
	员工品牌依恋4	0.576		
	员工品牌依恋5	0.613		
社交媒体融入	社交媒体融入1	0.845	0.725	0.929
	社交媒体融入2	0.888		
	社交媒体融入3	0.848		
	社交媒体融入4	0.852		
	社交媒体融入5	0.822		
品牌态度	品牌态度1	0.584	0.485	0.848
	品牌态度2	0.7		
	品牌态度3	0.703		
	品牌态度4	0.679		
	品牌态度5	0.752		
	品牌态度6	0.727		

表 4-11 显示了员工的短视频内容营销的各个主题、员工品牌依恋、社交媒体融入和品牌态度之间的相关系数与其 AVE 的平方根。斜对角线上的值为 AVE 的平方根,用于表明因子内部的相关性强度,由表 4-11 可知,虽然部分变量的 AVE 根值受到其本身 AVE 值不太高的影响,但大部分的 AVE 根值比该变量与其他变量的 Pearson 相关系数高,整体的区分效度表现较为良好。

表 4-11 各变量 Pearson 相关系数与 AVE 根值

	个人吸引力	信息性内容	娱乐性内容	情感性内容	员工品牌依恋	社交媒体融入	品牌态度
个人吸引力	0.549						
信息性内容	0.571	0.655					
娱乐性内容	0.576	0.511	0.686				
情感性内容	0.631	0.638	0.691	0.63			
员工品牌依恋	0.668	0.567	0.664	0.725	0.626		
社交媒体融入	0.504	0.566	0.595	0.626	0.643	0.851	
品牌态度	0.629	0.53	0.535	0.607	0.649	0.573	0.696

此外,本次量表数据的大部分拟合指标达到了适配指标(见表 4-12),说明该测量模型的整体拟合效果较好。

表 4-12 整体拟合系数

常用指标	χ^2	df	卡方自由度比	*RMSEA*	*RMR*	*CFI*	*NNFI*
判断标准	—	—	<3	<0.10	<0.05	>0.9	>0.9
值	606.976	384	1.581	0.042	0.025	0.951	0.945

(2) 共同方法偏差检验

本研究采用 Harman 的单因子检验法检验共同方法偏差情况,衡量标准为该数据最大因子方差解释率不得超过 40%,反之,则认为此数据的共同方法偏差较高。本研究通过 SPSS 27.0 对所有测项进行探索性因子分析,由表 4-13 的数据分析结果可知,有 5 个特征根大于 1 的因子,符合超过 1 个的要求;除此之外,最大因子方差解释率为 39.26%,小于 40%。因此,本研究的数据不存在严重的共同方法偏差,整体的共同方法偏差可接受。

表 4-13 共同方法偏差检验

成分	初始特征值			提取载荷平方和		
	总计	方差百分比（%）	累计百分比（%）	总计	方差百分比（%）	累计百分比（%）
1	11.778	39.260	39.260	11.778	39.260	39.260
2	1.846	6.154	45.414	1.846	6.154	45.414
3	1.411	4.703	50.117	1.411	4.703	50.117
4	1.081	3.602	53.719	1.081	3.602	53.719
5	1.049	3.498	57.216	1.049	3.498	57.216
6	0.959	3.198	60.414			
7	0.837	2.789	63.203			
8	0.798	2.659	65.862			
9	0.761	2.535	68.397			
10	0.722	2.407	70.804			
11	0.698	2.326	73.131			
12	0.645	2.149	75.279			
13	0.606	2.020	77.299			
14	0.578	1.925	79.225			
15	0.566	1.888	81.113			
16	0.558	1.860	82.973			
17	0.532	1.773	84.746			
18	0.500	1.668	86.414			
19	0.482	1.607	88.021			
20	0.463	1.542	89.563			
21	0.430	1.435	90.998			
22	0.403	1.343	92.341			
23	0.398	1.326	93.667			
24	0.358	1.195	94.862			
25	0.351	1.169	96.031			
26	0.308	1.026	97.056			
27	0.280	0.932	97.989			
28	0.224	0.746	98.734			
29	0.207	0.690	99.424			
30	0.173	0.576	100.000			

注：提取方法为主成分分析法。

4.4.4 假设检验

本研究的模型验证将通过两部分进行：第一部分，利用多元线性回归模型检验员工的短视频内容营销的各个主题分别对消费者品牌态度和社交媒体融入的直接作用；第二部分，添加中介效应——员工品牌依恋，验证其存在是否成立。

4.4.4.1 员工的短视频内容营销主题对消费者品牌态度的直接影响

以个人吸引力、信息性内容、娱乐性内容和情感性内容为自变量，以消费者的品牌态度为因变量，进行数据分析。如表4-14所示，F检验的显著性p值为0.000（<0.05），整体回归呈显著性，可以拒绝回归系数为0的原假设，表明员工的短视频内容营销主题与消费者品牌态度之间存在线性相关关系，模型满足要求。R^2为0.485，接近0.5，说明此线性模型拟合效果较好。个人吸引力、信息性内容、娱乐性内容和情感性内容的VIF均严格低于5，完全符合要求，表明此模型构建较好，不存在多重共线性问题。模型的公式如下：$y=0.46+0.416\times$个人吸引力$+0.127\times$信息性内容$+0.099\times$娱乐性内容$+0.228\times$情感性内容。

由表4-14的回归分析结果可知，个人吸引力、信息性内容和情感性内容均与消费者品牌态度呈显著正相关，因此，H1a、H1b和H1d均成立；而娱乐性内容的p值为0.055，大于0.05，检验结果不显著，表明员工的短视频内容营销主题中的娱乐性内容不能对消费者的品牌态度产生影响，H1c不成立。

表4-14 品牌态度的回归分析结果

	非标准化系数		标准化系数	t	p	VIF	R^2	调整R^2	F
	B	标准误	Beta						
常数	0.46	0.209	—	2.199	0.029**	—	0.485	0.478	$F=75.313$ $p=0.000***$
个人吸引力	0.416	0.066	0.347	6.28	0.000***	1.9			
信息性内容	0.127	0.053	0.13	2.395	0.017**	1.839			
娱乐性内容	0.099	0.052	0.111	1.928	0.055*	2.048			
情感性内容	0.228	0.065	0.228	3.52	0.000***	2.603			

注：***、**、*分别代表$p<0.001$、$p<0.01$和$p<0.05$水平上显著，下同。

4.4.4.2 员工的短视频内容营销主题对消费者社交媒体融入的直接影响

以个人吸引力、信息性内容、娱乐性内容和情感性内容为自变量,以消费者的社交媒体融入为因变量,进行数据分析。

如表4-15所示,F检验的显著性p值为0.000（<0.05）,整体回归呈显著性,可以拒绝回归系数为0的原假设,表明员工的短视频内容营销主题与消费者社交媒体融入之间存在线性相关关系,模型满足要求。R^2为0.479,接近于0.5,说明此线性模型拟合效果较好。个人吸引力、信息性内容、娱乐性内容和情感性内容的VIF均严格低于5,完全符合要求,表明此模型构建较好,不存在多重共线性问题。模型的公式如下：$y = -2.479 + 0.115 \times$个人吸引力$+ 0.406 \times$信息性内容$+ 0.422 \times$娱乐性内容$+ 0.462 \times$情感性内容。

表4-15 社交媒体融入的回归分析结果

	非标准化系数		标准化系数	t	p	VIF	R^2	调整R^2	F
	B	标准误	Beta						
常数	-2.479	0.373	—	-6.644	0.000***	—	0.479	0.473	$F=73.691$ $p=0.000***$
个人吸引力	0.115	0.118	0.054	0.969	0.334	1.9			
信息性内容	0.406	0.095	0.234	4.282	0.000***	1.839			
娱乐性内容	0.422	0.092	0.265	4.584	0.000***	2.048			
情感性内容	0.462	0.116	0.26	3.989	0.000***	2.603			

注：＊＊＊代表1%的显著性水平。

由回归分析结果可知,信息性内容、娱乐性内容和情感性内容均与消费者的社交媒体融入呈显著正相关,因此,H2b、H2c和H2d均成立；而个人吸引力的p值为0.334,大于0.05,检验结果不显著,表明个人吸引力不能对消费者社交媒体融入产生影响,H2a不成立。

4.4.4.3 员工品牌依恋的中介效应检验

传统意义上的中介效应主要探究哪些变量是影响X→Y这个流程的因素,要求系数c必须显著；广义上的中介效应（遮掩效应）则探究的是,哪些变量是如何不影响X→Y这个流程的因素,不需要系数c必须显著,原因是可能存在间接效应（ab）的符号与直接效应（c'）的符号相反,出现效应被遮掩的情况,不少文献称之为"遮掩效应",属于广义上的中介效应（温忠麟、叶宝娟，2014）。因此，本研究基于广义上的中介效应的思想，使用 SPSS PRO 对员工品牌依恋的中介作用进行检验。

（1）员工品牌依恋对员工的短视频内容营销主题和品牌态度的中介作用

以个人吸引力、信息性内容、娱乐性内容和情感性内容为自变量，以消费者的品牌态度为因变量，以员工品牌依恋为中介变量，进行中介效应检验。由表4-16可以得出，员工品牌依恋在娱乐性内容和情感性内容对消费者品牌态度产生影响的过程中发挥完全中介作用，在个人吸引力对消费者品牌态度产生影响的过程中发挥部分中介作用，因此，H3a、H3c 和 H3d 均成立。然而，员工品牌依恋在信息性内容对品牌态度的影响路径中，中介作用不显著，H3b 不成立。

表4-16　员工品牌依恋的中介作用检验结果1

自变量	c 总效应	a	b	a×b 中介效应值	a×b (Boot SE)	a×b (Z 值)	a×b (p 值)	a×b (95% Boot CI)	c′直接效应	检验结论
个人吸引力	0.416	0.331	0.282	0.093	0.031	3.005	0.003***	0.16-0.04	0.323	部分中介作用
信息性内容	0.127	0.068	0.282	0.019	0.017	1.137	0.256	0.06-0.008	0.108	中介作用不显著
娱乐性内容	0.099	0.204	0.282	0.058	0.019	2.979	0.003***	0.104-0.026	0.042	完全中介
情感性内容	0.228	0.346	0.282	0.098	0.032	3.021	0.003***	0.163-0.036	0.131	完全中介

注：***代表1%的显著性水平。

（2）员工品牌依恋对员工的短视频内容营销主题和社交媒体融入的中介作用

以个人吸引力、信息性内容、娱乐性内容和情感性内容为自变量，以消费者的社交媒体融入为因变量，以员工品牌依恋为中介变量，进行中介效应检验。由表4-17可以得出，员工品牌依恋在娱乐性内容和情感性内容对消费者社交媒体融入产生影响的过程中发挥部分中介作用，在个人吸引力对消费者社交媒体融入产生影响的过程中发挥完全中介作用，因此，H4a、H4c 和 H4d 均成立。然而，员工品牌依恋在信息性内容对社交媒体融入的影响路径中，中介作用不显著，H4b 不成立。

表4-17 员工品牌依恋的中介作用检验结果2

自变量	c总效应	a	b	a×b中介效应值	a×b (Boot SE)	a×b (Z值)	a×b (p值)	a×b (95% Boot CI)	c'直接效应	检验结论
个人吸引力	0.115	0.331	0.528	0.175	0.055	3.208	0.001***	0.308-0.087	-0.06	完全中介
信息性内容	0.406	0.068	0.528	0.036	0.032	1.115	0.266	0.113-0.014	0.37	中介作用不显著
娱乐性内容	0.422	0.204	0.528	0.108	0.036	3.013	0.003***	0.195-0.05	0.314	部分中介作用
情感性内容	0.462	0.346	0.528	0.183	0.06	3.068	0.002***	0.315-0.086	0.279	部分中介作用

注：***代表1%的显著性水平。

4.4.4.4 检验结果

假设检验结果汇总如表4-18所示。

表4-18 假设检验结果汇总

假设	描述	结果
H1a	员工的短视频中的个人吸引力会对消费者的品牌态度产生积极影响	成立
H1b	员工的短视频中的信息性内容会对消费者的品牌态度产生积极影响	成立
H1c	员工的短视频中的娱乐性内容会对消费者的品牌态度产生积极影响	不成立
H1d	员工的短视频中的情感性内容会对消费者的品牌态度产生积极影响	成立
H2a	员工的短视频中的个人吸引力会对消费者的社交媒体融入产生积极影响	不成立
H2b	员工的短视频中的信息性内容会对消费者的社交媒体融入产生积极影响	成立
H2c	员工的短视频中的娱乐性内容会对消费者的社交媒体融入产生积极影响	成立
H2d	员工的短视频中的情感性内容会对消费者的社交媒体融入产生积极影响	成立
H3a	消费者的员工品牌依恋在个人吸引力对其品牌态度的影响中发挥着显著的中介作用	成立
H3b	消费者的员工品牌依恋在信息性内容对其品牌态度的影响中发挥着显著的中介作用	不成立
H3c	消费者的员工品牌依恋在娱乐性内容对其品牌态度的影响中发挥着显著的中介作用	成立
H3d	消费者的员工品牌依恋在情感性内容对其品牌态度的影响中发挥着显著的中介作用	成立

续表

假设	描述	结果
H4a	消费者的员工品牌依恋在个人吸引力对其社交媒体融入的影响中发挥着显著的中介作用	成立
H4b	消费者的员工品牌依恋在信息性内容对其社交媒体融入的影响中发挥着显著的中介作用	不成立
H4c	消费者的员工品牌依恋在娱乐性内容对其社交媒体融入的影响中发挥着显著的中介作用	成立
H4d	消费者的员工品牌依恋在情感性内容对其社交媒体融入的影响中发挥着显著的中介作用	成立

4.5 结论与展望

4.5.1 研究结论与理论贡献

本文所得到的研究结论和理论贡献主要有以下四点：

（1）揭示了员工的短视频内容营销主题对消费者积极反应（品牌态度和社交媒体融入）的影响机制以及其中存在的中介效应

首先，明确了员工的短视频内容营销的各个主题。本文对当前员工的短视频内容进行梳理，运用扎根理论进行编码，进一步进行归纳总结，将员工的短视频内容营销主题分为四个方面，具体来说，员工的短视频内容营销主题包括个人吸引力、信息性内容、娱乐性内容和情感性内容。其次，结合之前对消费者的主要评论进行编码所得出的结果，构建员工的短视频内容营销主题对消费者品牌态度和社交媒体融入的影响机制模型。最后，通过问卷调查和数据分析，具体分析各个主题对消费者品牌态度和社交媒体融入的影响状况，检验了员工品牌依恋在其中的中介作用，为企业进行内容营销提供更为科学和严谨的理论支撑。

（2）员工的短视频内容营销主题中的个人吸引力、信息性内容和情感性内容均能积极影响消费者的品牌态度

一方面，如果员工在短视频内容营销中突出个人吸引力，如个人独特的魅力、风格鲜明的个人特色以及相关领域的技能和知识等，能够更好地吸引消费者的注意，引发消费者的认同和信任；另一方面，员工的短视频内容中

所传达出的有价值和有用的信息也会对消费者的品牌态度产生积极影响，消费者通过观看员工的短视频可以获取相关信息；除此之外，员工的短视频中所体现出的人文关怀和双向互动能够积极影响消费者的品牌态度，情感性的内容能够触及消费者的内在需求，唤起他们内心深处的情感，从而引发共鸣和认同，使消费者由此产生积极的品牌态度。

员工的短视频内容营销中的娱乐性内容策略回归结果不显著，表明娱乐性内容与消费者品牌态度之间不具有明显的因果关系。通过收集案例数据发现，当前有关员工的短视频内容营销不够成熟，具体内容较为生硬，缺乏想象力和创造力，不足以让消费者产生激动和兴奋的情绪，无法让消费者沉迷其中，因此不能满足消费者的娱乐需求。

（3）员工的短视频内容营销主题中的信息性内容、娱乐性内容和情感性内容均能积极影响消费者的社交媒体融入

本研究证明，当消费者在观看员工的短视频时，其信息、娱乐、情感的需求被越多地满足，就越能积极影响消费者的社交媒体融入。社交媒体融入主要分为三个层次：第一层次，消费者会观看该员工相关的短视频；第二层次，消费者会点赞、分享、评论与该员工相关的短视频内容，并主动关注该员工；第三层次，消费者会自发参与创作，发布与该员工和品牌相关的短视频内容。因此，企业和员工应当在短视频中传递出丰富有用的信息，注重新颖性和创造性，以情动人，从而积极影响消费者的社交媒体融入，增强消费者与品牌的联系。

而在本研究中，员工的短视频内容营销中的个人吸引力策略回归结果不显著，主要是由当前与员工相关的短视频中员工的个体差异性导致的。企业可以通过打造员工品牌，塑造风格鲜明的员工形象，引发消费者对员工品牌的依恋，进而影响消费者的社交媒体融入。

（4）员工品牌依恋可以起到一定的中介作用

一方面，员工品牌依恋在个人吸引力、娱乐性内容和情感性内容对消费者品牌态度产生积极影响的过程中起到显著的中介作用。具体而言，员工品牌依恋在娱乐性内容和情感性内容对品牌态度的影响路径中起到完全中介作用；在个人吸引力对品牌态度的影响路径中起到部分中介作用。这表明企业可以通过员工短视频的娱乐性内容营销和情感性内容营销以及员工个人吸引力来影响消费者对员工的个人品牌依恋，进而影响消费者的品牌态度。

另一方面，员工品牌依恋在个人吸引力、娱乐性内容和情感性内容对消

费者社交媒体融入产生积极影响的过程中起到显著的中介作用。具体来说，员工品牌依恋在娱乐性内容和情感性内容对社交媒体融入的影响路径中起到部分中介作用；在个人吸引力对社交媒体融入的影响路径中起到完全中介作用。这表明企业可以通过员工短视频的娱乐性内容营销和情感性内容营销以及员工个人吸引力来影响消费者对员工的个人品牌依恋，进而影响消费者的社交媒体融入。

然而，员工品牌依恋在信息性内容对品牌态度和社交媒体融入的影响路径中不能起到显著的中介作用。原因在于，相对于其他主题的内容而言，信息性内容能够使用户直接体验到各种知识、产品等信息与自身实际需要的契合程度，信息性内容更多地采用理性的方式来影响用户的认知、情感和行为，换言之，信息性内容对消费者品牌态度和社交媒体融入的影响效果更为直观，作用路径更短。

4.5.2 实践启示

近年来，互联网的发展进入高速阶段，社交媒体随之蓬勃发展，然而企业的内容营销不可避免地陷入了同质化的困境，企业应如何突破这一困境？企业又如何打造好的内容使消费者对此产生积极的反应？本文得出的研究结论恰好能够为企业提供具体的内容营销策略建议。

员工是企业品牌与消费者之间的"看得见"的链接，可以拉近二者之间的距离。员工每天保持与消费者的联系对消费者的交互行为起关键作用；此外，员工品牌契合度是企业品牌价值传递的核心，若能对此进行有效管理，必然会成为企业独特的竞争优势。企业应发挥好员工"品牌大使"的作用，以员工为主体进行短视频内容营销。企业可以从员工个人、团队、组织三个层面入手，将理论与实践相结合激发整体员工，灵活应对在品牌塑造过程中的各种挑战，享受工作，把员工培育为企业的"品牌大使"。同时，以员工为主体，进行员工的短视频内容营销。具体的内容营销主题策略包括四个方面，分别是个人吸引力、信息性内容、娱乐性内容和情感性内容。

在短视频内容营销的过程中，员工应努力提高并展示个人的吸引力，如良好的个人形象、独具特色的个人风格、专业的技能和特长以及积极向上的工作态度等。员工还可以通过短视频内容传递出有用和有价值的信息，如相关知识的科普、内涵丰富的主题文化、详细的产品介绍和具体的工作内容等，使消费者能够方便、快捷地从中获得他们想要的信息，以提高信息获取效率。

不仅如此，员工还可以发布轻松搞笑的、带有娱乐性质的短视频内容，如热点话题、剧情故事、日常生活等，为消费者带来快乐，增添生活趣味。人民性是社会主义文艺的根本立场与本质特征，员工应该在短视频内容中表现出对现实的关注和体现出对具体个人的关爱，引发消费者的情感共鸣和认同，如人文关怀、与消费者的双向互动等。

此外，本研究显示，相较于娱乐性内容，员工的短视频内容营销主题中的个人吸引力、信息性内容和情感性内容三个方面的主题能够真正使消费者产生积极的品牌态度；相较于个人吸引力，员工的短视频内容营销主题中的信息性内容、娱乐性内容和情感性内容三个方面能够真正积极地影响消费者的社交媒体融入。基于此结论，企业和员工应仔细认真地对员工的短视频内容进行打磨。针对当前员工的短视频中的娱乐性内容缺乏创造力和想象力的现实情况，企业和员工应注重新颖性和创新性，以生动有趣的方式来吸引消费者，从而使消费者产生积极的品牌态度。同时，从员工个体差异的实际情况出发，打造独具特色的员工个人风格，增强消费者的社交媒体融入，使消费者积极参与其中。

聚焦到当前员工的短视频内容营销案例中，目前企业进行的员工短视频内容营销主要分为两种方式：其一，在品牌官方账号中发布与员工相关的内容；其二，通过开设员工个人账号进行短视频内容营销，打造员工个人品牌，形成消费者对员工的品牌依恋，进而影响消费者的品牌态度和社交媒体融入，这与本研究中介效应的研究结论基本相符。同时，也为其他企业后续开展员工的短视频内容营销提供了现实经验和借鉴。

4.5.3 不足与未来研究展望

受笔者知识储备、能力、时间等具体现实因素的限制，目前本文所进行的研究较为浅显，仅停留在探索阶段。本文仍存在一定的研究局限，有待进一步探讨，同时为未来的相关研究提供了经验和借鉴。

首先，本文案例数据的收集仅限于抖音平台，缺乏其他短视频平台的案例数据。因此，受单一平台的影响，样本具有一定的局限性，后续研究可以从不同的短视频平台中进行样本的选取，以扩大样本的搜集范围。

其次，消费者主要评论数据的选取较为主观，并且所搜集的评论数量较少、覆盖率低，不能完整、客观地反映消费者对员工短视频内容的评价。因此，未来可通过网络爬虫等方法对原始评论数据进行搜集，以保证数据的完整性和实时性,提高质性数据的可靠性。

再次,受具体现实情况的影响和限制,本文所构建的影响机制模型较为简单粗糙,缺乏调节变量以及其他中介变量的验证,只呈现出了基本的模型结构。未来可以以此为切入点,进一步挖掘,丰富完善理论模型,为企业的内容营销实践提供更为准确可靠的理论指导。

最后,本文主要采用问卷调查法对构建的影响机制模型进行验证,仅反映了简单的相关关系,变量之间的因果关系检验仍较为缺乏,之后的研究可以考虑通过实验的方式进行因果关系检验。

参考文献

[1] AAKER D A, KELLER K L. Consumer evaluations of brand extensions[J]. Journal of Marketing, 1990, 54(1): 27-41.

[2] ACHEN R M. The influence of facebook engagement on relationship quality and consumer behavior in the national basketball association[J]. Journal of Relationship Marketing, 2016, 15(4): 247-268.

[3] ADRIJA MAJUMDA, BOSE I. Do tweets create value? A multi-period analysis of Twitter use and content of tweets for manufacturing firms[J]. International Journal of Production Economics, 2019(216): 1-11.

[4] ALTAF M, SHAHZAD A. "That's my job" exploring the effect of brand empowerment towards employee brand equity: The mediating role of employee critical psychological states[J]. Rbgn-Revista Brasileira De Gestao De Negocios, 2018, 20(4): 599-618.

[5] BAILEY A A, BONIFIELD C M, ELHAI J D. Modeling consumer engagement on social networking sites: Roles of attitudinal and motivational factors[J]. Journal of Retailing and Consumer Services, 2021(59): 102348.

[6] BARTSCH F, DIAMANTOPOULOS A, PAPAROIDAMIS N, et al. Global brand owner-ship: The mediating roles of consumer attitudes and brand identification[J]. Journal of Business Research, 2016(69): 3629-3635.

[7] BOATENG S L. Online relationship marketing and customer loyalty: A signaling theory perspective[J]. International Journal of Bank Marketing, 2019,

37(1): 226-240.

[8] BRODIE R J, HOLLEBEER L D, JURIĆ B, et al. Customer engagement: Conceptual domain, fundamental propositions, and implications for research[J]. Journal of service research, 2011, 14(3): 252-271.

[9] BRODIE R J, ILIC A, JURIC B, et al. Consumer engagement in a virtual brand com-munity: An exploratory analysis[J]. Journal of Business Research, 2013, 66(1): 105-114.

[10] CAO D, MEADOWS M, WONG D, et al. Understanding consumers' social media engagement behaviour: An examination of the moderation effect of social media context[J]. Journal of Business Research, 2021(122): 835-846.

[11] C D M, R P. "book-review" attitude organization and change: An analysis of consistency among attitude components[J]. Revue Française de Sociologie, 1961, 2(4): 1-15.

[12] CHOI D, BANG H, WOJDYNSKI B W, et al. How brand disclosure timing and brand prominence influence consumer's intention to share branded entertainment content[J]. Journal of Interactive Marketing, 2018, 42(1): 18-31.

[13] DEBORAH G, BAIYUN G T G J. Mavens at work: Brand commitment and the moderating role of market mavens on social media engagement[J]. Journal of Promotion Management, 2022, 28(3): 261-287.

[14] DESSART L. Social media engagement: A model of antecedents and relational outcomes[J]. Journal of Marketing Management, 2017, 33(5-6): 375-399.

[15] DOLAN R, CONDUIT J, FAHY J, et al. Social media engagement behaviour: A uses and gratifications perspective[J]. Journal of Strategic Marketing, 2016, 24(3/4): 261-277.

[16] DOLAN R, CONDUIT J, FRETHEY-BENTHAM C, et al. Social media engagement behavior a framework for engaging customers through social media content[J]. European Journal of Marketing, 2019, 53(10): 2213-2143.

[17] FORNELL C, LARCKER D F. Evaluating structural equation models with unobservable variables and measurement error[J]. Journal of Marketing Research, 1981(18): 39-50.

[18] GORBATOV S, KHAPOVA S N, LYSOVA E I. Personal branding: Interdisciplinary systematic review and research agenda[J]. Frontiers in Psychology, 2018, 3(9): 22-38.

[19] HALLOCK W, ROGGEVEEN A L, CRITTENDEN V. Firm-level perspectives on social media engagement: An exploratory study[J]. Qualitative Market Research, 2019, 22(2): 217-226.

[20] HAMZAH Z L, ABDUL WAHAB H, WAQAS M. Unveiling drivers and brand relationship implications of consumer engagement with social media brand posts[J]. Journal of Research in Interactive Marketing, 2021, 15(2): 336-358.

[21] HE A Z, CAI Y, CAI L, et al. Conversation, storytelling, or consumer interaction and participation? The impact of brand-owned social media content marketing on consumers' brand perceptions and attitudes[J]. Journal of Research in Interactive Marketing, 2021, 15(3): 419-440.

[22] HO J, PANG C, CHOY C. Content marketing capability building: A conceptual framework[J]. Journal of Research in Interactive Marketing, 2020, 14(1): 133-151.

[23] JACOBSON J, SMITH D, RUDKOWSKI J L. Employees as influencers: Measuring employee brand equity in a social media age[J]. Journal of Product and Brand Management, 2021, 30(6): 834-853.

[24] JUNG W-J, YANG S, KIM H-W. Design of sweepstakes-based social media marketing for online customer engagement [J]. Electronic Commerce Research, 2020, 20(1): 119-146.

[25] KELLER K L. Conceptualizing, measuring, and managing customer-based brand equity[J]. Journal of Marketing, 1993, 57(1): 1-22.

[26] KUMAR ASHISH, BEZAWADA RAM, RISHIKA RISHIKA, et al. From social to sale: The effects of firm-generated content in social media on customer behavior[J]. Journal of Marketing, 2016, 80(1): 7-25.

[27] ANDERSON S L, ADAMS G, PLAUT V C. The cultural grounding of personal relationship: The importance of attractiveness in everyday life[J]. Journal of personality and social psychology, 2008, 95(2): 352.

[28] LEE Y, CHO S Y, SUN R, et al. Public responses to employee posts on social media: The effects of message valence, message content, and employer

reputation[J]. Internet Research, 2021, 31(3): 1040-1060.

[29] LEE Y. Motivations of employees' communicative behaviors on social media Individual, interpersonal, and organizational factors[J]. Internet Research, 2020, 30(3): 971-994.

[30] LIU C, ARNETT K P. Exploring the factors associated with Web site success in the context of electronic commerce[J]. Information & Management, 2000, 38(1): 23-33.

[31] LOEHNDORF B, DIAMANTOPOULOS A. Internal branding: Social identity and social exchange perspectives on turning employees into brand champions[J]. Journal of Service Research, 2014, 17(3): 310-325.

[32] LOU C, XIE Q. Something social, something entertaining? How digital content marketing augments consumer experience and brand loyalty[J]. International Journal of Advertising, 2021, 40(3): 376-402.

[33] MALTHOUSE E C, HAENLEIN M, SKIERA B, et al. Managing customer relationships in the social media era: Introducing the social CRM house[J]. Journal of Interactive Marketing, 2013, 27(4): 270-280.

[34] MARTICOTTE F, ARCAND M. Schadenfreude, attitude and the purchase intentions of a counterfeit luxury brand[J]. Journal of Business Research, 2017(77): 175-183.

[35] MCCROSKEY J C, MCCAIN T A. The measurement of interpersonal attraction[J]. Speech Monographs, 1974, 41(3): 261-266.

[36] MCCROSKEY L L, MCCROSKEY J C, RICHMOND V P. Analysis and improvement of the measurement of interpersonal attraction and homophily[J]. Communication Quarterly, 2006, 54(1): 1-31.

[37] MILES M. The employee brand: Is yours an all-star? [J]. Business Horizons, 2007, 50(5): 423-433.

[38] MILES S J, MANGOLD G. A conceptualization of the employee branding process[J]. Journal of Relationship Marketing, 2004, 3(2-3): 65-87.

[39] MITCHELL A A, OLSON J C. Are product attribute beliefs the only mediator of advertising effects on brand attitude? [J]. Journal of Marketing Research, 1981, 18(3): 318-332.

[40] MUELLER J, CHRISTANDL F. Content is king-But who is the king of

kings? The effect of content marketing, sponsored content & user-generated content on brand responses[J]. Computers in Human Behavior, 2019(96): 46-55.

[41] MUNTINGA D G, MOORMAN M, SMIT E G. Introducing COBRAs[J]. International Journal of Advertising, 2011, 30(1): 13-46.

[42] NAYEEM T, MURSHED F, DWIVEDI A. Brand experience and brand attitude: Examining a credibility-based mechanism[J]. Marketing Intelligence & Planning, 2019, 37(7): 821-836.

[43] OSEI-FRIMPONG K, MCLEAN G, ISLAM N, et al. What drives me there? The interplay of socio-psychological gratification and consumer values in social media brand engagement[J]. Journal of Business Research, 2022(146): 288-307.

[44] OSORIO M L, CENTENO E, CAMBRA-FIERRO J. A thematic exploration of human brands: literature review and agenda for future research[J]. Journal of Product & Brand Management, 2020, 29(6): 695-714.

[45] PARK C W, MACINNIS D J, PRIESTER J, et al. Brand attachment and brand attitude strength: Conceptual and empirical differentiation of two critical brand equity drivers[J]. Journal of Marketing, 2010, 74(6): 1-17.

[46] PARK H, LENNON S J. Beyond physical attractiveness[J]. Clothing and Textiles Research Journal, 2008, 26(4): 275-289.

[47] PARMENTIER M A. SPECIAL SESSION SUMMARY The Pitfalls of Fame: Insights from Human Brands[J]. Advances in consumer research, 2010, 37(5): 101-110.

[48] PENTINA I, GUILLOUX V, MICU A. Exploring social media engagement behaviors in the context of luxury brands[J]. Journal of Advertising, 2018, 47(1): 55-69.

[49] VORDERER P, KLIMMT C, RITTERFELD U. Enjoyment: At the heart of media entertainment[J]. Communication theory, 2004, 14(4): 388-408.

[50] RICHARD, SPEED, PATRICK, et al. Human branding in political marketing: Applying contemporary branding thought to political parties and their leaders[J]. Journal of Political Marketing, 2015, 14(1-2): 129-151.

[51] SALEEM F Z, HAWKINS M A. Employee-generated content: The role of perceived brand citizenship behavior and expertise on consumer behaviors[J].

Journal of Product and Brand Management, 2021, 30(6): 819-833.

[52] SCHEIDT S, GELHARD C, HENSELER J. Old practice, but young research field: A systematic bibliographic review of personal branding[J]. Frontiers in Psychology, 2020(11): 1809.

[53] SCHIVINSKI B, CHRISTODOULIDES G, DABROWSKI D. Measuring Consumers' engagement with brand-related social-media content development and validation of a scale that identifies levels of social-media engagement with brands [J]. Journal of Advertising Research, 2016, 56(1): 64-80.

[54] SHAWKY S, KUBACKI K, DIETRICH T, et al. A dynamic framework for managing customer engagement on social media[J]. Journal of Business Research, 2020(121): 567-577.

[55] SIRIANNI, NANCY J, BITNER, et al. Branded service encounters: Strategically aligning employee behavior with the brand positioning[J]. Journal of Marketing, 2013, 77(6): 108-123.

[56] THOMSON M. Human brands: Investigating antecedents to consumers' strong attachments to celebrities [J]. Journal of Marketing, 2006, 70(3): 104-119.

[57] TRUNFIO, MARIAPINA, ROSSI, et al. Conceptualising and measuring social media engagement: A systematic literature review[J]. Italian Journal of Marketing, 2021, 2021(3): 267-292.

[58] UNNAVA V, ARAVINDAKSHAN A. How does consumer engagement evolve when brands post across multiple social media? [J]. Journal of the Academy of Marketing Science, 2021, 49(5): 864-881.

[59] VAN DOORN J, LEMON K N, MITTAL V, et al. Customer engagement behavior: Theoretical foundations and research directions[J]. Journal of Service Research, 2010, 13(3): 253-266.

[60] WIERTZ C, DE RUYTER K. Beyond the call of duty: Why customers contribute to firm-hosted commercial online communities[J]. Organization Studies, 2007, 28(3): 347-376.

[61] YOON G, LI C, JI Y, et al. Attracting comments: Digital engagement metrics on Facebook and financial performance[J]. Journal of Advertising, 2018, 47(1): 24-37.

［62］ZHANG X, MA L, XU B, et al. How social media usage affects employees' job satisfaction and turnover intention: An empirical study in China[J]. Information & Management, 2019, 56(6): 103136.

［63］ZHAO Z, LIU Y, WANG J, et al. Association rules analysis between brand post characteristics and consumer engagement on social media[J]. Inzinerine Ekonomika-Engineering Economics, 2021, 32(4): 387-403.

［64］陈静宇, 王春国, 唐小飞. 新媒体传播对转发意愿及品牌态度的影响研究[J]. 科研管理, 2014, 35(6): 129-135.

［65］程思琪, 喻国明. 享乐感与幸福感: 跨文化传播中的"直通车"模式构建——基于李子柒短视频评论的分析[J]. 新闻大学, 2022, 193(5): 36-49.

［66］范明. 走出非理性批判: 论群体传播叙事的情感说服[J]. 现代传播(中国传媒大学学报), 2022, 44(4): 118-124.

［67］冯薇, 任华, 吴东英. 短视频时代怎样向世界讲好中国故事——李子柒在YouTube平台上的跨文化传播策略研究[J]. 传媒, 2022, 381(16): 65-68.

［68］高静美, 梁桐菲. 意义生成视角下90后员工工作社交媒体使用的态度和行为研究[J]. 中国软科学, 2020(3): 183-192.

［69］龚思羽, 盛光华, 岳蓓蓓. 品牌绿色形象定位对消费者品牌态度的影响机理——基于能力感知与温暖感知的中介作用[J]. 管理评论, 2022, 34(8): 157-167.

［70］胡兵, 冯采君. 认知视角下科普短视频传播效果的影响因素[J]. 科学学研究, 2023, 41(10): 1755-1764.

［71］金心怡, 王国燕. 抖音热门科普短视频的传播力探析[J]. 科普研究, 2021, 16(1): 15-23.

［72］兰德尔·柯林斯. 互动仪式链[M]. 北京: 商务印书馆, 2012.

［73］黎建新, 谢东杉, 何昊, 等. 员工品牌的价值: 从员工品牌依恋到公司品牌忠诚的转化[J]. 珞珈管理评论, 2020(4): 167-186.

［74］李菁. 抖音短视频传播中的互动仪式与情感动员[J]. 新闻与写作, 2019, 421(7): 86-89.

［75］李巨星, 胡韵波. 数字出版视域下科普短视频的发展困境与因应策略研究[J]. 出版科学, 2022, 30(4): 67-77.

[76] 李劭强. 媒体官微传播力的构建维度与实现路径[J]. 传媒, 2016(7): 47-50.

[77] 栗建. 后社交媒体营销时代: 员工能否为企业"带盐"[J]. IT 经理世界, 2016, 437, 438(Z3): 52-54.

[78] 刘凤军, 孟陆, 陈斯允. 网红直播对消费者购买意愿的影响及其机制研究[J]. 管理学报, 2020, 17(1): 94-104.

[79] 刘帅. 让"网红经济"红得更久[J]. 人民论坛, 2020(9): 50-51.

[80] 刘伟, 刘昱彤, 李纯青, 等. 刷屏的原理: 在线内容的病毒式分享机制[J]. 心理科学进展, 2020, 28(4): 638-649.

[81] 卢秀峰. 文艺人民性的内在要求: 内容、情感、审美的统一[J]. 人民论坛·学术前沿, 2022(Z1): 122-124.

[82] 吕浩, 肖群忠. 论娱乐的价值意蕴和伦理内涵[J]. 伦理学研究, 2016, 86(6): 111-114.

[83] 孟奇, 熊小洪. 试论品牌价值在娱乐营销中的提升[J]. 商场现代化, 2007, 508(19): 54.

[84] 乔睿. 5G 时代信息传播方式变革与信息生态风险对策[J]. 当代传播, 2021, 216(1): 102-104.

[85] 邱玮, 白长虹. 国外员工品牌化行为研究进展评介[J]. 外国经济与管理, 2012, 34(6): 49-56.

[86] 搜狐网. 2017 互联网时代品牌内容营销白皮书[R/OL]. [2017-05-12]. http://www.sohu.com/a/140045940_762564.

[87] 孙天旭. 内容营销对消费者购买意愿的影响研究[D]哈尔滨: 哈尔滨工业大学, 2016.

[88] 孙瑜, 杨雪. 基于扎根理论的员工劳动关系满意度研究[J]. 科学决策, 2023, 307(2): 129-141.

[89] 覃素香, 王鹏飞. 短视频内容营销对消费者购买意愿的影响分析——以服装测评类短视频为例[J]. 商业经济研究, 2022(17): 98-102.

[90] 陶晓波, 宋卓昭, 张欣瑞, 等. 网络负面口碑对消费者态度影响的实证研究——兼论企业的应对策略[J]. 管理评论, 2013, 25(3): 101-110.

[91] 王炳成, 李丰娟, 崔巍. 短视频生活场域还原对消费者购买意愿的影响[J]. 消费经济, 2022, 38(4): 74-83.

[92] 王晓维, 丁娜. 穿透力与说服力: 移动互联网时代企业品牌传播特质探析[J]. 传媒, 2022, 381(16): 83-85.

[93] 王兴元，刘泓辰. 网红粉丝热忱形成机制及对消费意愿的影响[J]. 企业经济，2017，36(2)：129-135.

[94] 温忠麟，叶宝娟. 中介效应分析：方法和模型发展[J]. 心理科学进展，2014，22(5)：731-745.

[95] 吴清津，梁于青，邹锐. 服务企业员工的品牌建设行为及其培养机制[J]. 中国人力资源开发，2013(11)：26-30.

[96] 谢思. 融媒体背景下短视频的传播特色与创新[J]. 编辑学刊，2022，204(4)：111-115.

[97] 阎菲. 互联网时代典型性大众文化机制探讨——以网络热点"抖音"为中心[J]. 艺术评论，2019，186(5)：22-26.

[98] 杨楠. 网红直播带货对消费者品牌态度影响机制研究[J]. 中央财经大学学报，2021，402(2)：118-128.

[99] 杨萍，李桂华，黄磊. 员工品牌契合的概念、结构与测量研究[J]. 管理学报，2020，17(1)：85-93.

[100] 曾一果. 短视频赋能文化传播的现状及策略研究[J]. 人民论坛，2021，722(31)：100-103.

[101] 张计成. 新媒体时代企业员工营销能力建设[J]. 上海管理科学，2011，33(6)：62-66.

[102] 张立刚，张九龙. 个性化视频情感内容分析：综述[J]. 计算机科学，2018，45(1)：24-28.

[103] 张蕊. 当代中国泛娱乐主义：实质、特征及应对[J]. 思想教育研究，2021，328(10)：106-112.

[104] 张文池，殷杰. 品牌商短视频营销、心流体验与顾客消费意向关系分析[J]. 商业经济研究，2023，863(4)：73-76.

[105] 中国互联网络信息中心. 第51次中国互联网络发展状况统计报告[R]. 北京：中国互联网络信息中心，2023.

[106] 周伟. 内容营销、顾客—品牌参与、品牌忠诚关系分析[J]. 商业经济研究，2020，798(11)：77-81.

[107] 周文辉，杨晋. 公益营销对消费者品牌态度的影响实证研究[C]// 第三届(2008)中国管理学年会——公共管理分会场论文集. 2008.

[108] 周懿瑾，陈嘉卉. 社会化媒体时代的内容营销：概念初探与研究展望[J]. 外国经济与管理，2013，35(6)：61-72.

5

基于AI的个性化推荐及其消费者反应研究

摘　要　在大数据、智能营销、移动互联网、云计算等时代背景下,语音智能推荐、人工智能产品及各在线推荐代理已经逐渐普及。尽管学术界对传统个性化推荐的研究已经取得一定成果,但由于人工智能在营销领域的应用历史较短,对新情境下个性化推荐与消费者关系的研究梳理十分必要。鉴于此,本文探讨了基于人工智能的个性化推荐内涵及其在消费者旅程中的作用,并重点综述了基于人工智能个性化推荐的消费者反应研究,最后在实践方面为营销者提出相应建议并在理论方面对未来研究方向进行了展望。

关键词　人工智能;个性化推荐;消费者反应;隐私关注;消费者旅程

5.1　引言

截至 2020 年年底,我国人工智能相关的企业数量已超过 6000 家,整体产业规模超过 3250 亿元。在人工智能、物联网(IoT)、移动互联网的现实背景下,个性化推荐已经从早期的简单规则推荐阶段发展到了基于大数据和人工智能的深度学习模型阶段。在电商行业,从 2012 年的 7.85 万亿元交易规模到 2020 年的 37.21 万亿元交易规模,各 App 平台内的"猜您喜欢""为您推荐"等横幅广告推荐针对消费者个人的偏好信息为其定制个性化内容,力求达到"知心"的效果;在互联网行业,字节跳动 2019 年在官网中表示,消费者无须在字节旗下任何 App 平台内确定自己感兴趣的主题或偏好,公司会使用大规模机器学习和深度学习算法,通过消费者在使用平台期间的各种行为(包括点击、滑动、暂停、评论、点赞等)了解其兴趣和偏好,并进行个性化推荐；爱奇艺 CEO 龚宇也在 2020 年财报分析师会议中表示，爱奇艺将通过持续的算法优化和技术创新，为消费者在海量视频中匹配到最合适的内容，并率先有针对性地推出"防剧透弹幕"设置，优化消费者的使用体验。

在学术界，对个性化推荐的研究经历了早期兴起于信息科学和计算机领域到近期聚焦于统计学和营销学领域的过程（孙鲁平等，2016），随着人工智能技术在营销领域的迅猛发展，如雨后春笋般涌现的学术成果零散分布在各学科领域。近年来，国内外研究者不仅致力于探索各种推荐算法的体系结构和优化方法（刘建国等，2009；王国霞、刘贺平，2012；Qin and Jiang，2019），也逐渐从消费者的角度出发研究个性化推荐的相关影响（Al-Natour et al.，2008；Li，2016；Torrico and Frank，2017）。然而，由于在人工智能技术下的个性化推荐（以下简称"基于 AI 的个性化推荐"）对消费者行为的影响具有相当不确定性（吕巍等，2020），对新技术背景下个性化推荐与消费者关系的研究梳理十分必要。

鉴于以上背景，本文首先从个性化推荐的定义和算法出发，清楚地体现基于 AI 的个性化推荐与传统个性化推荐的区别；其次，本文将重点梳理分析 AI 背景下的个性化推荐在消费者旅程中的作用和对消费者的影响，主要从其对消费者行为的积极影响和消极影响进行探讨；最后，本文总结了可能给营销者带来的实践启示，并指出了未来可能的研究方向。

5.2 基于 AI 的个性化推荐

5.2.1 AI 个性化推荐的定义

学界最早对"推荐系统"的定义是将其视为一名虚拟的销售人员，向消费者提供商品的建议和信息并协助其进行选品购买（Resnick and Varian，1997），虽然在之后的研究中此概念也被学者广泛运用，但随着研究重点和视角的多变，后期学者对个性化推荐的概念界定也有所区别。个性化推荐系统的发展速度与互联网的演进过程紧密相关，从早期具有的程序化特征到现在兼具自动化、交互性、智能性以及创造性等特征，个性化推荐的发展大致经过了基于简单规则推荐、基于近邻和矩阵分解的协同过滤模型推荐、基于人工特征的广义线性模型推荐以及基于深度推荐算法和大数据深度学习模型推荐四个阶段（Ghasemaghaei et al.，2019；刘强，2019）。

在计算机科学领域，个性化推荐的核心是推荐算法，本质是过滤信息（刘建国等，2009），目的在于从海量的信息中提取到所需的信息并对消费者进行精准投放，降低信息与消费者之间的不匹配程度，解决"信息超载"问题（秦冲等，2021）。Murthi 和 Sarkar（2003）将个性化推荐的过程分为学习、匹配和评估三个阶段，在学习阶段，推荐系统的主要作用是通过多渠道收集消费者信息，明确消费者的需求和偏好；在匹配阶段，推荐系统根据收集来的与消费者需求偏好有关的信息进行潜在广告或内容的匹配，并进行精准投放；在评估阶段，营销者通过个性化推荐后消费者行为的可量化指标（如点击率、购买率）来评估推荐的有效性并及时调整营销策略。在营销领域，学者对个性化推荐的界定会更加关注推荐系统与消费者之间的关系。Boerman 等（2017）将线上的个性化定义为一种定向行为广告（Online Behavioral Advertising），其工作的主要原理是收集、追踪消费者在互联网上的行为数据（包括浏览习惯、搜索查询、网站浏览历史、媒体消费数据、社交网络数据等）并进行偏好分析，对消费者进行个性化广告的精准投放。Li（2016）从消费者体验的角度出发将智能推荐的个性化分为实际的个性化和被感知的个性化，其中，实际的个性化是指推荐系统根据收集到的与有消费者相关的信息进行个性化定制和推送；而被感知的个性化是指当消费者感知到所推送的信息与自己偏好相符并且无不舒适感时，被推送的内容才是真正个性化的。

对比传统的个性化推荐和基于 AI 的个性化推荐，虽然其目标均是吸引消费者的注意力、增强其阅读能力和信息加工的动力，让消费者相信所推荐的内容是为其量身定做的（Baek and Morimoto，2012），但基于研究的视角不同和所应用的技术不同，其内涵差异化也值得关注（见表5-1）。基于 AI 的个性化推荐主要运用大数据算法、深度学习等技术，通过对异质特征交互、同质特征交互以及内容特征交互等非线性交互特点进行表达学习，并进行精准投放。相较于传统个性化推荐，基于 AI 的个性化推荐所参考的数据更丰富，处理数据的速度更快、更准确，机器本身具备自我修正和自主学习的能力，通过精准预测，聚焦于消费趋势的探索和发现（刘强，2019；Kietzmann et al.，2018；吕巍等，2020）。

表 5-1 个性化推荐的内涵

学者	性质	内涵界定
Resnick 和 Varian（1997）；Murthi 和 Sarkar（2003）	传统的个性化推荐	企业通过收集消费者的个人信息和行为数据，根据特定消费者的偏好和习惯，为其量身匹配推荐内容并进行投放
Kietzmann 等（2018）；吕巍等（2020）	基于 AI 的个性化推荐	企业利用推荐算法和人工智能的机器学习、自然语言处理等技术，挖掘构建消费者画像且预测消费者兴趣偏好，对其进行内容的精准投放并在深度学习的过程中不断调整投放方案

5.2.2 个性化推荐的算法和技术

（1）传统个性化推荐的算法和技术

传统个性化推荐的算法需要经过数据输入、算法运行、推荐列表输出的过程进行个性化推荐内容的展示和呈现（Herlocker et al.，2004；邢星，2013），其本质是过滤信息（刘建国等，2009），对于传统个性化推荐而言，常见的推荐算法可以分为基于内容的推荐算法（content-based filtering）、协同过滤推荐算法（collaborative filtering）、混合推荐算法（hybrid recommender systems）等。

基于内容的推荐算法是最早被提出的一种推荐算法，其简单、容易理解的特点使其在个性化推荐发展的早期被企业广泛运用。王国霞和刘贺平（2012）指出，基于内容的推荐算法主要通过对消费者已知偏好和兴趣点的分析，利用消费者模型把共性高、匹配度强的相关内容进行推送。然而，在很多情况下，消费者并不具备清楚表达自身偏好的能力，或者其对自己本身的偏好的界定就是模糊和未知的（Bettman et al.，1998），在这种情况下，基于内容的个性化推荐的能力较为有限。

协同过滤推荐算法是当下被企业最为广泛运用的推荐算法，其基本原理是根据与目标消费者有相似兴趣偏好的近邻偏好对目标消费者进行个性化推荐，细分为基于消费者的（user-based）协同过滤、基于项目的（item-based）协同过滤以及基于模型的（model-based）协同过滤。其中，基于消费者的协同过滤类似于朋友之间的"口碑推荐"，通过确定与目标消费者最近"邻居"的偏好来估计目标消费者对"邻居"偏好内容的评分，最后将最高评分的内容进行投放推荐（秦冲等，2021）；基于项目的协同过滤根据相关消费者对物品评价的相似度进行评分,将评分高的内容推荐给目标消费者;基于模型的协同过滤核心是建立消费者模型(王国霞、刘贺平,2012)。三种协同过滤方法适用于不同的场景和条件,参考标准的差异化对推荐有效性也有一定程度的影响。Gai 和 Klesse(2019)指出,基于消费者的协同过滤算法可以更清晰地表明消费者之间"口味"的匹配度,在提供相似产品的同时具有双重保障,相较于基于项目的协同过滤算法,其可以进一步增加消费者点击率;Lee 和 Hosanagar(2019)在基于项目的协同过滤的基础上进一步对比研究了基于消费者浏览记录(VBCF)的协同过滤与基于消费者购买记录(PBCF)的协同过滤二者之间的有效性,研究结果表明,两种协同过滤算法都会减少购物的多样性,基于消费者购买记录的协同算法的影响更大。

此外,还有混合算法、基于关联规则的算法以及基于知识的算法等多种技术被应用于个性化推荐(李韬奋等,2021),企业在不同场景的灵活运用为其增加了更多交叉销售和利润创造的机会。

(2)基于 AI 个性化推荐的算法和技术

作为对基础的传统个性化推荐的延伸,基于 AI 的个性化推荐以基于大数据的智能算法和深度学习算法能力成为推荐系统的核心。从 AI 内涵的理性视角出发,当 AI 可以正确解释一系列结构化数据和非结构化数据,以灵活的适应能力从数据中进行学习并完成特定目标或任务时,其系统是有效运作的(Kaplan and Haenlein,2019)。在 AI 技术的支持下,个性化推荐已不局限于传统的广告定制领域,其在虚拟助手、智能家居、内容定制等领域的应用将对消费者体验产生巨大影响(Hoyer et al.,2020;Chong and Choi,2020;Schuetzler et al.,2020)。

基于大数据的 AI 算法相较于传统算法而言,其特点更多地体现在对非结构化数据的处理能力上。在社交网络中,企业搜集到的用户行为信息绝大多数属于非结构化数据,包括图片、视频、音频等(Qin and Jiang,2019),基于大数据的 AI 算法可以将这些原本难以建模的非结构化内容通过预处理、自然语言处理等手段转换为可分析的内容,其快速、高效的特点可以有效保证消费者偏好预测的精准度。

深度学习算法是一种以牺牲透明度和可解释性为代价的提高预测精准度的机器学习算法,因其具备强大的非线性交互表达学习能力,故被重点应用于开发预测、高维输入、语音识别、图像识别、自然语言处理等领域(Rai,2020)。在当今的社交网络环境中,消费者的偏好往往可以从其在线行为(如点赞、加关注、转发、评论、取消收藏等）中分析得出，超宽深的大规模深度学习模型可以处理输入与输出之间高度非线性的复杂关系，通过对异质特征交互、同质特征交互以及内容特征交互等非线性交互特点进行表达学习，在不同场景下精准进行预测推荐，其在个性化推荐系统中的应用可以分为基于深度学习的社交网络推荐系统和基于深度学习的上下文感知推荐系统（秦冲等，2021）。

综合来看，传统个性化推荐与基于AI的个性化推荐的区别主要体现在以下几点：①传统的个性化推荐主要应用线性化程度较高的算法模型，其数据来源较为匮乏；而基于AI的个性化推荐凭借深度学习算法和大数据算法模型，使得推荐效果更准确、内容更丰富。②传统个性化推荐主要依赖于对消费者已有偏好和行为进行分析，缺乏对其需求的挖掘；而基于AI的个性化推荐致力于预测、构建消费者偏好，可以在推荐过程中产生"出其不意"的效果。③传统的个性化推荐主要关注算法本身，对其效果的评价也比较单一；而基于AI的个性化推荐会兼顾算法和消费者体验，其评价指标更多元化。图5-1呈现了传统个性化推荐与基于AI的个性化推荐之间的联系与区别。

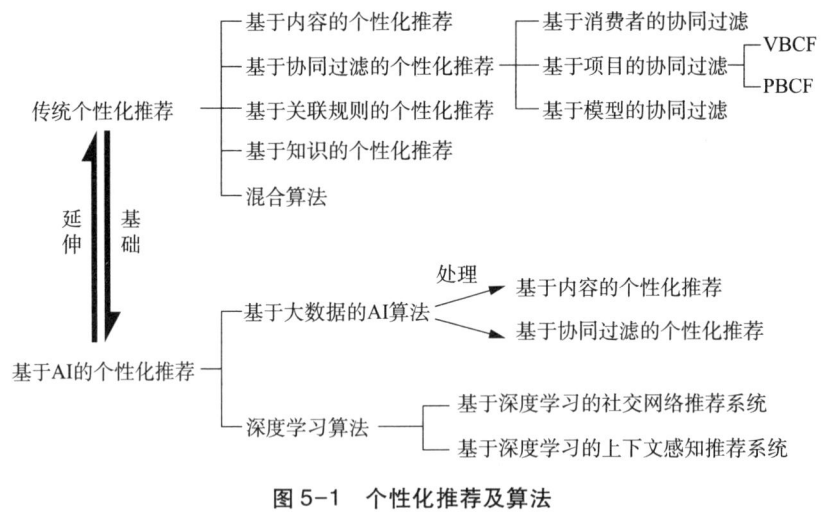

图5-1 个性化推荐及算法

5.3 基于AI的个性化推荐与消费者旅程

随着营销4.0时代的到来，提高消费者体验和价值已经成为企业营销的重点方向。社交网络中互动场景的多样化导致消费者在不同设备、平台、渠道的冲浪中都会留下自己的信息和足迹（Court et al., 2009），尽管每次足迹都可以被记录下来，但营销触点的分散化和数据量的扩张对有效数据的筛取和偏好预测提出了更高的要求；同时，并非所有消费者都按照相同的顺序完成消费者旅程，借助 AI 个性化推荐系统，企业可以在消费者旅程的每个阶段进行产品精准投放和交叉营销。

Hoyer 等（2020）指出，消费者旅程是消费者体验的重要维度之一，在交易前（包括搜索）、交易过程、交易后的每个阶段，企业会通过消费者的各触点与其互动接触。Puntoni 等（2021）以消费者旅程的每个阶段为依据，将人工智能体验分为人工智能数据赋能体验（data capture）、人工智能个性化预测体验（classification）、人工智能委托体验（delegation）和社交合作体验（social）。Hoyer 等（2020）分别探讨了物联网、AR/VR/MR 和虚拟助理/聊天机器人/机器人在消费者旅程中将如何为其带来全新的体验。本文将消费者旅程阶段划分为决策阶段、购买阶段和评估阶段，企业需针对每阶段消费者的不同心理进行个性化推荐和服务以提升消费者体验。

5.3.1 决策阶段

基于 AI 的个性化推荐在消费者旅程的决策阶段有非常重要的作用，很多学者主要以消费者旅程的决策阶段为情景，探索个性化推荐对消费者感知和行为的影响（孙鲁平等，2016）。在此阶段，基于 AI 的个性化推荐主要以推荐算法和深度学习算法为消费者起到推荐、选择和定制的作用（Hoyer et al., 2020），根据消费者的基础特征、关系特征、环境特征、浏览的内容特征以及上下文特征确定用户画像，通过关系召回、协同召回等原理确定相关推荐内容，最后根据预测消费者偏好的结果进行排序推荐，以最短时间和最高效率从海量级内容中筛选有用信息并进行精准投放（Qin and Jiang, 2019）。

根据消费者行为相关理论，Roberts 和 Lattin（1991）将决策简化为"浏览—考虑"两个阶段进行区别化研究。在浏览阶段，个性化推荐对消费者的信息搜寻过程、产品偏好、价格敏感度有显著影响（孙鲁平等，2016）。Kietzmann 等（2018）将决策阶段细分为需求认知、初始考虑和主动评估三个过程，在需求认知阶段，AI 算法可以在几秒内处理数十亿的数据量，通过跨平台整合消费者的网络足迹（如浏览行为、加购行为、付款方式等），学习了解其偏好并推荐反映其兴趣点的产品，帮助消费者"找到"偏好，降低搜索成本；在初始考虑阶段，消费者基本确定其偏好和欲购的类别时，企业会通过 AI 系统将自己的品牌加入消费者考虑的集合（Batra and Keller，2016），供其选择的同时增加品牌知名度；在主动评估阶段，个性化推荐系统的主要目的是增强消费者的信任，激发其购买意愿，确保推荐的有效转换。

5.3.2 购买阶段

购买阶段也称消费者决策的考虑阶段（Roberts and Lattin，1991），面临不同序列的推荐列表，消费者要确定最终购买的产品和需要支付的价格。企业利用 AI 技术可以针对消费者画像进行最优促销和动态定价（Kietzmann et al.，2018；Hoyer et al.，2020，林子筠等，2021），此外，以多样化的方式强调品牌价值、售后保障以及物流便利性也可以有效地提高企业的竞争力，降低客户流失率。

5.3.3 评估阶段

评估阶段是企业提高消费者忠诚度的重要阶段。在购买产品后，消费者会针对产品和企业的服务进行满意度评估，其评估结果影响未来是否会再次回购、是否会进行口碑推荐等。AI 技术可以以个性化的售后方式保障消费者旅程的闭环有效性（Kietzmann et al.，2018）。其中，自然语言处理和机器学习可以识别消费者在与智能客服对话时的意图和需求，对话风格也可以根据消费者偏好进行定制化服务，以提高其满意度。Schuetzler 等（2020）研究智能聊天助手（CA）的会话技能对消费者感知拟人化的影响并发现，智能聊天助手更多样化的聊天风格和反应会使其更像人类。有趣的是，当智能聊天助手的聊天风格更像朋友时，消费者会感到更加亲切（Chong and Choi，2020）；但当社交网络出现对品牌的负面风评时，这种对话风格更显随意，进而降低消费者的购买意愿，增加风险感知（Barcelos et al.，2018）。

5.4 基于 AI 的个性化推荐与消费者反应

基于 AI 的个性化推荐会在传统个性化推荐的基础上进一步深挖消费者的特征和偏好可能性，面对个性化和隐私关注的两难情况，消费者会产生"在亲密和自主感知之间的不平衡"的矛盾感（Awad and Krishnan，2006；Xu et al., 2011), 具体的相关反应取决于推荐系统的智能程度和信息（产品）的潜在利益（Doorn and Hoekstra, 2013）。在个性化推荐对消费者行为的影响研究中，很多学者纳入了消费者感知层面的变量。企业在利用算法和 AI 进行个性化推荐时，消费者感知的表现主要体现在消费者旅程的决策阶段和购买阶段，具体而言，分为积极反应和消极反应，并会进一步影响消费者的行为和反应，如图 5-2 所示。

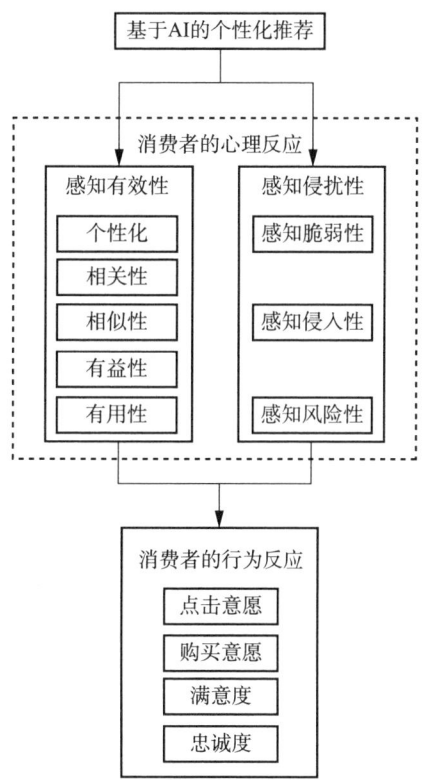

图 5-2 基于 AI 的个性化推荐与消费者反应框架

5.4.1 积极反应

基于 AI 的个性化推荐使得消费者可以有效获得与个人偏好相匹配的产品内容，不仅可以降低搜索成本，减少搜索的需要，也可以避免持续选择带来的认知和审美的疲劳（Okazaki et al., 2009；André et al., 2018），进而对消费者感知和行为产生积极影响。已有研究发现，消费者对个性化推荐的个性化评价主要集中于感知个性化推荐的个性化、相关性、相似性、有益性、有用性、易用性等特征（孙鲁平等，2016；Torrico and Frank，2017；Al-Natour et al.，2008），这些感知到的特征对提高消费者购买意愿、忠诚度、满意度等有积极影响。

(1) 感知个性化

感知个性化是指消费者感受到智能推荐为自己量身定做的程度，个性化感知程度越高，意味着消费者获得的有价值的资源越多，这在一定程度上让消费者觉得自己是"被了解""被特殊对待的"（Kabadayi et al.，2019）。Li(2016)通过三项实验证明了在评估个性化推荐效果时，被感知的个性化相较于通用流程的个性化而言更加有效；随后，Henkens等（2021）通过一项探索性研究开发和评估了AI服务系统的智能性水平，并指出AI服务系统的个性化具体体现在其系统的智能感知性、连通性、能动性和动态性上；同时，他们以一项情境性实验对730位参与者进行问卷调查和结构方程模型分析，结果显示，与AI个性化产品和AI个性化服务商的交互均可以有效提高消费者的参与度，进而有助于提升其幸福感并降低技术焦虑。类似地，吕巍等（2020）通过区分高低敏感度消费场景，研究AI背景下消费者感知个性化程度对点击意愿的影响机制并指出，当消费者处于高敏感情境下，高个性化推荐反而会降低点击意愿，感知利益起到重要中介作用。

(2) 感知相关性

感知相关性是指在何种程度上，消费者认为个性化的广告是与自己有关的。通过与Pollster研究公司合作，Zhu和Chang（2016）按性别对消费者投放相应偏好的广告，并对386名用户进行线上调研和结构方程模型分析，实验结果表明，个性化广告的相关性感知可以有效减轻消费者的隐私担忧并增强对平台的持续使用意图。同时，在"信息过载"的处境下，个性化推荐的相关性可以有效减少认知负荷，提高搜索效率，节省时间和精力，消费者不仅可以体验到更好的偏好匹配，还可以享受到更优质的产品和服务，这对点击意愿、品牌忠诚也有正面影响（Ansari and Mela，2003；Vesanen，2007；Keyzer et al.，2015）。

(3) 感知相似性

感知相似性是指消费者所感受到的个性化推荐系统与自己相似的程度。Al-Natour等（2008）发现，当消费者认为个性化推荐系统的决策过程与自己的决策过程相似时，这种感觉对个性化推荐的信任度有显著正向影响。在AI背景下，尤其是在物联网、机器智能情境下的个性化推荐过程中，消费者会根据自己的特征来评价个性化推荐系统与自己的"相似性""拟人化"程度，从而判断 AI 个性化推荐的好坏。已有的部分研究表明，以朋友的角色出现，具备同理心、忠诚度等良好的具有"类人化"品质的 AI 虚拟形象（如购物推荐助理、智能客服等）可以激发消费者的亲近欲，提高使用意愿（Konok et al.，2018；张雁冰，2019；Chong and Choi，2020）。

（4）感知有益性

感知有益性是指消费者在购物过程中感受到的收益的程度（Dan et al.，2008）。根据社会交换理论和收购—交易效用理论，在更好的服务、更大力度的补偿和折扣面前，当消费者衡量之后所感知到的利益大于风险时，个性化推荐会有效增加其购买意愿（Culnan and Bies，2003）。Davenport 等（2020）表示，AI 在个性化推荐、产品促销、智能定价等方面的应用可以有效降低消费者的搜索成本，给其带来许多潜在收益，不仅可以促进消费者对推荐内容产生正向反馈，还能为公司带来更多收益，许多学者在研究过程中得出相似结论（刘新民等，2017；李宝库、郭婷婷，2018；吕巍等，2020）。

（5）感知有用性

感知有用性是指消费者认为个性化推荐的信息的有用程度。根据信息技术采纳模型（TAM），感知有用性被认为是使用信息系统行为意图的两个关键因素之一（Davis et al.，1989）。Bleier 和 Eisenbeiss（2015）强调了感知有用性在个性化推荐里的重要意义，当消费者感知到所推荐的内容对自己购买的偏好或目标有借鉴作用时，消费者的点击意愿会显著提升。他们还对比了横幅广告个性化深度和广度对消费者兴趣偏好和隐私关注的影响，结果显示，提高消费者对企业的信任可以进一步提高个性化推荐的有效性。李韬奋等（2021）对体验型产品个性化推荐结构进行量表开发，他们指出，用户对体验型产品个性化推荐的感知会更为敏感，感知有用性可以从心理层面影响消费者的购买行为。

综上，本文将消费者在体验 AI 个性化推荐过程中所感知到的利好的特性统称为感知个性化推荐的有效性。许多学者将契合度、关注度或消费者感知层面的变量作为中介变量纳入个性化推荐对消费者影响的研究之中。基于 S-O-R 理论，内外部环境的刺激会使个体产生一种机体反应从而在行为上表现出趋近或回避的状态（Mehrabian and Russell，1974），个性化推荐对消费者行为和反应的正向作用还表现为消费者忠诚度、满意度、关注度以及品牌态度的提高（Ansari and Mela，2003；Liang et al.，2006；Keyzer et al.，2015）。

5.4.2 消极反应

伴随推荐个性化而来的最重要的问题是用户的信息隐私泄露。信息隐私是指个体对自己信息在何时、何种方式、多大程度上被扩散给他人的控制力（Smith et al.，1996）。根据感知行为控制理论，当消费者认为自己选择的结果受到各种外界因素的限制时，其感知到的控制程度会下降，从而产生负面反应，如给出负面的服务评价（Fishbein and Ajzen，2010；Jörling et al.，2019）。由于用户会在不同时间、不同平台，以不同方式（线上/线下）留下自己的信息或表现出对产品或信息的偏好，智能系统会保持"零休息"地获取用户的年龄、性别等个体特征，在 cookies、Brows History 中的浏览足迹，以及用户的搜索历史记录、搜索关键词、位置信息等关键信息（Boerman et al.，2017），并以其强大的算法计算用户对信息内容的偏好进行个性化推送。尽管消费者可以受益于个性化推荐为自己带来的便利，但这背后对个人隐私和数据的"窃取"的消极感知会进一步影响行为和反应，如感知脆弱性、感知侵入性、感知风险性等。

（1）感知脆弱性

感知脆弱性是指消费者在个性化推荐过程中产生的被剥夺感。根据心理所有权理论，当个性化推荐以隐蔽的信息搜集方式进行精准营销，所推荐的内容与消费者偏好过度相似，或个性化系统的服务与消费者之间过度亲密时，会引起消费者的不适，产生感知脆弱或隐私担忧（Tucker，2012；Aguirre et al.，2015）。美国塔吉特公司（Target）通过一项对孕婴产品针对性促销的实验发现，即使是孕婴消费者有对孕婴产品的购买需求，当她们看到购物界面中有"上周买过的东西"的推荐时也十分反感，AI 个性化算法推荐超出了消费者想让其了解的偏好范围，这对于特殊职业或注重个体隐私的群体而言很不友好。类似地，Aguirre 等（2015）设计了三个探索性实验，研究消费者在感知个性化和感知脆弱性之间的矛盾心理。实验结果表明，当公司以非公开的形式利用消费者的个人数据来推送个性化广告时，消费者会感受到脆弱性并减少点击浏览次数。

（2）感知侵入性

感知侵入性是指消费者面对个性化推荐获取个人信息时的无助、愤怒、和心理抗拒。无助感主要表现为消费者感觉自己是被剥夺的（尤其是特殊职业的消费者，人工智能技术由于缺乏应有的透明度而让他们感觉自己被利用）；愤怒感体现为消费者认为这种对自己隐私的窥探像偷窥，缺乏道德；心理抗拒主要体现为消费者认为这种技术会让自己失去对自己信息的所有权从而产生不信任感（Puntoni et al.，2021）。Doorn 和 Hoekstra（2013）借鉴 Mooradian（1996）和 Edwards 等（2002）研究量表中的 10 个条目，从感知侵入性的视角研究了定制广告中面临感知个性化和感知侵入感时消费者的权衡。研究表示，高程度的个性化会激发消费者更高的购买意愿，但更高程度的个性化也会带来更高的感知侵入感，从而对消费者的购买意愿产生负面影响，个性化广告的积极作用也会因此被削弱。

（3）感知风险性

感知风险性是指消费者在面对个性化推荐获取个人信息时感受到的隐私泄露程度、给自己带来的风险隐患。Miyazaki 和 Anthony（2008）对隐蔽信息收集技术进行研究并指出，当消费者意识到网站在追踪自己的 cookie 数据但在隐私声明中没有事先披露时，他们会感知到较高的风险，并对该网站表现出较低的行为意图。

综上，本文将消费者在体验 AI 个性化推荐过程中的不适感统称为感知个性化推荐的侵入性，其也会对消费者的行为和反应造成消极影响。除了对隐私的关注，消费者也会因为不理解 AI 的运行准则而产生"算法厌恶"（Yeomans et al.，2017）。Puntoni 等（2021）表示，消费者在"算法厌恶"的心理状态下会觉得自己被利用，主要原因在于消费者不知道自己的个人信息会被如何使用，加之 AI 本身的问责制度不够完善、透明度缺失，从而可能会使消费者出现抗拒、抵制的心理。

5.5　结论

AI 系统处理的数据越多，它就会通过"学习"变得越来越"聪明"，从而对消费者偏好的预测就会更精准、更深入。通过系统研究个性化推荐领域的国内外文献，本文从 AI 个性化推荐的内涵和技术出发，重点梳理评述了其在消费者旅程中的作用以及对消费者的影响，以期为企业提供相应实践启示，并为市场营销领域和人工智能领域学者的进一步研究奠定基础。

5.5.1　实践启示

在使用具备个性化推荐的社交平台时，消费者在享受便利化的同时也会感觉"细思极恐"。面对这种矛盾的情况,企业应该以消费者所感知的个性化程度为评估标准,在制定营销策略时有的放矢。

首先,企业在制定个性化推荐战略时要把握个性化和非个性化之间的平衡。根据恐怖谷定理,过高契合度的个性化广告或服务会引发消费者的隐私担忧,甚至会使其产生消极情绪;另外,当消费者的购物经验、对产品的知识水平越高时,他们对个性化推荐的需求就越低(Yoon et al.,2013;Gai and Klesse,2019)。所以企业可以根据不同消费者的特征或情景敏感度适度调整个性化的"个性"程度,保持适当的滞后性和非个性,避免在过于敏感的消费场景中推荐过于精准或涉及隐私的内容,引起消费者的不适。

其次,消费者对个性化推荐的侵扰性感知一方面缘于消费者并不知道自己的信息会被泄露到何处、会以怎样的方式被企业加工利用;另一方面缘于越来越多的企业强迫消费者提供个人信息。根据中国消费者协会在2020年公布的统计报告,我国市场上超过90%的App存在过度收集消费者信息的嫌疑,"不授权就退出"的"霸王条款"被应用在越来越多的社交平台内,对消费者位置、媒体内容、文件等个人信息的强制授权是企业需要重点关注改进之处。企业可以通过依托可信的网站进行广告推广、对可能采集消费者隐私信息的页面进行提醒、保持对消费者信息追踪的透明性、以容易理解的方式告知消费者AI的算法逻辑等方法,建立与消费者之间的信任,降低其隐私担忧(Aguirre et al.,2015;Rai,2020)。

最后,根据隐私计算理论,消费者会权衡风险和利益,从而决定是否采取行动(Culnan and Armstrong,1999),当消费者感知到的推荐服务质量可以抵消消费者对风险的担忧,他们会更加接受个性化推荐,甚至愿意溢价支付此类服务(Li and Unger,2012)。企业应该时刻保持初心,不断优化产品质量和提高服务质量,关注消费者旅程的每个阶段,以最优质的服务和售后保障来提高消费者忠诚。

5.5.2 未来研究展望

目前,我国对AI的运用和相关研究仍处于基础阶段,对AI个性化推荐的研究较少,从消费者角度探索AI个性化推荐影响作用的成果相对匮乏。通过对国内外相关前沿文献的系统梳理,未来在基于AI个性化推荐的研究过程中可以重点讨论以下问题:

消费者的心理状态是矛盾的,他们一边担心隐私问题,一边提供自己的个人信息以享受 AI 个性化推荐的便利。所以，对于消费者而言，他们究竟需要怎样的一种 AI 个性化推荐？什么样的 AI 个性化推荐对其体验感而言是理想的？这是目前学术界和企业应该共同关注的重点。同时，以往对"AI 个性化推荐的智能水平"的探讨主要集中在实践领域，依靠客观指标进行评估，未来的研究可以从消费者感知角度对智能推荐体验进行定义和测量。其次，未来的研究中可以进一步考虑 AI 在个性化推荐中的拟人化特性。随着 AI 从简单的分析到具备同理心，其在个性化服务过程中对消费者心理感知和行为反应的影响仍是需要被关注的重点；另外，学者需要持续关注 AI 在个性化推荐过程中消费者的隐私关注问题，多视角、多场景地探索"隐私悖论"的边界条件和解决方法。最后，从算法研究的角度，对如何进一步优化 AI 算法的预测准确性、透明性和可解释性的基础性研究可以为企业的个性化营销提供更好的技术支持。

参考文献

［1］AGUIRRE E，MAHR D，GREWAL D，et al. Unraveling the personalization paradox：The effect of information collection and trust-building strategies on online advertisement effectiveness[J]. Journal of Retailing，2015，91(1)：34-49.

［2］AL-NATOUR S，BENBASAT I，CENFETELLI R T. The effects of process and outcome similarity on users' evaluations of decision aids [J]. Decision Sciences，2008，39(2)：175-211.

［3］ANDRÉ Q，CARMON Z，WERTENBROCH K，et al. Consumer choice and autonomy in the age of artificial intelligence and big data[J]. Customer Needs and Solutions，2018，5 (1-2)：28-37.

［4］ANSARI A，MELA C F. E-customization[J]. Journal of Marketing Research，2003，40(2)：131-145.

［5］AWAD N F，KRISHNAN M S. The personalization privacy paradox：An empirical evaluation of information transparency and the willingness to be profiled online for personalization[J]. MIS Quarterly，2006，30(1)：13-28.

［6］BAEK T H，MORIMOTO M. Stay away from me[J]. Journal of Advertising，2012，41(1)：59-76.

［7］BARCELOS R H，DANTAS D C，SENECAL S. Watch your tone：How a

brand's tone of voice on social media influences consumer responses[J]. Journal of Interactive Marketing, 2018, 41(1): 60-80.

[8] BATRA R, KELLER K L. Integrating marketing communications: New findings, new lessons, and new ideas[J]. Journal of Marketing, 2016(80): 122-145.

[9] BETTMAN J R, LUCE M F, PAYNE J W. Constructive consumer choice processes[J]. Journal of consumer research, 1998, 25(3): 187-217.

[10] BLEIER A, EISENBEISS M. The importance of trust for personalized online advertising[J]. Journal of Retailing, 2015, 91(3): 390-409.

[11] BOERMAN S C, KRUIKEMEIER S, BORGESIUS F J Z. Online behavioral advertising: A literature review and research agenda[J]. Journal of Advertising, 2017, 46(2): 1-14.

[12] CHONG E R, CHOI J. Effects of personalization and social role in voice shopping: An experimental study on product recommendation by a conversational voice agent[J]. Computers in Human Behavior, 2020(109): 106359.

[13] COURT D, ELZINGA D, MULDER S, et al. The consumer decision journey[J]. McKinsey Quarterly, 2009, 3(3): 96-107.

[14] CULNAN M J, ARMSTRONG P K. Information privacy concerns, procedural fairness, and impersonal trust: An empirical investigation[J]. Organization Science, 1999, 10(1): 104-115.

[15] CULNAN M J, BIES R J. Consumer privacy: Balancing economic and justice considerations[J]. Journal of Social Issues, 2003, 59(2): 323-342.

[16] DAN J K, FERRIN D L, RAO H R. A trust-based consumer decision-making model in electronic commerce: The role of trust, perceived risk, and their antecedents[J]. Decision Support Systems, 2008, 44(2): 544-564.

[17] DAVENPORT T, GUHA A, GREWAL D, et al. How artificial intelligence will change the future of marketing[J]. Journal of the Academy of Marketing Science, 2020(48): 24-42.

[18] DAVIS F D, BAGOZZI R P, WARSHAW P R. User acceptance of computer technology: A comparison of two theoretical models[J]. Management Science, 1989, 35(8): 982-1003.

[19] DE KEYZER F, DENS N, DE PELSMACKER P. Is this for me? How consumers respond to personalized advertising on social network sites[J]. Journal of

Interactive Advertising, 2015, 15(2): 124-134.

[20] DOORN J V, HOEKSTRA J C. Customization of online advertising: The role of intrusiveness [J]. Marketing Letters, 2013, 24(4): 339-351.

[21] FISHBEIN M, AJZEN I. Predicting and changing behavior: The reasoned action approach[M]. NY: Taylor & Francis Group, 2010.

[22] GAI P J, KLESSE A K. Making recommendations more effective through framings: Impacts of user-versus item-based framings on recommendation click-throughs [J]. Journal of Marketing, 2019, 83(6): 61-75.

[23] GHASEMAGHAEI M, HASSANEIN K, BENBASAT I. Assessing the design choices for online recommendation agents for older adults: Older does not always mean simpler information technology [J]. MIS Quarterly, 2019, 43(1): 329-346.

[24] HENKENS B, VERLEYE K, LARIVIÈRE B. The smarter, the better?! Customer well-being, engagement, and perceptions in smart service systems[J]. International Journal of Research in Marketing, 2021, 38(2): 425-447.

[25] HERBAS TORRICO B, FRANK B. Consumer desire for personalisation of products and services: Cultural antecedents and consequences for customer evaluations [J]. Total Quality Management and Business Excellence, 2017, 30(3-4): 355-369.

[26] HERLOCKER J L, KONSTAN J A, TERVEEN L G, et al. Evaluating collaborative filtering recommender systems [J]. ACM Transactions on Information Systems, 2004, 22(1): 5-53.

[27] HOYER W D, KROSCHKE M, SCHMITT B, et al. Transforming the customer experience through new technologies [J]. Journal of Interactive Marketing, 2020, 51(1): 57-71.

[28] JÖRLING M, BöHM R, PALUCH S. Service robots: Drivers of perceived responsibility for service outcomes[J]. Journal of Service Research, 2019, 22(4): 404-420.

[29] KABADAYI S, ALI F, CHOI H, et al. Smart service experience in hospitality and tourism services: A conceptualization and future research agenda [J]. Journal of Service Management, 2019, 30(3): 326-348.

[30] KAPLAN A, HAENLEIN M. Siri, Siri, in my hand: Who's the fairest in the land? On the interpretations, illustrations, and implications of artificial intel-

ligence [J]. Business Horizons, 2019, 62(1): 15-25.

[31] KIETZMANN J, PASCHEN J, TREEN E. Artificial intelligence in advertising: How marketers can leverage artificial intelligence along the consumer journey [J]. Journal of Advertising Research, 2018, 58(3): 263-267.

[32] KONOK V, KORCSOK B, MIKLóSI Á, et al. Should we love robots? The most liked qualities of companion dogs and how they can be implemented in social robots [J]. Computers in Human Behavior, 2018(80): 132-142.

[33] LEE D, HOSANAGAR K. How do recommender systems affect sales diversity? A cross-category investigation via randomized field experiment [J]. Information Systems Research, 2019, 30(1): 239-259.

[34] LEE T F, YANG S L, ZHU M W. An empirical study on the structural dimension of personalized recommendation of experiential products-book products as an example [J]. Soft Science, 2021, 45(3): 1-9.

[35] LIANG T P, LAI H J, KU Y C. Personalized content recommendation and user satisfaction: The oretical synthesis and empirical findings [J]. Journal of Management Information Systems, 2006, 23(3): 45-70.

[36] LI B K, GUO T T. User's adoption intention of mobile personalized recommendation based on theories of perceived value and privacy concern [J]. China Business and Market, 2018, 32(4): 120-126.

[37] LI C. When does web-based personalization really work? The distinction between actual personalization and perceived personalization [J]. Computers in Human Behavior, 2016, 54(1): 25-33.

[38] LIN Z Y, WU Q L, CAI F Y. A review of artificial intelligence research in marketing [J]. Fore Econ Manag, 2021, 43(3): 89-106.

[39] LI T, UNGER T. Willing to pay for quality personalization? Trade-off between quality and privacy [J]. European Journal of Information Systems, 2012, 21(6): 621-642.

[40] LIU J G, ZHOU T, GUO Q, et al. A review of personalized recommendation system evaluation methods [J]. Complex Systems and Complexity Science, 2009, 6(3): 1-10.

[41] LIU X M, XIAO-HUI F U, WANG S. Research on the influence of perceived value of personalized recommendation system on user acceptance: Based on the adjustment of psychological capital [J]. Technology and Innovation

Management, 2017, 38(4): 403-411.

[42] MEHRABIAN A, RUSSELL J A. An approach to environmental psychology [J]. MIT, 1974, 3(5): 34-46.

[43] MIYAZAKI, ANTHONY D. Online privacy and the disclosure of cookie use: Effects on consumer trust and anticipated patronage [J]. Journal of Public Policy & Marketing, 2008, 27(1): 19-33.

[44] Mooradian T A. Personality and ad-evoked feelings: The case for extraversion and neuroticism[J]. Journal of the Academy of Marketing Science, 1996, 24(2): 99-109.

[45] MURTHI B P S, SARKAR S. The role of the management sciences in research on personalization[J]. Management Science, 2003, 49(10): 1344-1362.

[46] OKAZAKI S, LI H, HIROSE M. Consumer privacy concerns and preference for degree of regulatory control [J]. Journal of Advertising, 2009, 38(4): 63-77.

[47] PUNTONI S, RECZEK R W, GIESLER M, et al. Consumers and artificial intelligence: An experiential perspective[J]. Journal of Marketing, 2021, 85(1): 131-151.

[48] QIN C, ZHAO T Z, LIU Y. An overview of personalized recommendation algorithms [J]. Journal of Dongguan University of Technology, 2021, 28(3): 51-60.

[49] QIN X, JIANG Z. The impact of AI on the advertising process: The Chinese experience[J]. Journal of Advertising, 2019, 48(4): 338-346.

[50] RAI A. Explainable AI: From black box to glass box [J]. Journal of the Academy of Marketing Science, 2020, 48(3): 137-141.

[51] RESNICK P, VARIAN H R. Recommender systems[J]. Communications of the ACM, 1997, 40(3): 56-58.

[52] ROBERTS J H, LATTIN J M. Development and testing of a model of consideration set composition [J]. Journal of Marketing Research, 1991, 28(4): 429-440.

[53] SCHUETZLER R M, GRIMES G M, SCOTT GIBONEY J. The impact of chatbot conversational skill on engagement and perceived humanness [J]. Journal of Management Information Systems, 2020, 37(3): 875-900.

[54] SMITH H J, MILBERG S J, BURKE S J. Information privacy: Measuring

individuals' concerns about organizational practices [J]. MIS Quarterly, 1996, 20 (2): 167-196.

[55] SUN L P, ZHANG L J, WANG P. A review of personalized recommendation research on the internet [J]. Fore Econ Manag, 2016, 38(6): 82-99.

[56] TUCKER C E. The economics of advertising and privacy [J]. International Journal of Industrial Organization, 2012, 30(3): 326-329.

[57] VESANEN JARI. What is personalization? A conceptual framework [J]. European Journal of Marketing, 2007, 41(5): 409-418.

[58] WANG G X, LIU H P. A review of personalized recommendation systems [J]. Comput Eng Appl, 2012(7): 66-76.

[59] WEI L, YANG Y, ZHANG Y B. The impact of consumers' perception of individuation on their click intention under AI personalized recommendation [J]. Journal of Management Science, 2020, 33(5): 44-57.

[60] XU H, LUO X R, CARROLL J M, et al. The personalization privacy paradox: An exploratory study of decision making process for location-aware marketing [J]. Decision Support Systems, 2011, 51(1): 42-52.

[61] YEOMANS M, SHAH A, MULLAINATHAN S, et al. Making sense of recommendations [J]. Journal of Behavioral Decision Making, 2019, 32 (4): 403-414.

[62] YOON V Y, HOSTLER R E, GUO Z, et al. Assessing the moderating effect of consumer product knowledge and online shopping experience on using recommendation agents for customer loyalty [J]. Decision Support Systems, 2013, 55(4): 883-893.

[63] ZHU Y Q, CHANG J H. The key role of relevance in personalized advertisement: Examining its impact on perceptions of privacy invasion, self-awareness, and continuous use intentions [J]. Computers in Human Behavior, 2016, 65(3): 442-447.

[64] 李宝库, 郭婷婷. 基于感知价值和隐私关注的用户移动个性化推荐采纳[J]. 中国流通经济, 2018, 32(4): 120-126.

[65] 李韬奋, 杨水利, 祝明伟. 体验型产品个性化推荐的结构维度实证研究——以图书产品为例[J]. 软科学, 2021, 35(6): 139-144.

[66] 林子筠, 吴琼琳, 才凤艳. 营销领域人工智能研究综述[J]. 外国经济与管理, 2021, 43(3): 89-106.

[67] 刘建国，周涛，汪秉宏. 个性化推荐系统的研究进展[J]. 自然科学进展，2009，19(1)：1-15.

[68] 刘新民，傅晓晖，王松. 个性化推荐系统的感知价值对用户接受意愿的影响研究——基于心理资本的调节作用[J]. 技术与创新管理，2017，38(4)：403-411.

[69] 吕巍，杨颖，张雁冰. AI 个性化推荐下消费者感知个性化对其点击意愿的影响[J]. 管理科学，2020，33(5)：44-57.

[70] 秦冲，赵铁柱，柳毅. 个性化推荐算法的研究及发展综述[J]. 东莞理工学院学报，2021，28(3)：51-60.

[71] 孙鲁平，张丽君，汪平. 网上个性化推荐研究述评与展望[J]. 外国经济与管理，2016，38(6)：82-99.

[72] 王国霞，刘贺平. 个性化推荐系统综述[J]. 计算机工程与应用，2012，48(7)：66-76.

6

App智能推荐体验的量表开发研究

摘 要 智能推荐算法已成为各类App开展个性化营销并提高顾客满意度、忠诚度的重要工具。然而,现有关于智能推荐的积极和消极作用的研究仍比较零散和碎片化,缺乏从消费者体验角度出发对智能推荐的特征进行整体性评估和测量。本文通过三个研究对App智能推荐体验进行了概念界定、维度划分、量表开发和效度检验。研究一通过对26份访谈文本进行编码,初步构建了App智能推荐体验的四维度。研究二通过对295份问卷数据进行探索性因子分析(研究二a)和对207份问卷数据进行验证性因子分析(研究二b),成功开发并验证了包含"感知相关性""感知丰富性""感知侵扰性"和"隐私担忧"的四维度、十二测项量表。最后,研究三通过收集378份问卷数据验证了App智能推荐体验的网络法则效度,发现感知相关性、感知丰富性对持续使用意愿具有显著的正向影响,感知侵扰性对持续使用意愿具有显著的负向影响,心理所有权在以上过程中发挥显著的中介作用。令人意外的是,隐私担忧对持续使用意愿没有显著影响。本文为后续研究提供了可靠的测量工具,为企业优化App智能推荐算法进而提高消费者持续使用意愿提出了相关建议。

关键词 人工智能;推荐算法;消费者体验;心理所有权;持续使用意愿

6.1 引言

由于传统的个性化推荐系统在识别用户需求和执行推荐时存在不精准、

效率低的缺点，基于人工智能算法的智能推荐近年来已越来越多地被应用于各种移动端 App 中。然而，当前消费者对各类 App 的智能推荐体验参差不齐。有的 App 的内容推荐相关性和精准性高，常常给用户一种被了解的惊喜感（如网易云音乐的"心动模式"、今日头条、哔哩哔哩等）；而有的给人一种笨拙、单调、滞后的感觉，甚至使用户陷入"信息茧房"。另外，根据北京大学互联网发展研究中心与 360 集团联合发布的《中国大安全感知报告（2021）》，70%的受访者担心个人喜好与兴趣被算法"算计"，50%的受访者表示在算法束缚下想要远离手机，60%的受访者担心个人信息在手机应用中泄露。可见，在 App 智能推荐精准化、给予用户个性化体验的同时，也存在侵扰性高、隐私泄露的风险和担忧。用户一方面偏好智能推荐算法所带来的益处；另一方面也会产生厌恶、担忧、无奈等负面情绪，从而降低 App 智能推荐体验。因此，如何平衡这些矛盾、如何整体性地测量并优化 App 智能推荐体验，成为营销实践者当前关心的重要问题。

在相关理论研究方面，智能推荐的特征及其消费者反应研究近年来一直是消费者行为研究的热点话题之一。现有研究大多认为，智能推荐的特征对消费者情绪与行为有积极影响，如个性化特征会让消费者产生"量身定制""被关怀"的感觉，有益性特征能够提高搜索效率、提供潜在收益而收获消费者更高的满意度，拟人化特征可以增强消费者与系统的亲近感等（Kabadayi et al.，2019；Davenport et al.，2020）。但也有研究认为，智能推荐系统的特征会使消费者产生负面情绪和反应（如隐私担忧、算法厌恶等），可能引发消费者的抗拒心理或抵制情绪，继而造成平台持续使用意愿降低、消费者"无奈顺从"或选择转换使用其他平台等后果（Luo et al.，2019；Puntoni et al.，2021）。有的研究指出隐私担忧对消费者行为存在消极作用（Puntoni et al.，2021；范钧等，2020），也有学者表示消费者对隐私保护的态度和其行为之间还存在不一致性问题（谢毅等，2020；Mosteller and Poddar，2017）。

可见，虽然关于智能推荐的消费者反应研究已有不少，但相关研究结论仍然比较零散和碎片化，差异较大，甚至相互矛盾，十分缺乏从消费者体验视角出发对智能推荐特征进行的整体性评估和测量。Li（2016）认为，真正意义上的个性化应当是消费者主观感知到所推送的信息与自己的偏好相符且并无不适。也就是说，相较于客观的个性化，被感知的个性化才是实际有效的。那么，对于消费者来说，究竟什么样的智能推荐才是最理想的？App 智能推荐体验究竟包含哪些维度？这些维度是否以及如何影响消费者持续使用意愿呢？因此，本文将通过三个研究对 App 智能推荐体验进行概念界定、维度划分、量表开发和效度检验，以期从消费者体验角度对 App 智能推荐进行整体评估和测量，从而进一步深化智能推荐领域的消费者行为研究，也为企业优化 App 智能推荐算法、提升消费者体验进而提高消费者持续使用意愿提出相关建议。

6.2 文献综述

6.2.1 基于人工智能算法的智能推荐

传统的个性化推荐算法需要经过数据输入、算法运行、推荐列表输出进行个性化推荐内容的展示和呈现，其本质是过滤信息（刘建国等，2009）。常见的推荐算法可以分为基于内容的推荐算法（content-based filtering）、协同过滤推荐算法（collaborative filtering）、混合推荐算法（hybrid recommender systems）等。企业可在不同场景灵活运用这些算法为其带来更多交叉销售和创造利润的机会。对比传统的个性化推荐和基于人工智能算法的智能推荐，虽然它们都是通过预测消费者偏好、推荐有效内容达到企业的营销目的，但基于人工智能算法的智能推荐主要依托大数据和深度学习为推荐系统的核心，其特点更多地体现在对非结构化数据的处理上，因此也被重点应用于开发预测、高维输入、语音识别、图像识别、自然语言处理等领域。社交网络中，企业搜集到的用户行为信息绝大多数属于非结构化数据，包括图片、视频、音频等（Qin and Jiang，2019）。一方面，人工智能算法将这些原本难以建模的非结构化内容通过预处理、自然语言处理等手段转换为可分析的内容，其快速、高效的特点可以有效保证消费者偏好预测的精准度；另一方面，人工智能算法对非文本数据的处理和计算具有复杂性、抽象性等特征，因此这种以牺牲透明度和可解释性为代价而提高预测精准度的算法技术也可能会引起消费者的误解或偏见（Rai，2020）。

综合来看，传统个性化推荐与基于人工智能算法的智能推荐的区别主要体现在以下几点：①传统的个性化推荐主要应用于线性化程度较高的算法模型；而基于人工智能算法的智能推荐凭借深度学习和大数据算法模型，使得推荐效果更准确、内容更丰富。②传统个性化推荐主要依赖于对消费者已有偏好和行为进行分析；而基于人工智能算法的智能推荐致力于预测、构建消费者偏好，可以在推荐过程中产生"出其不意"的效果。③传统的个性化推荐主要关注算法本身，对其效果的评价比较单一；而基于人工智能算法的智能推荐会兼顾算法和消费者体验，其评价指标更多元化。

6.2.2 智能推荐的特征及其消费者反应研究

现有研究主要将消费者对智能推荐算法的反应分为青睐效应和厌恶效应（陈昌东、江若尘，2021），即消费者智能推荐体验过程中推荐算法的积极效应和消极效应。

（1）积极效应

App智能推荐使得消费者可以有效获得与个人偏好相匹配的产品内容，不仅可以降低搜索的时间成本和精力成本，也可以避免持续选择带来的认知和审美的疲劳（André and Carmon，2018），进而对消费者感知和行为产生积极影响。Zhu和Chang（2016）按性别对消费者投放相应偏好的广告，并对386名用户进行线上调研和结构方程模型分析。结果表明，广告的相关性感知可以有效减轻消费者的隐私担忧并增强对平台的持续使用意愿。Henkens等（2020）通过一项对730位参与者的情景实验研究发现，更智能的AI服务系统可以通过感知个性化积极影响顾客的认知、情感和行为融入，进而提升消费者的自我效能感和幸福感，其中消费者个体的个性化需求发挥调节效应。Davenport等（2020）认为，智能推荐算法在产品促销、智能定价等方面的应用可以有效降低消费者搜索成本，相关性的内容推荐给其带来许多潜在收益，不仅可以使消费者对推荐内容产生正向反馈，还能为公司带来更多收益。另外，吕巍等（2020）的实验研究发现，AI个性化推荐能够通过感知利益这一中介变量积极影响点击意愿，但这一过程受到情景敏感度和隐私担忧的调节。还有部分研究表明，以朋友的角色出现，具备同理心、忠诚度等良好的"类人化"品质的虚拟形象（如购物推荐助理）可以激发消费者的亲近感，提高其对平台的使用意愿（Konok et al.，2018）。

（2）消极效应

根据感知行为控制理论，当消费者认为自己选择的结果受到各种外界因素的限制时，其感知到的控制程度会下降，从而产生负面反应，给出负面的服务评价（Jörling et al.，2019）。Aguirre等（2015）设计了三个探索性实验，研究消费者在感知个性化和感知脆弱性之间的矛盾心理。实验结果表明，当公司以非公开的形式利用消费者的个人数据来推送个性化广告时，消费者会感受到脆弱性并减少点击浏览次数。黄家良（2017）提出信息负载悖论，表示信息超载和信息负载都会降低消费者对移动个性化产品推荐的满意度。Puntoni 等（2020）表示，消费者对个人隐私的感知控制程度低下时会产生"算法厌恶"心理，从而表现出抗拒、抵制的行为。最新地，范钧等（2020）将电商平台的推荐方式分为显示反馈和隐式反馈，在不同推荐时机和推荐契合度下研究电商平台的智能推荐与消费者心理抗拒的影响。结果表明，不同情景中消费者感知到的隐私担忧程度有所区分，但这种感知隐私侵犯都会使其产生心理抗拒情绪。另外，由于用户会在不同时间、不同平台，以不同方式（线上/线下）留下自己的信息或表现出对内容的偏好，智能推荐算法会保持"零休息"，获取用户的年龄、性别等个体特征，在 Cookies、Brows History 中的浏览足迹以及用户的搜索历史记录、搜索关键词、位置信息等关键信息（Boerman et al.，2017），并以其强大的计算逻辑预测消费者偏好，进行个性化推送。尽管消费者可以受益于智能推荐为自己带来的便利，但也会关心其算法背后的"弱点"，如推荐时效的合理性和算法本身的风险性。

综上所述，现有 App 智能推荐及其消费者反应的相关研究较为零碎、分散，影响因素和边界条件多且复杂，因而十分缺乏从整体消费者体验角度来界定和测量 App 智能推荐体验。因此，结合质性和量化研究方法，本文将通过三个研究对 App 智能推荐体验进行概念界定、维度划分、量表开发和效度检验。

6.3 研究一：App 智能推荐体验的概念化与维度构建

6.3.1 理论抽样

遵循量表开发的一般规范流程（Churchill and Gilbert，1979；Peter and Paul，1979），研究 App 智能推荐体验的维度构成首先需要探究消费者在使用智能推荐类 App 过程中对算法推荐的实际感知。结合理论抽样的基本要求，本文有目的地选取日常使用智能推荐类 App 的高校本科生和 MBA 学生作为抽样对象，该群体使用 App 类型广、时间长、频率高，与智能推荐算法交互比较密切，对智能推荐类 App 具有深入的体验。考虑到样本的广泛性要求，本研究通过高校网上论坛发布志愿者招募信息。正式访谈前，笔者通过以下问题对志愿者进行筛选："我经常使用带有智能推荐功能的 App，可以清晰地描述该 App 带给我的积极体验和消极体验。"（通过 1~5 分来反映其程度）。对选择 4 分及 4 分以上的志愿者进行一对一电话沟通，了解其日常使用智能推荐类 App 的类型、名称和时长，最终确定参与线下访谈的 26 名被访者，每人支付 20 元报酬。其中，男性受访者与女性受访者各占 50%，在校学生、在职员工占比分别为 61.5% 和 38.5%，本科和本科以上学历成员各占 50%，66.7% 以上的受访者日均使用智能推荐类 App 种类超过 4 种、日均使用时长超过 4.5 小时（见表 6-1）。

表 6-1 访谈主体基本信息

编号	姓名	年龄	学历	类型	访谈时长
1	赵先生	25	本科	在职员工	36 分钟
2	李女士	24	硕士	在校学生	33 分钟
3	李女士	26	本科	在职员工	28 分钟
4	毕女士	23	本科	在校学生	27 分钟
5	刘女士	25	本科	在职员工	31 分钟
6	王女士	20	本科	在校学生	30 分钟
7	赵女士	25	硕士	在校学生	34 分钟
8	吴女士	26	本科	在职员工	26 分钟
9	金女士	25	硕士	在校学生	30 分钟
10	程女士	25	硕士	在职员工	35 分钟
11	张女士	25	硕士	在校学生	33 分钟
12	刘女士	26	本科	在职员工	28 分钟
13	李女士	23	本科	在职员工	27 分钟
14	刘女士	24	硕士	在校学生	29 分钟
15	曲先生	28	硕士	在校学生	32 分钟
16	吴先生	27	硕士	在校学生	29 分钟
17	乔先生	25	硕士	在校学生	29 分钟
18	李先生	27	硕士	在校学生	27 分钟
19	杨先生	25	本科	在职员工	31 分钟

续表

编号	姓名	年龄	学历	类型	访谈时长
20	杨先生	22	本科	在校学生	28 分钟
21	田先生	25	硕士	在校学生	29 分钟
22	胡先生	26	硕士	在校学生	32 分钟
23	张先生	28	本科	在职员工	33 分钟
24	王先生	22	本科	在职员工	27 分钟
25	王先生	22	本科	在校学生	26 分钟
26	孙先生	29	博士	在校学生	34 分钟

6.3.2 数据收集

本研究采用半结构化深度访谈获取与 App 智能推荐体验相关的研究数据。访谈小组包含本课题组 3 位研究人员，正式访谈提纲在相关研究领域专家小组建议的基础上，经过问题修改和预访谈而形成，包括"请问您平时常用的智能推荐类 App 有哪些？针对以上 App，您认为 AI 算法在智能推荐中带给您体验感较好/不好之处分别有哪些？为什么您会认为这类 App 智能推荐带给您的体验感较好/不好？在体验感较好/不好时，您具体会产生怎样的感受？您如何评价智能推荐类 App？"5 项核心题目和 3 项个人信息调查题目。访谈前，会事先告知受访者访谈用途、全过程录音、保护访谈者隐私等注意事项并征求其同意。单个受访者的访谈时间在 30 分钟左右。正式访谈结束后，共获得 26 份录音文件，合计 784 分钟，并形成了 64 页共计 482K 的 Word 文本资料用于分析。而且，笔者将 26 份访谈文本随机分为两组，分别用于理论模型构建和理论饱和度检验使用（Clark et al.，1995）。

参考陈向明（2000）的质性研究效度表述，质性研究中的"效度"更多地讨论研究结果真实性问题，即报告内容是否可以真实地反映实际情况。因此，本研究使用多数据来源、三角互证和组内多人讨论的方法以确保编码结果的效度（张镒等，2020）。笔者从知乎、小红书等平台收集 79 条社交媒体中网友对智能推荐类 App 使用感受的评论和帖子，以增加不同来源的质性资料，对访谈文本数据进行补充。另外，笔者邀请 3 位该领域的高校学者对编码结果进行对比、校正，反复探讨处理争议点，尽可能客观、准确地对访谈文本进行分析。

6.3.3 数据编码

（1）开放式编码

质性研究是一个逐步归纳的过程，开放式编码是获得 App 智能推荐体验概念内涵和维度的初始步骤。首先，本研究使用受访者原话为编码来源，以确保编码结果的无偏性。其次，对文本数据逐字逐句进行手工开放式编码，最终提取 176 个初始概念，具体如表 6-2 所示。

表 6-2 开放式编码结果示例

原始访谈文本	初始概念
算法会根据我的喜好给我推荐喜欢的球队新闻、比赛，我不用挑选，推荐的内容与我很相关，这感觉是为我设计的（赵先生，25 岁）	A1-3 推荐内容相关； A1-4 算法投其所好
推荐算法最好的一点就是会让这个 App 里面的内容逐渐符合我自己的兴趣爱好，因为它是通过对用户画像分析和迭代进行的个性化推送（毕女士，23 岁）	A4-4 分析了解用户喜好； A4-5 个性化推荐
我前段时间看校园偶像剧，看完之后算法就会给我推相同明星或内容情节差不多的。我就不需要自己在搜索框里找，不用自己再去切换页面，就可以看到同样的推送（金女士，25 岁）	B9-2 推荐内容相似； B9-3 节省搜索时间
App 主要是通过精准算法，根据我的浏览记录，推荐相关信息。即使我想找一个东西但不清楚具体名字时，也可以输入关键词，算法可以提供一个范围，我能在不停地点击中筛选，算法会逐渐帮我找到自己想要的东西（刘女士，26 岁）	B12-2 预测用户偏好； B12-3 推荐内容相关； B12-4 逐渐符合用户偏好
抖音上，我有时候会刷一些教程或美食之类的内容。算法就会抓取到，反复推荐，在很多视频中能找到我自己想看的内容（杨先生，25 岁）	A19-3 捕捉用户偏好； A19-4 高频推荐相关内容
抖音、小红书这一类增强我们生活趣味性的 App 会在我们提到的相关话题中进行一定延伸。比如，我可以在抖音里以不同的视角看到异国居民的生活状态，这达到了在家开阔视野的目的，丰富了我的生活（李女士，26 岁）	A3-6 算法推荐的延伸性； A3-7 感受不同的生活状态； A3-8 推荐内容有助于开阔视野； A3-9 推荐内容有助于丰富生活
算法的丰富推荐让我在小红书上遇到了比较喜欢的博主。我之前没有搜过和她相关的内容，但是她的视频浏览量比较高，上了热门，算法发现她的风格可能有我喜欢的元素所以推给了我，这其实还挺惊喜的（刘女士，25 岁）	A5-5 具备关联性推荐能力； A5-6 预测用户偏好； A5-7 推荐内容令人惊喜
在新冠疫情之前，当时在京东只是想去用自己的红包，就正好刷到了满 300 元减 100 元之类的东西，就顺便凑了一单，把冰箱填满了，刷到的东西还是蛮令人惊喜的（张女士，25 岁）	A11-7 推荐内容令人惊喜

续表

原始访谈文本	初始概念
比如B站。我很少重点关注某几个UP主,所以很多时候都是在推荐主页里找一些喜欢的东西。有时从推荐页里面看到很多之前没有接触过的丰富内容,我就会想看下去(乔先生,25岁)	A17-4 提供未接触过的丰富内容
有的时候会推荐一些我完全没想到甚至不在我考虑范围之内的东西。比如购物,我搜某样东西的时候,它给我推荐一些比我构想的还要好的东西(杨先生,22岁)	A20-6 提供意想不到的内容;A20-7 推荐效果令人感到惊喜
像网易云,我听什么歌,算法就给我推荐什么歌,我永远都在听我之前听的那几首歌,外边的世界我就再也发现不了(赵先生,25岁)	A1-11 选择受限;A1-12 陷入"信息茧房"
我感觉算法不是特别智能。我今天从推荐中买了一支钢笔,我的这个需求其实就没有了,但是再过几天,还是会在"你喜欢"里面看到钢笔的类目。(赵女士,25岁)	A7-13 推荐时效滞后;A7-14 推荐内容重复
我对某方面内容感兴趣,算法给我推荐的全是这方面的内容,那我的视野都局限在这里,我会更难接触到其他新的东西,会阻碍视听,我不认为这是一种人工智能,反而是一种"人工智障"(李女士,23岁)	A13-12 阻碍试听;A13-13 算法弱智能
有的时候只是随手搜索,它就会不断给你推荐这种东西,推荐的东西与自己的关联性不强,但你又没有办法控制它,感觉是一种弱智能(杨先生,22岁)	A20-12 算法弱智能;A20-13 推荐内容关联性弱;A20-14 推荐内容可控性差
比如美团,近期因为短期出差搜过酒店,它就一直给我推荐酒店,直到我出差结束了还在推,可能会让我陷入"信息茧房",这时我的体验感是不太好的(张先生,28岁)	A23-15 算法推荐滞后;A23-16 陷入"信息茧房";A23-17 降低用户体验
和朋友口头说起某个东西,可能立刻就会在淘宝上看到类似的东西,让我感觉自己被偷听了(李女士,24岁)	A2-15 感受被跨平台监听
算法已经在侵犯我的个人隐私了,如果有人想要打开我的App,我会拒绝,因为这是我内心的世界,这是我自己的东西,我不会让一个陌生人来看(刘女士,25岁)	A5-13 感到隐私受侵犯;A5-14 内心世界受打扰
算法是在偷听吗,有时候会让我觉得没有什么隐私(金女士,25岁)	A9-12 怀疑算法有偷听行为;A9-13 隐私透明化
算法可能跨平台监测我的隐私,我在淘宝里面经常搜索的东西时常会出现在另一个软件里,我觉得它跨越了算法本身的边界线,这个软件里使用过的东西只代表我在这个里面的感受,我不太希望它能够监测到我的方方面面(张女士,25岁)	A11-11 感受被跨平台监测;A11-12 算法对用户进行侦测;A11-13 算法越权;A11-14 用户反感被算法侦测
它收集我的个人搜索记录,我不会有隐私侵犯感,但是收集我的地理信息、手机号码等,我还是比较反感的。我的手机总会收到一些垃圾短信,加上工作的特殊性,我会觉得很不安全(张先生,28岁)	A23-17 对收集搜索记录的反感程度低;A23-18 对收集敏感信息的反感程度高

(2)选择性编码

选择性编码是在开放式编码的基础上,对初始概念进行筛选、聚类、提纯和分析，以获得相互关联又相互区分的核心范畴和副范畴。本研究对开放式编码结果进行进一步聚类分析，按照消费者表述内容的关联性对176个初始概念进行重新排列整合，反复对比调整，最终形成4个核心范畴和12个副范畴（见表6-3）。

表6-3 选择性编码结果示例

核心范畴	副范畴	对应的初始概念列表
感知相关性	了解用户	A4-4 分析了解用户喜好；A7-6 预测用户偏好；A11-5 为用户打标签……
	量身定制	A1-4 投其所好；A11-2 针对喜欢的风格推荐内容；A12-3 精准推荐……
	降低搜索成本	A1-7 节省搜索时间；A3-3 过滤相关性低的信息……
感知丰富性	推荐种类多样	A5-5 具备关联性推荐能力；A6-4 相关话题的延伸……
	获得意外惊喜	A14-6 挖掘潜在偏好；A17-4 提供未接触过的丰富内容……
	开阔视野	A3-7 感受不同的生活状态；A6-8 了解另一领域的东西……
感知侵扰性	算法滞后	A11-14 算法滞后推荐；A22-11 过期推荐；A25-9 不能及时符合需求……
	陷入"信息茧房"	A3-15 阻碍个人视听；A6-9 审美疲劳；A14-15 陷入理解误区……
	选择受限	A12-13 选择受到干扰；B14-17 无法做出决策……
隐私担忧	获取手段不当	A1-10 收集信息前不提前告知；A11-12 算法对用户进行侦测；A15-10 搜集信息无道德底线
	收集范围不明	A2-12 不知道哪些隐私被收集；A25-13 工作特殊性不被保护……
	利用权限不清	A15-11 大数据杀熟；A16-12 不知道后台如何利用……

（3）理论编码

参考相关文献，结合开放式编码和选择性编码结果，本研究提出了包含"感知相关性""感知丰富性""感知侵扰性""隐私担忧"四维度的App智能推荐体验概念。App智能推荐体验是指消费者对基于人工智能技术的App智能推荐算法及其推荐结果所产生的整体体验。有被访者提到"算法会根据我的喜好给我推荐喜欢的球队新闻、比赛（赵先生，25岁）"，进而产生一种量身定制的感觉。这就是感知相关性，即消费者感知到AI算法基于用户个人信息和人机交互行为，了解刻画用户形象，预测消费者的偏好和需求，推荐符合其"口味"、体现其个人风格的定制内容，以节省时间、降低搜索成本。感知丰富性则是指消费者接收到现有偏好之外延伸多样的推荐，不仅满足消费者的多方兴趣需要，也可以增加其感知到的趣味性和拓展性，带来全新价值与意外惊喜。智能推荐不仅可以量身定制，使消费者遇见喜欢的博主（刘女士，25岁），还可以足不出户见识世界、开阔视野（李女士，26岁），甚至获得超出预期的产品体验（杨先生，22岁）。然而，"有的时候只是随手搜索，它就会不断给你推荐这种东西（杨先生，22岁）"，"我听什么歌，算法就给我推荐什么歌，我永远都在听我之前听的那几首歌（赵先生，25岁）"，智能推荐也侵扰消费者。感知侵扰性就是消费者在 App 使用过程中对于自己陷入"信息茧房"、选择受到限制的洞察，对算法滞后、不够智能等干扰其信息获取和选择的特点的感知。隐私担忧则是指在 AI 算法固有"缺乏透明性"的特点下，消费者对于个人信息被搜集和利用的知情权以及其获取手段、收集范围和利用权限的担忧感知。正如被访者提到的，"算法是在偷听吗，有时候会让我觉得没有什么隐私（金女士，25岁）"，"算法已经在侵犯我的个人隐私了，如果有人想要打开我的 App，我会拒绝（刘女士，25岁）"，他们拒绝智能推荐可能带来的一系列隐私问题。综上，消费者的 App 智能推荐体验是多样的，既可以使消费者感知到相关性、丰富性，又会产生侵扰感知和隐私担忧等一系列问题。

6.3.4　理论饱和度检验

对另一组用于理论饱和度检验的访谈文本进行分析，结果显示，对比现有模型的划分范畴并未出现新的范畴。因此，根据质性研究规范，本研究所构建的四个维度达到饱和状态。本文将 App 智能推荐体验界定为消费者在使用移动端 App 过程中对基于人工智能算法的推荐过程和输出结果的整体感知，包含感知相关性、感知丰富性、感知侵扰性和隐私担忧四个维度。

6.4　研究二 a：App 智能推荐体验的初始量表开发

6.4.1　初始量表生成

App 智能推荐体验初始量表的测项由已有相关研究和研究一的编码分析结果共同产生。首先，对智能推荐算法领域的文献进行研读归纳，整理出

"个性化推荐""定制化推荐""算法推荐""交互式决策辅助""推荐代理人"等相似概念的测量方法。其次,笔者结合研究一所获得的 App 智能推荐体验的四个维度及其具体范畴,使用 Likert 七级量表进行测量,编制出与感知相关性、感知丰富性、感知侵扰性和隐私担忧相对应的,包含 26 个测项的初始量表。最后,为保证调研数据质量,笔者正式发放前借助"Credamo 见数"在线平台发放预调查问卷 146 份,改进了意思含糊、容易引发歧义的个别问题的表述方式,优化了调查问卷。

6.4.2 探索性因子分析

本研究通过 SPSS 24.0 数据分析软件对初始量表因子结构进行探索性分析,以确定 App 智能推荐体验的核心构念是否能被编码结果预期维度表示。本研究借助学术界广泛认可的"Credamo 见数"专业在线调查平台发放问卷,每份问卷付费 2 元。为筛选符合研究要求的样本群体,作答者需要填写关于"是否熟悉智能推荐类 App"这一筛选题项,不符合要求则立即终止作答。最终,回收问卷 320 份,筛除 25 份无效问卷,得到有效问卷 295 份,样本有效率达到 92.2%,样本特征见表 6-4。可见,样本在性别、年龄、收入水平以及受教育程度方面基本符合正态分布,无明显差异。

表 6-4 研究二样本特征描述

类别		研究二 a		研究二 b	
		人数	百分比(%)	人数	百分比(%)
性别	男	126	42.7	92	44.4
	女	169	57.3	115	55.6
年龄	18 岁以下	35	11.9	36	17.4
	18~25 岁	120	40.7	89	43.0
	26~35 岁	92	31.2	68	32.8
	35 岁以上	48	16.2	14	6.8
收入水平	月收入 3000 元以下	103	34.9	74	35.7
	月收入 3001~6000 元	83	28.2	68	32.9
	月收入 6001~10000 元	65	22.0	36	17.4
	月收入 10001 元以上	44	14.9	29	14.0

续表

类别		研究二 a		研究二 b	
		人数	百分比（%）	人数	百分比（%）
受教育程度	大专及以下	17	5.7	19	9.2
	本科	147	49.8	103	49.8
	硕士	127	43.1	82	39.6
	博士	4	1.4	3	1.4

数据分析结果显示，App 智能推荐体验量表的 KMO 值为 0.757>0.7；Bartlett 球形度（Chi-square = 1630.650，df = 66，Sig = 0.000）也达到了显著性效果（$p<0.001$），说明 App 智能推荐体验量表适合做探索性因子分析。根据主成分分析法，首先提取特征值大于 1 的公共因子进行保留，再提取旋转后因子矩阵中因子载荷大于 0.5 和跨因子载荷大于 0.4 的题项逐一删除。多次因子分析后，共删除题项 14 个，保留题项 12 个，每个维度各 3 个测项。检验结果如表 6-5 所示，各测项载荷值均大于 0.7 且不存在跨因子载荷，累计方差解释率达 74.367%，说明本研究预设构念维度与探索性因子分析结果相吻合，可以进行下一步分析。

表 6-5 探索性因子分析结果

因子命名	编号	题项	因子			
			F1	F2	F3	F4
感知相关性	1	该 App 推荐的内容是与我相关的	0.821			
	3	该 App 推荐的内容是我感兴趣的	0.716			
	5	该 App 似乎很了解我的偏好	0.835			
感知丰富性	10	该 App 推荐的内容种类很丰富		0.828		
	11	该 App 推荐的内容能够满足我不同方面的兴趣需求		0.823		
	13	该 App 推荐的内容可以令我开阔视野		0.783		
感知侵扰性	14	该 App 推荐给我的相似内容太多			0.863	
	15	该 App 推荐给我的重复内容太多			0.872	
	16	该 App 推荐的内容不能及时符合我的需求			0.687	

续表

因子命名	编号	题项	因子			
			F1	F2	F3	F4
隐私担忧	21	该App能够追踪我的个人隐私，这令我担忧				0.905
	22	我担心该App已经知道了太多我的个人隐私				0.922
	24	我不知道自己的个人隐私会被如何利用，这让我担忧				0.878
KMO检验		0.757				
Bartlett's球形检验		Chi-square=1630.650，df=66，Sig=0.000（$p<0.001$）				
累计方差解释率		74.367%				

6.5 研究二b：App智能推荐体验量表的验证性因子分析

在探索性因子分析的基础上，本研究通过AMOS 24.0数据分析软件进行验证性因子分析，以检验App智能推荐体验量表的效度。一般情况下，验证性因子分析样本量不少于200个，且最好不使用同一个样本进行探索性因子分析和验证性因子分析（Fokkema and Greiff，2017）。因此，本研究再次通过"Credamo见数"在线平台回收问卷232份，剔除25份无效问卷后得到有效问卷207份，样本有效率达到89.2%，样本特征见表6-4。可见，样本在性别、年龄、收入水平以及受教育程度方面基本符合正态分布，无明显差异。

首先，本研究采用最常用的Cronbach's α系数对App智能推荐体验量表进行信度检验，从结果来看，感知相关性、感知丰富性、感知侵扰性、隐私担忧的Cronbach's α值分别为0.750、0.826、0.786和0.891，整体量表的Cronbach's α值为0.734，说明内部一致性良好。

模型拟合优度检验结果如表6-6所示，$\chi^2/df=1.698$（<3），拟合较为理想；$RMSEA=0.059$（<0.08），符合拟合标准；$GFI=0.937$（>0.90），$AGFI=0.897<0.90$，可以接受，其余所有拟合指标也达到了可接受的水平。整体而言，本文所建立的模型达到了较理想的水平，无须修正，结构模型与数据拟合程度较好，说明探索性因子分析中设定的模型结构是合理有效的。本研究进而采取组合信度（CR）和平均方差抽取值（AVE）来衡量量表的收敛效度。

结果显示，App 智能推荐体验量表各分量表的 CR 值分别为 0.778、0.864、0.803 和 0.895，AVE 值分别为 0.545、0.681、0.583 和 0.741，符合检验标准，说明本量表具有较好的收敛效度。区分效度检验结果如表 6-7 所示，感知相关性、感知丰富性、感知侵扰性以及隐私担忧的 AVE 平方根均大于二者之间的相关系数，本量表具有较好的区分效度。综上所述，本研究开发的 App 智能推荐体验量表结构效度良好。

表 6-6 信度和拟合效度、聚敛效度检验结果

潜变量	测项	Cronbach's α 系数	标准因子载荷	AVE	CR
感知相关性	A1	0.750	0.575	0.545	0.778
	A2		0.772		
	A3		0.842		
感知丰富性	B1	0.826	0.789	0.681	0.864
	B2		0.902		
	B3		0.769		
感知侵扰性	C1	0.786	0.839	0.583	0.803
	C2		0.890		
	C3		0.555		
隐私担忧	D1	0.891	0.879	0.741	0.895
	D2		0.922		
	D3		0.769		
$\chi^2/df<3$		$RMSEA<0.08$	$GFI>0.90$	$AGFI<0.90$	$IFI>0.90$	$CFI>0.90$
1.698		0.059	0.937	0.897	0.971	0.971

表 6-7 区分效度检验结果

	感知相关性	感知丰富性	感知侵扰性	隐私担忧
感知相关性	**0.738**			
感知丰富性	0.431	**0.825**		
感知侵扰性	-0.208	-0.426	**0.764**	
隐私担忧	0.111	-0.104	0.237	**0.861**

注：对角线加重值代表 AVE 的平方根。

6.6 研究三： App 智能推荐体验量表的网络法则效度

为进一步验证本量表的可靠性和应用价值，研究三将检验其网络法则效度（Robinson et al., 1991）。基于心理所有权理论，本研究将构建如图6-1所示的理论模型来检验智能推荐体验四个维度对持续使用意愿的影响机制。

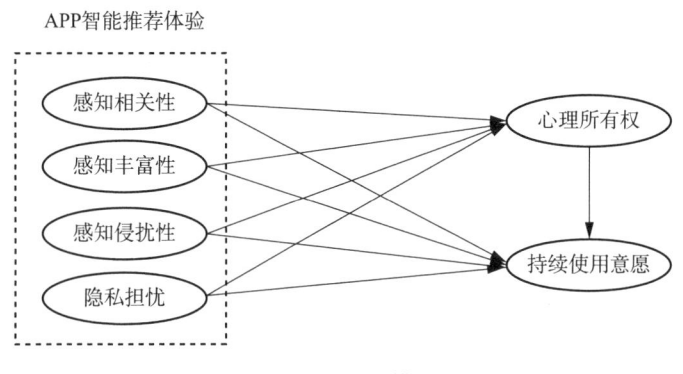

图 6-1　理论模型

6.6.1 研究假设

（1）感知相关性对持续使用意愿的影响：心理所有权的中介

App 智能推荐中的感知相关性是指 AI 算法基于用户个人信息和人机交互行为，预测消费者的偏好和需求，推荐符合其"口味"、体现其个人风格的相关内容。人们倾向于关注、处理自我相关性强的信息，当消费者感觉到所接受的内容是与他人不同、与自己密切相关的，会提高使用该平台的频率和对平台信息的采纳意愿（Keyzer et al., 2014；Zhu and Chang, 2016），因此，App 智能推荐中的感知相关性越强，消费者的持续使用意愿越强。同时，心理所有权是个体对目标物的一种"拥有感"，甚至会视目标物为自我概念的体现或延伸（Pierce et al., 1991）。AI 算法可以实现推荐内容与用户偏好的精准匹配，这些"独特的""相关的""个性化"的感知会引发人们对该平台的一种"拥有感"（Jussila et al., 2015；Zhao et al., 2016；Sinclair and Tinson, 2017）。随着时间成本和感情成本的增加，消费者获取和接触到更多与自己相关的信息，个体与目标物之间的关系越深，拥有感越强（Pierce et al., 2001；姚琦等，2016；Zhao et al., 2016），对这段关系也越忠诚（Li et al., 2006）。

另外，AI 算法会追踪人们动态变化的偏好和需求并进行深度学习，依据变化状态下的风格进行算法调整和优化，使消费者产生该 App 推荐的内容似乎是为自己"量身定制"的，甚至为自己所独有的感觉（Jussila et al.，2015）。随着交互的深入，平台给消费者带来的联系会越发紧密，消费者自身的效能感和对平台的认同感也会逐渐增强，进而导致其花费更多的时间和精力使用相关智能推荐平台（Karahanna et al.，2015；Zhao et al.，2016）。据此，本文提出以下假设：

H1：感知相关性对消费者持续使用意愿具有正向影响。

H2：心理所有权在感知相关性影响消费者持续使用意愿的过程中发挥中介作用。

（2）感知丰富性与持续使用意愿：心理所有权的中介

App 智能推荐中的感知丰富性是指消费者接收到现有偏好之外延伸多样的推荐，不仅满足消费者的多方兴趣需要，也可以增加其感知到的趣味性和拓展性，带来全新价值、产生积极行为（Zhang et al.，2012；曹琦，2020）。消费者在推荐过程中所获得的意外收获体验难以用其他指标替代，消费者满意度并非只与推荐的高精准性相关（McNee et al.，2006）。在很多情况下，消费者并不具备清楚表达自身偏好的能力，甚至对自己本身的偏好界定就是模糊和未知的（Bettman et al.，1998）。然而，推荐内容在消费者原有偏好的基础上展现出不同的形式或风格，这种多样化、不失单调的计算逻辑有助于更全面地展现消费者的个人特性和风格，感知丰富性会对消费者的持续使用意愿产生影响。

根据 Pierce 等（2001）提出的心理所有权理论模型，增强控制、提高自我效能感、增加联系和亲密度或不断投入等都能够有效提高心理所有权，三者之间具有叠加效应和互补效应（刘建新等，2020）。随着 AI 算法深度学习程度的加深，其对消费者越来越"了解"，逐渐成为建构、表达甚至增强消费者"自我概念"的重要表征（Schifferstein and Zwartkruis，2008）。此外，智能算法对消费者的推荐是一个动态的过程，消费者对信息喜好程度的反馈有助于算法动态调整运行逻辑。当消费者感知到智能算法推荐的信息不仅是与自己相关的，而且充满多样性、丰富性等特质时，其潜在意识中的偏好和喜爱更容易将这些内容视为自我延伸的一部分，继而提升消费者对该 App 的拥有感和使用黏性（Moon and Junghoon，2006；Kirk et al.，2015；Zhao et al.，2016）。据此，本文提出以下假设：

H3：感知丰富性对消费者持续使用意愿具有正向影响。

H4：心理所有权在感知丰富性影响消费者持续使用意愿的过程中发挥中介作用。

（3）感知侵扰性与持续使用意愿：心理所有权的中介

App智能推荐中的感知侵扰性是指消费者在App使用过程中对算法滞后、不够智能等干扰其信息获取和选择的特点的感知。绝大多数情况下，弱智能推荐算法因推荐时机不一致而引起负面推荐效果。用户的实际体验与预期存在差距，可能引发其降低使用意愿、产生转移倾向，甚至放弃使用该平台（Fan and Shu，2014）。

算法主要根据大众偏好、用户个人特点及社交网络中的他人偏好进行内容推送（李武等，2019），这存在两个方面的问题。一方面，消费者本就存在信息敏感性，本是其在特定场景下的偶然点击，算法却据此揣测喜好、推荐相似内容，留下算法灵活性低、弱智能甚至含有诱导性的印象（王艳萍、程岩，2013），当消费者无法有效处理这种频发情况时，就会感到控制感和自主性的缺失（André et al.，2018；陈昌东、江若尘，2021）。另一方面，主动搜索是传递需求或兴趣的行为，但很可能会成为"被动接受"。具体而言，消费者原本认为，相较于人类，算法更容易完成预测和推荐任务，自然会有更积极的评价（Castelo et al.，2019；Efendić et al.，2020），但当偏好转移或需求取消时，滞后"捕捉"特性会使消费者大失所望。超时循环推荐具有封闭性，"信息茧房""回音室"等效应会使消费者感受到强迫性和操控意图，产生心理抗拒和较低的持续使用意愿（Edwards et al.，2002；杜娟、游静，2019；陈昌东、江若尘，2021）。据此，本文提出以下假设：

H5：感知侵扰性对消费者持续使用意愿具有负向影响。

H6：心理所有权在感知侵扰性影响消费者持续使用意愿的过程中发挥中介作用。

（4）隐私担忧与持续使用意愿：心理所有权的中介

App智能推荐中的隐私担忧是指在AI算法固有"缺乏透明性"特点下，消费者对于个人信息被搜集和利用的知情权感到担忧，包括无助、愤怒和心理抗拒。无助感主要表现为消费者感觉自己是被剥夺的；愤怒感体现为消费者认为这种对自己隐私的窥探像偷窥，缺乏道德；心理抗拒主要表现为消费者认为这种技术会让自己失去对个人信息的所有权从而产生不信任感（Puntoni et al.，2020）。Miyazaki和Anthony（2008）在对隐蔽信息收集技术进行研究后指出，当消费者意识到网站追踪自己的cookie数据但在隐私声明中没有事先披露时，他们会感知到较高的风险，并对该网站表现出较低的行为意图。范钧等（2020）的研究结果也显示，不同情景中消费者感知到的隐私担忧程度有所区分，但这种感知隐私侵犯都会使其产生心理抗拒情绪。算法对消费者的个人信息和偏好的搜集和分析是保证其推荐精准的前提条件，但过于"知心"的效果会使消费者担心个人数据的安全性，从而降低持续使用意愿（Miyazaki and Anthony，2008）。

由于消费者不清楚自己的个人隐私有哪些会被搜集、何时会被搜集、以什么方式搜集、会被以何种方式利用，当隐私披露政策对消费者个人信息的处理方式表述得并不明确时，消费者就会感知到自己对个人信息的控制程度较低，从而面临隐私威胁，甚至感觉到被剥削（Schwartz and Solove，2011；梁晓丹等，2018；Puntoni et al.，2020）。根据心理所有权理论，当智能推荐以隐蔽的信息搜集方式进行精准营销，会引起消费者的不适，产生感知脆弱或隐私担忧（Tucker，2012；Aguirre et al.，2015）。据此，本文提出以下假设：

H7：隐私担忧对消费者持续使用意愿具有负向影响。

H8：心理所有权在隐私担忧影响消费者持续使用意愿的过程中发挥中介作用。

6.6.2 研究设计与样本特征

变量测量方面，App智能推荐体验将使用本研究已开发和验证的四维度、十二测项量表、心理所有权，结合Pierce等（2001）和Fuchs等（2010）的研究成果改编成6个测项；持续使用意愿则参考Bhattacherjee（2001）的经典量表修改而成，并控制年龄、性别、学历等个体因素。

问卷正式发放之前，笔者利用2天时间在所在高校回收预调查问卷134份，以修正和完善问卷测项。正式调查阶段，本研究通过另一家专业在线调查公司"问卷星"发放问卷，每份问卷报酬2元，回收问卷406份。经人工筛查去除未通过筛选项或未认真作答的问卷，得到有效问卷378份，样本有效率为93.10%。其中，男性占比42.0%，女性占比58.0%，性别比例基本持平；年龄以18~35岁青年为主，二者占比共计86.0%，此群体正是使用智能推荐类App的主要群体，符合本文的调查要求；收入方面，月收入3000元以下的被调查者83人，占比22.0%，月收入3001~6000元的被调查者97人，占比25.7%，月收入6001~10000元的被调查者156人，占比41.3%，月收入10000元以上的被调查者42人，占比11.0%。此外，本科学历者211人，占比 55.8%，硕士及以上学历被调查者占比 32.0%。总体而言，此次样本符合要求。

6.6.3 数据分析与研究结果

（1）信度检验

本研究使用 SPSS 24.0 数据分析软件进行 Cronbach's α 值的检验，使用 AMOS 24.0 数据分析软件进行 *CR* 值计算。由表 6-8 可知，感知相关性、感知丰富性、感知侵扰性、隐私担忧、心理所有权、持续使用意愿的 Cronbach's α 值分别为 0.856、0.855、0.862、0.941、0.920 和 0.931，其对应的 *CR* 值如表 6-9 所示分别为 0.858、0.856、0.871、0.941、0.920 和 0.932，均符合参考标准，且各因子在删除某一测项后的 Cronbach's α 值与删除前变化并不大，因此不予删除。本研究量表的内部一致性较高，具有良好的效度，适合进行下一步分析。

表 6-8 信度检验结果

变量	编号	项已删除的 α 值	Cronbach's α 值
感知相关性	A1	0.858	0.856
	A2	0.753	
	A3	0.777	
感知丰富性	B1	0.807	0.855
	B2	0.794	
	B3	0.790	
感知侵扰性	C1	0.756	0.862
	C2	0.742	
	C3	0.897	
隐私担忧	D1	0.907	0.941
	D2	0.920	
	D3	0.912	

续表

变量	编号	项已删除的 α 值	Cronbach's α 值
心理所有权	E1	0.903	0.920
	E2	0.908	
	E3	0.899	
	E4	0.904	
	E5	0.906	
	E6	0.906	
持续使用意愿	F1	0.897	0.931
	F2	0.915	
	F3	0.887	

（2）效度检验

效度检验结果如表6-9所示，从模型拟合优度来看，χ^2/df 值为2.483<3，RMSEA 值为0.063<0.08，其他指标也均符合检验标准，样本数据具备良好的拟合度；从收敛效度来看，六个变量的 CR 值均大于0.6，平均方差抽取 AVE 值均大于0.5，量表具有良好的收敛效度。此外，感知相关性、感知丰富性、感知侵扰性、隐私担忧、心理所有权和持续使用意愿的 AVE 平方根值分别为0.819、0.815、0.834、0.917、0.811 和 0.905，均大于此变量和其他变量之间的相关系数，本量表区分效度良好。

表6-9 效度检验结果

变量	测项	标准因子载荷	AVE	CR	感知相关性	感知丰富性	感知侵扰性	隐私担忧	心理所有权	持续使用意愿
感知相关性	A1	0.706	0.671	0.858	**0.819**					
	A2	0.904								
	A3	0.835								
感知丰富性	B1	0.796	0.664	0.856	0.462	**0.815**				
	B2	0.818								
	B3	0.830								

续表

变量	测项	标准因子载荷	AVE	CR	感知相关性	感知丰富性	感知侵扰性	隐私担忧	心理所有权	持续使用意愿
感知侵扰性	C1	0.864	0.696	0.871	-0.282	-0.409	**0.834**			
	C2	0.936								
	C3	0.682								
隐私担忧	D1	0.930	0.841	0.941	-0.193	-0.231	0.514	**0.917**		
	D2	0.899								
	D3	0.923								
心理所有权	E1	0.821	0.658	0.920	0.444	0.472	-0.490	-0.414	**0.811**	
	E2	0.782								
	E3	0.846								
	E4	0.811								
	E5	0.800								
	E6	0.805								
持续使用意愿	F1	0.908	0.820	0.932	0.500	0.564	-0.479	-0.351	0.581	**0.905**
	F2	0.885								
	F3	0.923								
$\chi^2/df<3$		RMSEA<0.08		GFI>0.90		NFI>0.90		IFI>0.90		CFI>0.90
2.483		0.063		0.901		0.929		0.957		0.956

注：对角线加重值代表 AVE 的平方根。

（3）共同方法偏差检验

本研究分别采用 Harman 单因子检验法和加入共同方法因子检验法检验问卷的共同方法偏差（周浩、龙立荣，2004）。单因子检验结果显示，特征根大于 1 的因子共 6 个，最大因子的解释率为 38.237%，符合小于 40% 的标准。加入共同方法因子的验证性分析结果显示，$\Delta RMSEA = 0.015$（≤0.05），$\Delta CFI = 0.021$（≤0.1），$\Delta TFI = 0.022$（≤0.1），拟合指标变化不大，说明共同方法因子的加入并未明显改善原模型。本研究的测量过程中不存在明显的共同方法偏差。

（4）假设检验

本研究使用最大似然估计法（ML）进行路径分析，结果如表 6-10 所示，感知相关性和感知丰富性对持续使用意愿具有显著的正向影响，路径系数分别为 0.205 和 0.268，H1 和 H3 得到支持；感知侵扰性对持续使用意愿具有显著的负向作用，路径系数为 -0.152，H5 得到支持；隐私担忧对持续使用意愿的作用不显著，H7 未得到支持。

表 6-10　路径分析结果

路径分析			Estimate	SE	CR	P	假设验证
感知相关性	→	持续使用意愿	0.205	0.083	3.867	0.000***	得到验证
感知丰富性	→	持续使用意愿	0.268	0.080	4.729	0.000***	得到验证
感知侵扰性	→	持续使用意愿	-0.152	0.058	-2.724	0.006**	得到验证
隐私担忧	→	持续使用意愿	-0.064	0.044	-1.267	0.205	未得到验证
感知相关性	→	心理所有权	0.244	0.064	4.338	0.000***	得到验证
感知丰富性	→	心理所有权	0.220	0.061	3.689	0.000***	得到验证
感知侵扰性	→	心理所有权	-0.228	0.045	-3.827	0.000***	得到验证
隐私担忧	→	心理所有权	-0.199	0.034	-3.679	0.000***	得到验证
心理所有权	→	持续使用意愿	0.263	0.079	4.595	0.000***	得到验证

注：***表示在 $P<0.001$ 的水平（双侧）上显著相关，**表示在 $P<0.01$ 的水平（双侧）上显著相关。

进一步根据 Preacher 等（2007）提出的 Bootstrap 方法，本研究运用 AMOS 24.0 数据分析软件对心理所有权的中介效应进行分析，具体结果如表 6-11 所示。感知相关性、感知丰富性、感知侵扰性对持续使用意愿的直接效应的 95% 置信区间分别为 [0.008，0.381]、[0.074，0.464]、[-0.302，-0.002]，均不包含 0，说明心理所有权的部分中介效应均显著，H2、H4、H6 均得到支持。参考路径检验结果，隐私担忧对持续使用意愿的影响作用不显著，即中介效应的前提不显著（Baron and Kenny, 1986；温忠麟等, 2005），故不能判断心理所有权的中介作用成立，H8 并未得到支持。但由于隐私担忧对持续使用意愿的间接效应的 95% 置信区间为 [-0.134，-0.004]，不包含 0，可以说明隐私担忧通过心理所有权对持续使用意愿存在间接影响。

表 6-11 中介效应检验结果

路径	效应	效应值	SE	Z值	95%CI		结果判断
					下限	上限	
感知相关性→持续使用意愿	间接效应	0.064	0.031	2.06	0.015	0.160	部分中介
	直接效应	0.205	0.096	2.13	0.008	0.381	
	总效应	0.269	0.086	3.13	0.100	0.430	
感知丰富性→持续使用意愿	间接效应	0.058	0.029	2.00	0.012	0.137	部分中介
	直接效应	0.268	0.098	2.73	0.074	0.464	
	总效应	0.326	0.090	3.62	0.159	0.541	
感知侵扰性→持续使用意愿	间接效应	-0.060	0.030	-2.00	-0.137	-0.014	部分中介
	直接效应	-0.152	0.077	1.97	-0.302	-0.002	
	总效应	-0.211	0.075	-2.81	-0.357	-0.055	
隐私担忧→持续使用意愿	间接效应	-0.052	0.023	-2.26	-0.134	-0.004	中介效应不成立
	直接效应	-0.064	0.065	0.98	-0.194	0.066	
	总效应	-0.116	0.067	1.73	-0.245	0.016	

6.7 结论与讨论

6.7.1 研究结论与理论贡献

本文在梳理相关文献的基础上，将质性与量化研究方法相结合，通过三个研究对App智能推荐体验进行概念界定、维度划分、量表开发和效度检验。本文的最终研究结论和相关理论贡献如下：

第一，App智能推荐体验的量表开发。现有关于App智能推荐特征的研究主要关注智能推荐的感知个性化（Zhu and Chang，2016；Henkens et al.，2020）和隐私担忧（Aguirre et al.，2015；范钧等，2020），比较零散、碎片化，缺乏从消费者体验视角对其进行整体性评估和测量。而本文从整体的消费者体验出发，通过质性和量化相结合的方法，首次界定了App智能推荐体验的概念，并开发、验证了其四维度量表，即感知相关性、感知丰富性、感知侵扰性和隐私担忧。其中，感知丰富性和感知侵扰性两个较新颖维度的提出是对已有研究的有效补充。该量表具有整体性和全面性的优点，能够较为完整地反映消费者所期望的、最理想的智能推荐体验。它既包括感知相关性和感知丰富性两个积极维度，也包括感知侵扰性和隐私担忧两个消极维度，充分体现了App智能推荐体验本身所包含的内在矛盾和平衡。该量表为App智能推荐体验提供了更为可靠的测量方法，为进一步深化和拓展智能推荐的消费者行为研究奠定了基础。

第二，验证了App智能推荐体验的网络法则效度。现有研究在探讨智能推荐特征对消费者反应的影响时视角比较单一，主要从期望确认模型、价值接受模型等方面探讨消费者感知推荐特征与平台持续使用意愿之间的关系（Gai and Klesse，2019；Lee and Hosanagar，2019），缺乏对其背后心理机制的深入揭示。因此，本文进一步验证了App智能推荐体验的网络法则效度，基于心理所有权理论揭示了App智能推荐体验对消费者持续使用意愿的影响及其心理作用机制。数据分析结果显示，感知相关性、感知丰富性对持续使用意愿的正向影响显著，感知侵扰性对持续使用意愿的负向影响显著，而隐私担忧对持续使用意愿的负向影响并不显著。这说明消费者在意隐私，但不会因此对其App使用行为存在显著抑制作用，与Mosteller和Poddar（2017）的研究结果是一致的。另外，心理所有权在感知相关性、感知丰富性和感知侵扰性对持续使用意愿的影响中发挥部分中介效应，说明感知相关性、感知丰富性和感知侵扰性都部分通过提升或降低消费者心理所有权而影响持续使用意愿。因此，本文一方面加强了App智能推荐体验的网络法则效度；另一方面也首次将心理所有权理论应用于智能推荐领域，丰富了心理所有权理论的相关研究。

6.7.2 实践启示

第一，有助于营销实践者更全面地理解App智能推荐体验，优化算法。本文所开发的App智能推荐体验四维度量表显示，消费者不仅重视智能推荐算法所带来的内容相关性和精准性，也重视信息的丰富性和多样性，而不愿被限制在单一向度的"信息茧房"中。另外，在获得以上利益的同时，消费者也忌惮智能推荐算法所带来的侵扰性和隐私问题。因此，本文建议营销人员在设计和优化App智能推荐算法时站在消费者整体体验的角度，更为全面地考虑消费者对智能推荐过程的期望和关切，尽量平衡四个维度之间的矛盾，争取实现"懂你但不过度侵扰你"的良好效果。在收集消费者相关信息时，营销人员不仅要考虑消费者最新点击、浏览等短期和表面的信息，还应该考虑消费者潜在的兴趣爱好、生活方式、职业、社交圈层等变量，优化相关推荐算法，以同时提高推荐的相关性和丰富性。另外，企业也应努力通过跨平台数据合作，打破"数据孤岛"现象，实现数据信息共享，才能更好地保证智能推荐的动态优化，提高推荐的时效性，避免重复和滞后的推荐内容。此外，企业也需要提升收集消费者个人隐私信息和智能推荐过程的透明度，倡导"可解释的算法"和"负责任的算法"，在披露个人信息方面给予消费者更多的选择权和知情权，才能从整体上提升消费者的 App 智能推荐体验。

第二，为企业实施智能推荐体验战略提供理论依据。本文证实，感知相关性、感知丰富性对消费者的 App 持续使用意愿具有显著的正向影响，而感知侵扰性对持续使用意愿具有显著的负向影响，而且这些影响都是部分通过提高或降低心理所有权而发生作用的。这些研究结论说明，企业实施智能推荐体验战略，增加对人工智能技术的投资，不断优化智能推荐体验，确实能够有效提升消费者的心理所有权，进而增强他们对 App 的持续使用意愿和用户黏性，从而带来明显的竞争优势。另外，心理所有权在其中所发挥的部分中介效应表明，企业在优化相关推荐算法和提升智能推荐体验时，可以采用心理所有权量表对用户进行预测试，将是否提升了用户的心理所有权作为重要参考指标。

6.7.3 研究局限与展望

本文在以下几个方面仍存在不足之处，也为未来相关研究提供了方向：首先，研究样本方面，受限于资金条件，样本量和样本范围有待扩大。为了提高研究便利性和样本代表性，本文全部采用在线问卷收集量化数据，数据收集方式较为单一，后续研究可考虑增加线下数据收集来源，进一步提高数据多样性。也可以考虑收集跨文化数据，检验量表在不同文化背景下的稳定性。其次，量表效度有待进一步检验。本文缺乏对 App 智能推荐体验量表进行多特质—多方法（MTMM）的聚敛效度检验和公认群体效度（known group validity）检验，未来研究可以在这方面有所加强。此外，本文仅考虑消费者持续使用意愿一个因变量，并未考虑边界条件。鉴于心理所有权在 App 智能推荐体验对持续使用意愿的影响过程中仅发挥部分中介效应，未来研究可进一步探索可能存在的其他中介变量与调节变量（如个体特征、情境因素等），检验 App 智能推荐体验对口碑推荐、价值共创、在线顾客融入等其他重要消费者行为结果的影响，以深化该领域的研究。最后，研究方法有待丰富。本文主要采用访谈法和问卷调查法分析数据、验证变量相关关系,却难以验证因果关系,未来研究可以采用实验室实验法、田野实验、二手数据等多样化方法进一步验证App智能推荐体验的影响结果,以提高研究结果的可靠性。

参考文献

[1] 陈昌东,江若尘.营销领域中算法推荐与消费者响应:研究评述与展望[J].经济管理,2021,43(10):193-208.

[2] 范钧,关潇汇,陈婷婷.您喜欢电商平台的"猜您喜欢"吗?——个性化推荐对在线消费者心理抗拒的影响机制[J].财经论丛,2020(4):84-93.

[3] 梁晓丹,李颖灏,刘芳.在线隐私政策对消费者提供个人信息意愿的影响机制研究——信息敏感度的调节作用[J].管理评论,2018,30(11):97-107.

[4] 刘建国,周涛,郭强,等.个性化推荐系统评价方法综述[J].复杂系统与复杂性科学,2009,6(3):1-10.

[5] 刘建新,李东进,李研.新产品脱销对消费者加价支付意愿的影响——基于心理所有权与相对剥夺感双中介模型[J].管理评论,2020(2):184-196.

[6] 吕巍,杨颖,张雁冰.AI个性化推荐下消费者感知个性化对其点击意愿的影响[J].管理科学,2020,33(5):44-57.

[7] 孙鲁平,张丽君,汪平.网上个性化推荐研究述评与展望[J].外国经济与管理,2016,38(6):82-99.

[8] 温忠麟,侯杰泰,张雷.调节效应与中介效应的比较和应用[J].心理学报,2005,37(2):268-274.

[9] 谢毅,高充彦,童泽林.消费者隐私关注研究述评与展望[J].外国经济与管理,2020,42(6):15.

[10] AGUIRRE E, MAHR D, GREWAL D, et al. Unraveling the personalization paradox: The effect of information collection and trust-building strategies on online advertisement effectiveness [J]. Journal of Retailing, 2015, 91 (1):

34-49.

[11] AL–NATOUR S, BENBASAT I, CENFETELLI R T. The effects of process and outcome similarity on users' evaluations of decision aids[J]. Decision Sciences, 2010, 39(2): 175-211.

[12] ANDRÉ Q, CARMON Z, WERTENBROCH K, et al. Consumer choice and autonomy in the age of artificial intelligence and big data[J]. Customer Needs & Solutions, 2018, 5(1-2): 28-37.

[13] AWAD N F, KRISHNAN M S. The personalization privacy paradox: An empirical evaluation of information transparency and the willingness to be profiled online for personalization[J]. MIS Quarterly, 2006, 30(1): 13-28.

[14] BETTMAN J R, FRANCES L M, PAYNE J W. Constructive consumer choice processes[J]. Journal of Consumer Research, 1998(3): 187-217.

[15] BHATTACHERJEE A. Understanding information systems continuance: An expectation-confirmation model[J]. MIS Quarterly, 2001, 25(3): 351-370.

[16] BOERMAN S C, KRUIKEMEIER S, BORGESIUS F J Z. Online behavioral advertising: A literature review and research agenda[J]. Journal of Advertising, 2007, 46(3): 363-376.

[17] CASTELO N, BOS M W, LEHMANN D R. Task-dependent algorithm aversion[J]. Journal of Marketing Research, 2019, 56(5): 809-825.

[18] DAVENPORT T, GUHA A, GREWAL D, et al. How artificial intelligence will change the future of marketing[J]. Journal of the Academy of Marketing Science, 2020(48): 24-42.

[19] DOORN J V, HOEKSTRA J C. Customization of online advertising: The role of intrusiveness[J]. Marketing Letters, 2013, 24(4): 339-351.

[20] EDWARDS S M, LI H, LEE J H. Forced exposure and psychological reactance: Antecedents and consequences of the perceived intrusiveness of pop-up ads [J]. Journal of Advertising, 2002, 31(3): 83-95.

[21] EFENDIÉE, VAN DE CALSEYDE, PHILIPPE P F M, et al. Slow response times undermine trust in algorithmic (but not human) predictions[J]. Organizational Behavior and Human Decision Processes, 2020, 157(3): 103-114.

[22] FAN L, SUH Y H. Why do users switch to a disruptive technology? An empirical study based on expectation-disconfirmation theory[J]. Information &

Management, 2014, 51(2): 240-248.

[23] FUCHS C, PRANDELLI E, SCHREIER M. The psychological effects of empowerment strategies on consumers' product demand[J]. Journal of Marketing, 2010, 74(1): 65-79.

[24] GAI P J, KLESSE A K. Making recommendations more effective through framings: Impacts of user-versus item-based framings on recommendation click-throughs[J]. Journal of Marketing, 2019, 83(6): 61-75.

[25] GREEN B, VILJOEN S. Algorithmic realism: expanding the boundaries of algorithmic thought[C]// Proceedings of the 2020 Conference on Fairness, Accountability, and Transparency, 2020: 19-31.

[26] HENKENS B, VERLEYE K, LARIVIÈRE B. The smarter, the better?! Customer well-being, engagement, and perceptions in smart service systems[J]. International Journal of Research in Marketing, 2020, 38(2): 425-447.

[27] HERBAS T B, FRANK B. Consumer desire for personalisation of products and services: Cultural antecedents and consequences for customer evaluations[J]. Total Quality Management and Business Excellence, 2017: 1-15.

[28] HUANG M H, RUST R, MAKSIMOVIC V. The feeling economy: Managing in the next generation of artificial intelligence (AI)[J]. California Management Review, 2019, 61(4): 43-65.

[29] JÖRLING M, BÖHM R, PALUCH S. Service robots: Drivers of perceived responsibility for service outcomes[J]. Journal of Service Research, 2019, 22(4): 404-420.

[30] JUSSILA I, TARKIAINEN A, SARSTEDT M, et al. Individual psychological ownership: Concepts, evidence, and implications for research in marketing[J]. Journal of Marketing Theory & Practice, 2015, 23(2): 121-139.

[31] KABADAYI S, ALI F, CHOI H, et al. Smart service experience in hospitality and tourism services: A conceptualization and future research agenda[J]. Journal of Service Management, 2019, 30(3): 326-348.

[32] KARAHANNA E, XU S X, ZHANG N. Psychological ownership motivation and use of social media[J]. Journal of Marketing Theory & Practice, 2015, 23(2): 185-207.

[33] KEYZER F D, DENS N, PELSMACKER D P. Is this for me? How con-

sumers respond to personalized advertising on social network sites[J]. Journal of Interactive Advertising, 2014, 15(2): 124-134.

[34] KIETZMANN J, PASCHEN J, TREEN E. Artificial intelligence in advertising: How marketers can leverage artificial intelligence along the consumer journey[J]. Journal of Advertising Research, 2018, 58(3): 263-267.

[35] KIRK C P, SWAIN S D, GASKIN J. I'm proud of it: Consumer technology appropriation and psychological ownership[J]. Journal of Marketing Theory & Practice, 2015, 23(2): 166-184.

[36] LEE D, HOSANAGAR K. How do recommender systems affect sales diversity? A cross-category investigation via randomized field experiment[J]. Information Systems Research, 2019, 30(1): 239-259.

[37] LI C. When does web-based personalization really work? The distinction between actual personalization and perceived personalization [J]. Computers in Human Behavior, 2016, 54(1): 25-33.

[38] LI D, BROWNE G J, WETHERBE J C. Why do internet users stick with a specific web site? A relationship perspective[J]. International Journal of Electronic Commerce, 2006, 10(4): 105-141.

[39] LIANG T P, LAI H J, KU Y C. Personalized content recommendation and user satisfaction: Theoretical synthesis and empirical findings[J]. Journal of Management Information Systems, 2006, 23(3): 45-70.

[40] LUO X, TONG S, FANG Z, et al. Machines vs. Humans: The impact of artificial intelligence chatbot disclosure on customer purchases[J]. Marketing Science, 2019, 38(6): 937-947.

[41] McNee S M, RIEDL J, KONSTAN J A. Being accurate is not enough: how accuracy metrics have hurt recommender systems[C]//CHI' 06 extended abstracts on Human factors in computing systems. 2006: 1097-1101.

[42] MIYAZAKI, ANTHONY D. Online Privacy and the disclosure of cookie use: Effects on consumer trust and anticipated patronage[J]. Journal of Public Policy & Marketing, 2008, 27(1): 19-33.

[43] Moon J. The role of psychological ownership and social identity in e-business: Strategies for building e-loyalty towards blog services[D]. State University of New York at Buffalo, 2006.

[44] MOSTELLER J, PODDAR A. To share and protect: Using regulatory focus theory to examine the privacy paradox of consumers' social media engagement and online privacy protection behaviors[J]. Journal of Interactive Marketing, 2017, 39(1): 27-38.

[45] PIERCE J L, KOSTOVA T, DIRKS K T. Toward atheory of psychological ownership and organization[J]. Academy of Management Journal, 2001, 26(2): 298-310.

[46] PIERCE J L, RUBENFELD S A, MORGAN S. Employee ownership: A conceptual model of process and effects[J]. Academy of Management Review, 1991, 16(1): 121-144.

[47] PUNTONI S, RECZEK R W, GIESLER M, et al. Consumers and artificial intelligence: An experiential perspective[J]. Journal of Marketing, 2021, 85(1): 131-151.

[48] QIN X, JIANG Z. The impact of AI on the advertising process: The Chinese experience[J]. Journal of Advertising, 2019, 48(4): 338-346.

[49] RAI A. Explainable AI: From black box to glass box[J]. Journal of the Academy of Marketing Science, 2020(48): 137-141.

[50] SCHIFFERSTEIN H N J, ZWARTKRUIS-PELGRIM E P H. Consumer-product attachment: Measurement and design implications[J]. International Journal of Design, 2008, 2(3): 1-13.

[51] SCHWARTZ P M, SOLOVE D J. The PII problem: Privacy and a new concept of personally identifiable information[J]. Social Science Electronic Publishing, 2011, 86(6): 1814-1894.

[52] SINCLAIR G, TINSON J. Psychological ownership and music streaming consumption[J]. Journal of Business Research, 2017, 71(2): 1-9.

[53] TUCKER C E. The economics of advertising and privacy[J]. International Journal of Industrial Organization, 2012, 30(3): 326-329.

[54] WANG W, BENBASAT I. Interactive decision aids for consumer decision making in e-commerce: The influence of perceived strategy restrictiveness[J]. MIS Quarterly, 2009, 33(2): 293-320.

[55] XU H, LUO X, CARROLL J M, et al. The personalization privacy paradox: An exploratory study of decision making process for location-aware marketing

[J]. Decision Support Systems, 2011, 51(1): 42-52.

[56] ZHU Y Q, CHANG J. The key role of relevance in personalized advertisement: Examining its impact on perceptions of privacy invasion, self-awareness, and continuous use intentions[J]. Computers in Human Behavior, 2016(65): 442-447.

[57] ZHANG Y C, SÉAGHDHA D Ó, QUERCIA D, et al. Auralist: Introducing serendipity into music recommendation[C]//Proceedings of the fifth ACM international conference on Web search and data mining, 2012: 13-22.

[58] ZHAO Q, CHEN C D, WANG J L. The effects of psychological ownership and TAM on social media loyalty: An integrated model[J]. Telematics and Informatics, 2016, 33(4): 959-972.

[59] 黄家良. 个性化信息负载悖论[D]. 广州: 华南理工大学, 2018.

[60] 李武, 艾鹏亚, 杨韫卿. 智媒时代"信息茧房"再论: 概念界定和效应探讨[J]. 未来传播, 2019, 26(6): 7-13.

[61] 王艳萍, 程岩. 参考组与时间压力影响下在线消费者对主动式推荐的心理抗拒及接受意愿分析[J]. 管理评论, 2013, 25(2): 70-78.

[62] 杜娟, 游静. "信息茧房"效应下消费者对个性化推送的采纳意愿研究: 心理抗拒视角[J]. 企业经济, 2019(1): 103-110.

[63] 周浩, 龙立荣. 共同方法偏差的统计检验与控制方法[J]. 心理科学进展, 2004(6): 942-950.

7

品牌国潮化设计的维度及其影响研究

摘　要　国潮产品越来越受到年轻消费者的欢迎,品牌国潮化也是当前营销实践者关注的焦点问题。然而,关于品牌国潮化设计的内涵及其对消费者购买意愿的影响机制并未得到充分研究。本文通过混合研究方法揭示了品牌国潮化设计的维度及其对消费者购买意愿的影响机制。其中,研究一基于扎根理论对25份访谈文本进行编码,发现品牌国潮化设计包含中国元素和审美体验两个维度,并通过文化认同、积极情绪、自我表达三个中介变量影响消费者购买意愿,产品类型和品牌来源国等情境因素发挥边界条件作用。研究二则通过回收309份有效问卷对研究一所提出的概念模型进行验证。结果表明,品牌国潮化设计确实包含中国元素和审美体验两个维度,中国元素通过促进自我表达来提高购买意愿,审美体验则能够增强积极情绪、促进自我表达进而提高购买意愿,自我表达在品牌国潮化设计维度与消费者购买意愿之间发挥明显的中介作用。结尾部分探讨了本文的理论贡献和实践启示,提出了未来的研究方向。

关键词　国潮；品牌；购买意愿

7.1　引言

正如智威汤逊大中国区首席执行官Tom Doctoroff所说,"中国消费者希望变得现代化、国际化,同时强调中国人"。2021年,通过国潮化设计,中国李宁营收首破200亿元,净利突破40亿元；唯品会数据也显示,自2022年2月8日年货节以来,安踏总体订单同比涨幅在50%以上,回力、特步等知名国潮运动品牌订单涨幅也在80%以上，百草味推出的虎年中国风坚果潮盒订单量同比增长高达309%。"中国"与"潮流"的结合，不仅打破了国货过去落伍质廉的面貌，带给消费者新的视觉体验与审美价值，更是通过赋予消费者一种文化身份而提升了品牌溢价和销售业绩。

理论方面，关于国潮的现有研究很少且集中于文学艺术领域。学者认为"国潮"是指中国本土文化、本土品牌及产品所引领的时尚潮流（李红岩、杜超凡，2019），重视其文化意涵，涉及对中华文化价值的重新评定（孙嘉，2021），但市场营销领域对品牌国潮化设计的概念界定较为模糊且十分缺乏。一些学者从国际营销的视角出发，研究了国际品牌融入本土文化元素后的消费者反应。比如，吴静娴（2020）将品牌融入中国元素的方式划分为原初象征意义中国元素（采用该中国元素原本的、生来就有的、被大多数人认同的象征意义）和衍生象征意义中国元素（采用随时代变迁衍生出来的该中国元素新的象征意义）。何佳讯等（2014）发现中国元素刻板印象一致性对产品购买可能性产生显著的积极影响，消费者认知需求和专业知识水平起调节作用（卢正文，2017）。从消费者的角度来看，运用中国元素可以唤起其内心的认同感与自豪感，使其感受到独特的身份属性；从品牌的角度来看，运用中国元素可以产生差异性，形成独特的文化资产，使其具备超越其他品牌的竞争力（何佳讯，2013）。

随着国潮经济的崛起，营销实践者对品牌国潮化的关注和需求越来越广泛。然而，关于品牌国潮化设计的内涵及其对消费者购买意愿的影响机制并未得到充分研究。因此，本文在评述已有品牌国潮化设计相关研究的基础上，通过混合方法研究品牌国潮化设计的维度及其对消费者购买意愿的影响机制。基于扎根理论，研究一对25份访谈文本进行编码，发现品牌国潮化设计包含中国元素和审美体验两个维度，并建构了品牌国潮化设计维度对消费者购买意愿的影响机制模型。研究二则通过回收309份有效问卷对其进行验证，结果表明，品牌国潮化设计确实包含中国元素和审美体验两个维度，中国元素通过促进自我表达、审美体验通过增强积极情绪和促进自我表达来提高购买意愿，自我表达在品牌国潮化设计维度与消费者购买意愿之间发挥明显的中介作用。结尾部分探讨了本文的理论贡献和实践启示，提出了未来的研究方向。

7.2 文献回顾

7.2.1 国潮概念的内涵

尽管关于国潮至今已有大量研究,但缺乏统一的概念界定。"国潮"概念肇始于天猫发起的"国潮行动"。李红岩(2019)指出"国"表示国潮将中国本土文化作为核心内涵和理念支撑,"潮"则体现出传统文化与时代精神、本土文化与域外潮流、东方智慧与时尚思维的整合。姚林青(2019)则认为国潮,即"中国+潮流",是以品牌为载体,既能满足年轻消费者个性的张扬及其对时尚的追求,又是传统文化自然回归而产生的一种流行现象。然而,近年来,国潮的概念内涵发生了巨大的变化,今天的国潮更多地带有中国民众消费行为指向(孙嘉,2021)。"国"指中国,是全球化视野下审视中国本土文化、产品和品牌的表达;"潮"指潮流,具有一种时代浪潮生机勃勃、更新迭代的特征;此外,国潮还具有了多元融合、跨界创新的含义(章莉莉、李姣姣,2021)。值得注意的是,服装设计还应考虑受众的心理和接受能力,民族元素应有效地变形和创新,以适应现代人的审美心理和审美情趣。从上述表述可以看出,学者们认为国潮既应该包含中国本土文化元素,彰显中国文化底蕴,又要符合现代人的审美要求,适应时尚美感的现代潮流,二者缺一不可,因此,本研究认为品牌国潮化应该包含中国元素和审美体验两个设计维度。

7.2.2 中国元素与购买意愿

2004年,上海梅高创意咨询有限公司董事长高峻先生首次提出中国元素概念。中国元素具有共性,即"中国文化、中国精神"和"中华民族特有的图像、符号和文化"(何德珍,2007)。何佳讯等(2014)则给出了市场营销角度的中国元素定义:来源于中国传统文化,或在中国现代社会发展中产生的,与中国文化密切联系的,为大多数中国人所认同的符号、精神内涵或者实物。随着研究的深入,中国元素的内涵有了进一步的延伸。其具有符号层面的外在表征、观念层面的内在核心、文化层面的社会语境依存关系与发展完善的动态体系(徐协,2011),绝不是回到中国与外界隔绝的传统社会,而是通过融入中国文化的细微元素，在全球背景下重塑中国的形象和中国消费价值观（Wang and Lin，2009）。

关于中国元素与购买意愿的研究不仅稀少且质量参差不齐。研究显示，品牌外国文化象征性能正向影响消费者对品牌质量、声望、独特性利益、群体归属性利益的评价（孟繁怡、傅慧芬，2016）。相较于没有运用中国元素的品牌，采用原初象征意义和衍生象征意义的中国元素策略均对消费者购买意愿产生了正向影响（吴静娴，2020），但在认知需求和专业知识水平低的情况下，对消费者反应没有明显的提升作用（卢正文，2017）。此外，研究显示，中国元素刻板一致性和中国元素辨识度都会影响消费者的购买意愿（何佳讯等，2014；王晓珍等，2017）。以上研究从不同背景、不同角度说明了中国元素对购买意愿的影响，但缺乏对中介与调节因素的系统探索，中国元素对消费者购买意愿的影响研究仍然停留在后效探索阶段。

7.2.3 审美体验与购买意愿

关于审美体验的内涵有传统的自我回报、批判的抵抗霸权、极简的自我主体、实用的日常体验4种不同的观点（Venkatesh and Meamber，2008）。Holbrook 和 Zirlin（1985）将审美反应定义为一种深深感受到的体验，纯粹是为了自身而享受。同样秉持传统观点，Leder 等（2004）则认为审美体验具有享乐属性，是一种提供自我回报的认知操作。与此不同，认同实用主义的 Venkatesh 和 Meamber（2008）认为，美学是指与和谐和秩序相联系的物体的视觉形式和感觉经历，将美学融入日常消费体验，通过人类的视觉来影响人们对产品设计的感知和行为。

美学反映了其取悦我们视觉感官的能力（Bloch，2011）。今天的国货已被赋予更多文化属性，年轻人愿意为文化和审美而消费，用消费表达态度、收获社群认同和归属感（孙嘉，2021）。已有多种实验显示美学会显著影响消费者的大脑活动（Enric et al.，2011；Reimann et al.，2010）。当用户在进行信息搜索和娱乐活动时，手机界面的简洁会影响用户的积极满意度（Choi and Lee，2012），网络美学对消费者的购买意愿有正向影响（Wang，Hong，and Lou，2010）；新奇且美观的创意性陈列能够增加客户的购买行为（Keh，Wang，and Yan，2021）。智能手表也是如此（Hsiao，2013），屏幕大小和独特性会对当前用户的使用行为和潜在用户的购买意愿产生影响（Dehghani and Kim，2019）。此外，文化创新产品设计能够积极影响年青一代的可支持性和弹性感知，最终推动购买意愿的提升（Qin, Song, and Tian, 2019）。总而言之，消费者可以从具有审美吸引力的产品和包装上获得审美体验，其具有神经科学研究、信息处理模型、情感反应过程三个方面的作用机制，进一步通过溢出效应、感染效应和对比效应等方式影响产品性能感知（Cyr, Head, and Ivanov, 2006；宋晓兵、徐珂欣、吴育振，2017）、产品评价（Chitturi, Raghunathan, and Mahajan, 2008）和购买意向（李东进、李研、武瑞娟，2013）。上述学者从不同领域与角度对审美体验的影响后效进行了细致完整的探索，但其内在机理仍然模糊，需要进行深入研究。

7.3 研究一：关于品牌国潮化设计的扎根理论

由于以往研究中缺乏关于品牌国潮化设计维度的高质量实证研究，变量关系尚不清晰，仅使用一种研究方式（定性/定量）不能回答品牌国潮化设计维度及其对消费者购买意愿的影响机制这一问题，因此，本文将采用访谈编码与问卷调查相结合的混合研究方法（Johnson and Onwugbuzie, 2004；安黎黎，2010）。与其他方法相比，访谈更有可能突破学者最初的理论设想，获得意想不到的收获，因此，要明确品牌国潮化的概念内涵及其作用于消费者购买意愿的内在机理，需要首先通过质性研究对现象进行挖掘。基于国潮品牌受欢迎的现象，本文选取25名了解国潮现象的高校学生进行半结构化深度访谈，运用扎根理论编码数据、分析资料，明确品牌国潮化的设计维度及其概念内涵，探索品牌国潮化设计维度与消费者购买意愿之间的关系机理，为后续的定量研究打下坚实基础。

7.3.1 访谈设计

本文围绕品牌国潮化设计的维度及其对消费者购买意愿的影响机制设计了三大核心问题，即"什么是品牌国潮化""品牌国潮化对消费者购买意愿有什么影响"以及"品牌国潮化如何影响消费者购买意愿"。访谈时，以上述核心问题为主线，首先，了解其对国潮及伪国潮的具体认知；其次，关注品牌国潮化的原因、品牌国潮化与购买意愿的关系；最后，了解其中可能存在的中介因素。每位访谈时间为30分钟左右，共历时11小时22分钟，笔者在被访对象同意的情况下对访谈过程录音并将其整理成文字，形成Word文本共91

页，以便开展下一步的编码分析。访谈对象信息汇总如表7-1所示。

表7-1 访谈对象信息汇总

序号	姓名	年龄	性别	学历	时间
1	黄先生	20	男	本科生	33分钟
2	薛女士	19	女	本科生	24分钟
3	李女士	21	女	本科生	26分钟
4	张女士	20	女	本科生	23分钟
5	李女士	21	女	本科生	28分钟
6	杨女士	22	女	本科生	26分钟
7	谭先生	21	男	本科生	24分钟
8	李女士	21	女	本科生	27分钟
9	杨先生	22	男	本科生	27分钟
10	蔡女士	21	女	本科生	31分钟
11	林先生	22	男	本科生	25分钟
12	白先生	20	男	本科生	35分钟
13	穆先生	21	男	本科生	24分钟
14	熊女士	25	女	硕士研究生	28分钟
15	叶先生	24	男	硕士研究生	32分钟
16	姚女士	19	女	本科生	28分钟
17	刘女士	21	女	本科生	30分钟
18	秦女士	22	女	本科生	27分钟
19	杜先生	21	男	本科生	28分钟
20	吴女士	20	女	本科生	26分钟
21	王女士	22	女	本科生	23分钟
22	方先生	20	男	本科生	25分钟
23	梁先生	22	男	本科生	27分钟
24	张先生	23	男	本科生	29分钟
25	林先生	23	男	硕士研究生	26分钟

7.3.2 开放式编码

为保证编码的顺利有效进行，本文在手动编码前借助 Nvivo 12.0 软件进行了预编码，形成一级节点 4 个，2 级节点 14 个。开放式编码的目的在于打开数据并识别大量可能的主题。笔者对文本内容进行标签化，提取形成初级代码 171 条和代码 171 条。在广泛阅读文献的基础上，探索能够归纳现象内涵的学术概念，完成从现象到理论的抽象过程，形成 25 个概念。范畴是反映事物本质属性和普遍联系的基本概念，部分概念间存在本质联系，因此，将具有相同本质属性的概念归纳为一个范畴，共 8 个范畴，如表 7-2 所示。

表 7-2 从代码到范畴的形成过程举例（按原始资料排序）

部分原始资料	初级代码	代码	概念	范畴
一些国潮卫衣上印着中国风的凤凰印花，还有长安裤子这种情侣装（A6）	国潮带有凤凰印花等鲜明中国元素	凤凰印花	中国象征意义	中国元素
国潮是偏传统的元素，是铭刻在中国人骨子里、DNA 里的东西（A11）	国潮要具有传统元素，中国人 DNA 里的东西	传统元素 DNA	中国传统文化	中国元素
在我理解里，国潮带有中国的特质，可以是外表形式上的特质，也可以是精神内核上的，比如 slogan（A17）	国潮带有中国特质	中国特质与中国元素	中国精神内涵	中国元素
国潮符合世界大的、时尚的趋势，符合大众基本的审美（A25）	国潮符合大众基本的审美	符合当下审美	吸引人、很专业	审美体验
国潮能够将国潮元素和产品特色、消费潮流相互融合在一起（A28）	国潮要将传统文化与当下潮流相融合	当下潮流	吸引人	审美体验
国潮既适合全年龄段的人，又有一种美的感受、美的体验（A29）	国潮对全年龄段的人有美的感受	美的体验	吸引人、很专业	审美体验
李宁的敦煌系列把中国传统文化飞天做到衣服上，非常时尚，会引起人们内心深处的触动（A47）	李宁敦煌系列引起人们内心触动	内心触动	强大历史遗产	文化认同

续表

部分原始资料	初级代码	代码	概念	范畴
你骨子里是中国人,但是所接触的潮的、年轻的东西都是偏欧美化的。之前这个部分是空缺的,有一种突然被关照的感觉(A51)	国潮关注了没有被关注过的文化认同感	文化认同需求	共同历史背景	文化认同
国潮化更容易获得中国人的认同,一些喜欢传统文化的人会更青睐于这类产品,更容易认同它(A54)	国潮更容易获得中国人的认同	中国人认同	共同历史背景	文化认同
我如果穿一件有中国Logo的李宁T恤,会开心,会更想出去玩,向大家展示我的特色(A61)	国潮会使我开心,会激励我的行为	开心的	快乐的	积极情绪
穿着一件适合的国潮元素服装,我会认为我所认同的文化得到了契合,会得到心灵上的满足(A80)	我所认同的文化会得到契合,会满足	契合满足	满足的	积极情绪
穿上去就感觉自己非常酷,与众不同,能够体现自己的特色和风格(A85)	穿上国潮感到非常酷,与众不同	非常酷	酷的	积极情绪
年轻人会更多地注重自己个性的表达、个人诉求和自我意志的表达,也会向往自由(A106)	年轻人注重个性表达,向往自由	个性表达	自我表达意愿	自我表达
国潮和我其实是合一的,可以非常好地配合我跟别人去"战斗",它可以表达我(A107)	国潮和自我是合二为一的,可以表达我	表达我	自我表达意愿	自我表达
国潮迎合了消费者追求小众文化认同的需求,更多的是突出个性的存在(A110)	迎合消费者对于小众文化认同感的需求	突出个性	变得与众不同	自我表达
更契合中国传统文化的时尚元素更能吸引中国的消费者进行购买(A117)	契合中国传统文化吸引消费者购买	契合传统文化吸引购买	购买意愿	购买意愿
如果我喜欢这个国潮品牌的话,可能会重复购买,会推荐给身边的人(118)	重复购买,推荐给身边人	重复购买	购买意愿	购买意愿

续表

部分原始资料	初级代码	代码	概念	范畴
国潮是会影响消费者购买意愿的。相比目前普通的品牌，它可能会更受消费者的欢迎（A120）	国潮影响消费者购买意愿，受到消费者欢迎	更受消费者欢迎	购买意愿	购买意愿
我觉得产品类型会有影响，毕竟很多领域的中国特色没有那么明显（A128）	很多领域中国特色没有那么明显	领域中国特色不明显	产品类型	产品类型
没有物质代替、风格化的东西，大家理解起来可能会有些困难，不是非常有利于传播（A136）	无实物风格化的东西不利于传播	风格化不利于传播	产品类型	产品类型
主要集中在服饰，美妆也有涉及，但其他领域缺乏（A139）	国潮集中于服饰、美妆，其他领域缺乏	领域局限	产品类型	产品类型
如果只是外国人出资，这家企业或者品牌文化则不算国潮（154）	外国人出资，企业或品牌文化不算国潮	外国人出资企业或品牌文化不算国潮	品牌来源国	品牌来源国
本国人设计，其对本国元素、文化认同应该有更深的感受（A156）	本国人设计更有认同感	本国人更高认同感	品牌来源国	品牌来源国
中国人创立，我的接受度会更高一点，外国人总有一种他们在蹭热度的感觉（A165）	中国人创立，接受度会高	中国人创立接受度高	品牌来源国	品牌来源国
……	……	……	……	……
合计	171条初级代码	171条代码	25个概念	8个范畴

7.3.3 结果分析

国潮究竟为何广受欢迎？本文通过访谈编码建构了品牌国潮化设计维度对消费者购买意愿的影响机制模型。如前所述，品牌国潮化包含中国元素和审美体验两个设计维度，并通过认知角度的文化认同、情感角度的积极情绪、身份角度的自我表达来影响消费者的购买意愿。这符合Reynolds（1974）提出的S-O-R理论，作为刺激的中国元素和审美体验，引发了认知、情感、身份不同角度的机体，最终导致消费者购买意愿的反应（Reynolds and Darden，

1974），产品类型、品牌来源国会不同程度地影响上述过程，充当整个过程的调节变量，如图7-1所示。

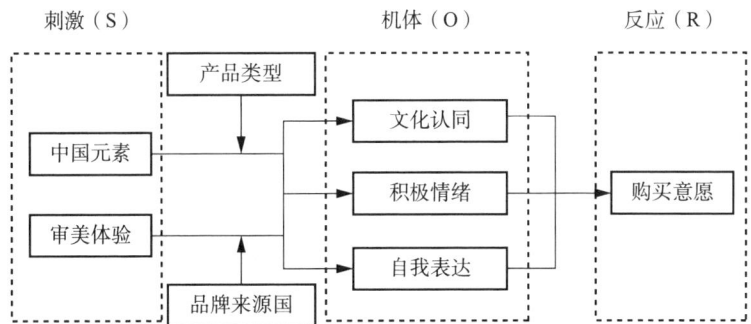

图7-1　品牌国潮化设计维度对消费者购买意愿的影响机制模型

（1）品牌国潮化设计的维度

从本文形成的核心概念的质性材料分析来看，品牌国潮化包含中国元素和审美体验两个设计维度这一逻辑关系在原材料中得到了清晰的体现。例如，"一些国潮卫衣上印着中国风的凤凰印花，还有长安裤子这种情侣装（A6）""在我理解里面，国潮带有中国的特质，可以是外表形式上的特质，也可以是精神内核上的，比如slogan（A17）""国潮系列的电视节目，如河南卫视晚会就特别有国潮运动风范（A3）"，这三种表述分别从不同的角度阐述了中国元素的概念内涵，有凤凰印花代表的中国象征意义，有slogan代表的中国精神内涵，还有文化电视节目蕴含的中国传统文化，共同融会贯通成我们所理解的中国元素。而"国潮符合世界大的、时尚的趋势，符合大众基本的审美（A25）""国潮既适合全年龄段的人，又有一种美的感受、美的体验（A29）"等一系列表述则说明消费者对国潮产品已经提出了新的要求，不再是提供简单的功利价值即可，还需要能够融合创新、发展特色、紧跟时代，能够带来时尚感受与审美上的体验。由此可知，品牌国潮化在融入中国元素的同时还要兼顾审美体验，民族元素的应用应为现代服装设计增光添彩，切不可闭门造车、脱离消费者实际，审美体验也是品牌国潮化过程中不可或缺的部分。

（2）中国元素和审美体验对消费者购买意愿的影响

正如被访者所说，"品牌国潮化是会增加消费者购买决策的（A121）"。采用中国元素策略的品牌会对消费者购买意愿产生积极影响（吴静娴，

2020），"更契合中国传统文化的时尚元素更能吸引中国的消费者进行购买（A117）"。此外，有被访者提到，"像李宁，它是通过 2018 年、2019 年的国潮秀场系列实现了转型。消费者会加深对这个品牌的印象，会跟身边人谈论起这些产品，下次购买时会在脑海中浮现出该产品从而增加购买（A115）"。李宁通过国潮秀场实现转型，带来较为优异的审美体验，给消费者留下深刻的印象，从而增加了它的购买量。由此可见，中国元素与审美体验均会提升消费者的购买意愿，"相比目前普通的品牌，它可能会更受消费者的欢迎（A120）"，中国元素与审美体验对购买意愿的积极影响在原材料中得到了充分的支持与体现。

（3）不同角度的中介变量

首先，文化认同是指特定文化中的人们对一系列焦点元素的认知和认同程度，其将该文化与其他文化区分开来，反映了对自身文化的积极感受（He and Wang，2015）。有被访者提到，"李宁的敦煌系列把传统文化飞天做到衣服上面，非常时尚，会引起人们内心深处的触动（A47）"，这正是优秀文化成果在新时代不断传播、创新，唤醒青年对传统文化的自豪感与认同感的最佳印证（高传华，2020）。此外，也有消费者提到品牌国潮化满足了消费者尚未被关照到的民族认同感的需求，如"你骨子里是中国人，但是所接触的潮的、年轻的东西都是偏欧美化的。之前这个部分是空缺的，有一种突然被关照的感觉（A51）"。正如韩震（2005）所观察的，"消费已经成为塑造和表征人的文化认同和自我认同的主要因素，成为界定人们的现代化程度、个性存在、社会存在、政治存在和文化存在的标志"，文化认同深刻影响着当代消费者的选择与购买。

其次，认知与情感具有交互作用，许多消费者研究本质上是认知性的，但情感的作用没有受到足够重视（Baba and Alexander，1999）。被访者提到，"我应该是很开心的，因为穿到自己喜欢的衣服，还有国潮元素，也会同周围人分享（A60）""自豪满足，会对自己的吸引力很有自信，绝对是发光的（A70）""穿着一件适合的国潮元素服装，我会认为我所认同的文化得到了契合，会得到心灵上的满足（A80）""穿上去就感觉自己非常酷，与众不同，能够体现自己的特色和风格（A85）"。以上消费者的表述均证实了品牌国潮化设计能够带来如快乐的、自信的、自豪的、满足的、酷的等一系列积极情绪，积极情绪又能够对消费者购买意愿产生显著的积极影响。Landwehr 等（2011）通过实验发现上翻格栅与倾斜前灯的组合能触发积极的情感状态，既有高度的愉悦感，也有觉醒感，产品设计确实会影响消费者的情绪进而做出不同的反应。

最后，不同文化背景下的人对自我、他人以及二者之间的相互依赖有着截然不同的理解，其可以影响并在许多情况下决定个人体验的本质，包括认知、情感和动机（Markus and Kitayama，1991）。正如消费者提到的，"国潮和我其实是合一的，可以非常好地配合我跟别人去'战斗'，它可以表达我（A107）"。人们表达自己的一种方式是通过自己的选择，通过选择，人们可以让自己的偏好和价值观变得公开可见（Kim and Sherman，2007），选择国潮产品也是如此。也有部分受访者提到，"年轻人会更多地注重自己个性的表达、个人诉求和自我意志的表达，也会向往自由（A106）""国潮迎合了消费者追求小众文化认同感的需求，更多的是突出个性的存在（A110）"。当代年轻人向往自由，希望与众不同，能够表达自我，品牌国潮化正是迎合了这一需求。物质商品可以帮助人们自我表达（Bella，Christian，and Baba，2018），通过国潮化产品，消费者能够呈现各种各样的自我，尽情地舒展个性，真诚地做自己。

通过访谈编码分析，我们发现认知角度的文化认同、情感角度的积极情绪和身份角度的自我表达都可能对品牌国潮化设计维度与消费者购买意愿之间的关系产生影响。作为刺激的中国元素和审美体验，能够引发认知、情感、身份不同角度的机体，最终导致消费者购买意愿的反应。

（4）关于情境因素的探索

质性材料中，消费者还提到，"我觉得产品类型会有影响，毕竟很多领域中国特色没有那么明显（A128）"。朱振中等（2020）指出，产品类型会调节外观新颖性对消费者购买意愿的影响。"如果说把国潮计划到一个载体上，像故宫文创、手机定制款这种比较容易和大家接触。但是，风格化的东西大家理解起来可能会有些困难，也不是非常有利于传播（A136）。"享乐商品可定义为消费审美或感官愉悦、幻想和乐趣的情感和感官体验的商品（Hirschman and Holbrook，1982）；而功利主义商品的消费更受认知驱动、工具性和目标导向，并完成功能性或实用性任务（Strahilevitz and Myers，1998）。享乐主义和功利主义并不是一个单维度量表上的两个极端，一种消费行为往往同时具有享乐主义特性和功利主义特性（李玉峰、吕巍、柏佳洁，2008）。但根据材料，"相对于已经很成熟的外国品牌来说，国潮产品会更加适合年轻人的购买能力（A147）""在我很朴素的消费观里，这个产品它肯定足够实用（A149）"，对于功利价值，消费者依然有很高的要求。

品牌来源国是指消费者心目中与某品牌所联系的国家和地区，其主要通过认知路径改变消费者的产品质量判断；赋予产品社会地位、生活方式等丰富象征意义，通过情感路径影响消费者的态度；通过规范社会或个人的路径来影响购买意愿（庞隽、毕圣，2015）。质性分析材料显示，"本国人设计，其对本国元素、文化认同应该有更高的感受（A156）""中国人创立的，我接受度会更高一点，外国人总有一种他们在蹭热度的感觉（A165）"。随着消费者对国家的产品越来越熟悉，国家形象可能会成为一种概要结构，概括消费者对产品属性的信念，直接影响他们对品牌的态度（Han，1989）。Swoboda 等（2012）的研究也显示，对于国内零售商来说，感知品牌本土化对零售顾客量影响强烈，据此，本研究认为，对于消费者来说，品牌来源国是能够影响品牌国潮化设计维度与消费者购买意愿之间的关系的。

7.4 研究二：品牌国潮化设计维度对消费者购买意愿的影响机制研究

本部分将基于前文扎根理论的发现，结合已有研究成果，通过问卷调查和数据分析方法对如图 7-1 所示的概念模型和研究假设进行实证检验，进一步洞悉品牌国潮化设计维度与消费者购买意愿之间的关系。

7.4.1 理论模型与研究假设

（1）中国元素与购买意愿

中国元素可定义为被历代中国人认同，代表中国文化精神，体现中华民族尊严和民族利益的图像、符号和文化等具象物质和抽象的精神元素（何德珍，2007）。已有研究证明，采用中国元素策略的品牌能够增加消费者的购买意愿（吴静娴，2020），品牌塑造中运用中国元素会对消费者反应产生显著影响（卢正文，2017），此外，学者们进一步探究了中国元素辨识度与刻板一致性的影响（王晓珍、叶靖雅、杨拴林，2017；何佳讯、吴漪、谢润琦，2014）。作为品牌国潮化设计维度之一的中国元素，对消费者购买意愿具有重要影响。据此，我们提出以下假设：

H1：中国元素对消费者购买意愿会产生积极影响。

（2）审美体验与购买意愿

审美体验是一种认知、想象与感觉产生交互作用的高水平的认知过程，其比知觉更具认知性，比单纯地思考和想象更富有感觉（李东进、李研、武瑞娟，2013）。研究显示，包装设计越美观，产品的卷入度就会越高（Reimann, et al., 2010）；网络美学、创意性陈列也会增加消费者的购买（Wang et al., 2010；Keh et al., 2021）；手机界面简洁会影响用户的积极满意度（Choi and Lee, 2012）、增加智能手表的采用（Hsiao, 2017）；此外，文化创新产品设计能够推动消费者的购买意愿（Qin, Song, and Tian, 2019）。由以上研究可知，包装、陈列、网络、界面等不同领域的审美体验都会影响消费者的购买意愿。作为品牌国潮化设计维度之一的审美体验，对消费者购买意愿具有重要价值作用。据此，我们提出以下假设：

H2：审美体验对消费者购买意愿会产生积极影响。

（3）文化认同的中介作用

消费者希望看到一个产品、品牌带有它们熟悉的文化价值观的象征意义，以确认它们的文化身份（He and Wang, 2017），文化一致性诉求在总体上更有效（Zhang and Gelb, 1996）。研究显示，感知品牌全球化和感知品牌本土化能够通过心理价值观和功能价值观影响零售顾客量（Swoboda, Pennemann, and Taube, 2012），更高的本土认同会增强品牌本地形象对购买可能性的影响（He and Wang, 2017）。大量研究显示，文化认同对消费者购买意愿存在积极影响，能够提高国内品牌的偏好和购买可能性，品牌本土象征价值在其中起中介作用（He and Wang, 2015；黄海洋、何佳讯，2017）。此外，王晓珍等（2017）在探索中国元素辨识度与消费者购买意愿的关系时发现，低品牌熟悉度情况下文化认同的调节作用显著。消费者能够通过物化、集总、分裂、视野扩展的战略部署创造和更新对自我的认知（Beverland et al., 2020），熟悉的元素会引发消费者的文化认同感，文化认同又会影响消费者的购买意愿。据此，我们提出以下假设：

H3a：文化认同在中国元素对购买意愿的影响中起到中介作用。

H3b：文化认同在审美体验对购买意愿的影响中起到中介作用。

（4）积极情绪的中介作用

审美反应源于产品的设计和感官特性，而不是其性能或者功能属性（Venkatesh and Meamber, 2008），国潮产品至少可以在消费者中引发适度的审美反应，包括注意力的增强和强烈的积极情绪（Bloch，1995）。研究显示，蕴含文化元素的产品更能引起被试的愉悦感受（Wu，2011），与经过视觉处理的智能手机相比，男性更喜欢黑莓珍珠的原版钢琴黑处理（Dahlgaard et al.，2007），由此可知，中国元素和审美体验确实会激发消费者的积极情绪。Julian 等（2013）考察了情绪反应对购买冲动和实际购买的影响，进一步确定了愉悦感与实际购买行为的正相关关系，高趋近积极情绪会增强消费者对同类产品的冲动性购买意愿（吴俊宝、江霞、杨强，2021）。积极情绪不仅影响冲动性购买，对消费者的选择也具有很大影响（Guo et al.，2020），对满意度有直接影响，对忠诚度有混合影响（Birgit，2019；Gracia et al.，2011）。由以上分析可知，中国元素和审美体验确实会通过激发消费者的积极情绪对消费者购买意愿产生积极影响。据此，我们提出以下假设：

H4a：积极情绪在中国元素对购买意愿的影响中起到中介作用。

H4b：积极情绪在审美体验对购买意愿的影响中起到中介作用。

（5）自我表达的中介作用

一个人在一种文化背景下可能会做出选择，以表达个性并显得独特。选择是自我表达，个体通过选择展示自己的意志、感情和观点的独特融合（Kim and Drolet，2003），一个分离的人有一种独立感，认为他是与众不同的人，"我就是我"（Wang and Mowen，1997）。值得注意的是，独立自我的消费者由于自主需要更加偏好用户设计的产品（宋晓兵、徐珂欣、吴育振，2017）。研究显示，两极分化的产品被认为更适合自我表达并作为一个人品位和个性更强的指标（Bella，Christian，and Baba，2018），个体在社会拥挤时的自我表达需要很强，会产生金钱捐赠、炫耀性消费的行为（郭青青、邓逊、郭伟栋，2020；丁瑛、杨晨，2021）。消费主义在某种程度上代表了个体追求自我的过程，他们想要"独而不孤"，国潮产品对"我"的突出和张扬，在某种程度上成为消费者"个体化"的表达机制（邢海燕，2021）。品牌国潮化满足了消费者对个性的追求，并通过自我表达对消费者购买意愿产生影响。据此，我们提出以下假设：

H5a：自我表达在中国元素对购买意愿的影响中起到中介作用。

H5b：自我表达在审美体验对购买意愿的影响中起到中介作用。

（6）产品类型的调节作用

消费者的选择是由功利主义和享乐考虑驱动的，不同因素映射产品评估和态度的独立组成部分，使人们能够根据产品的相对享乐和功利性质区分产品（Dhar and Wertenbroch，2000）。产品类型不仅会影响消费者的产品参与（Park and Moon，2003），更会改变消费者的感知和行为（Moon, Chadee, and Tikoo，2008；张艳辉、李宗伟，2016）。Strahilevitz（1999）的研究发现，当捐赠规模和货币激励较大时，慈善激励措施在奢侈产品方面更有效。此外，研究显示，不同虚拟产品的用户感受各不相同（冯小亮、任巍，2018），名人主播推荐享乐品触发消费者的认同机制，企业主播推荐实用品触发消费者的内化机制（黄敏学、叶钰芊、王薇，2022）。购买享乐品，更可能激发消费者的内疚感、花钱的痛苦、负面自我形象和高层次目标，进而导致理由性思维占据主导地位。因此，相较于实用品，购买享乐品所引发的购物冲量效应更低（姚卿、陈荣、段苏桓，2013）。上述不同领域的研究都证实，产品类型确实影响消费者的购买意愿，消费者依旧重视功利价值。据此，我们提出以下假设：

H6：相较于享乐型产品，当消费者购买功能型产品时，品牌国潮化设计维度对消费者购买意愿的影响更强。

（7）品牌来源国的调节作用

消费者对产品质量整体水平和产品维度水平的感知，在不同产品模式中是不同的，品牌来源国会影响消费者对产品质量的感知（Han and Terpstra，1988），可以在消费者无意识的状态下通过情绪体验影响不同广告的说服效果（庞隽、毕圣，2015）。吴静娴（2020）通过实验发现，品牌—国家联结中介了原初象征意义中国元素与消费者购买意愿之间的关系；孟繁怡和傅慧芬（2016）则发现，品牌外国文化象征性能够正向影响消费者对品牌质量、声望、独特性利益、群体归属性利益的评价进而对消费者态度产生积极影响，品牌来源国形象在其中起调节作用。当消费者对一个国家的产品不熟悉时，国家形象可能会成为一个光环，消费者从中推断出一个品牌的产品属性，并通过产品属性评级间接影响他们对产品的态度，品牌来源国会显著影响消费者的购买意愿（Han，1989）。据此，我们提出以下假设：

H7：相比其他国家的品牌，当品牌来源于中国时，品牌国潮化设计维度对消费者购买意愿的影响更强。

7.4.2 研究设计与样本特征

本研究采用问卷调查法。为保证问卷质量，本研究均采用发表在高水平期刊、经过科学检验的成熟量表，中国元素方面借鉴 He 和 Wang（2017）提出的定义，审美体验方面引用 Hsiao（2013）改编的设计美学测项，文化认同方面引用黄海洋和何佳讯（2017）翻译的 Keillor 民族认同量表，积极情绪方面引用邱林等（2008）Watson 积极情感消极情感量表（PANAS），自我表达方面采用郭青青等（2020）翻译的 Bella 自我表达动机量表。购买意愿方面则借鉴了 Dodds 等（1991）探究价格、品牌和商店信息与购买意愿之间关系的测项，以上变量均采用 Likert 七级量表进行测量。最后，为测量产品类型与品牌来源国，引导被试在问卷初始回忆最令其印象深刻的国潮产品并做出分类选择，整合形成完整量表。

问卷正式发放前开展了 100 份预调研，对问卷测项及表述进行了修正调整。正式发放阶段，笔者使用专业的、被学界广泛认可的调研平台"Credamo 见数"，以每份 2 元报酬的形式发放并回收问卷 343 份，经人工筛查去除未通过筛选项或明显不认真作答的问卷，保留有效问卷 309 份，样本有效率为 90.09%。其中，女性被访者占比 59.9%，略高于男性；从年龄信息来看，被访者主要集中于 18~39 周岁，占比超过 80%，这是由于年轻人与国潮产品接触较多；从学历信息来看，本科学历被访者占比最高，接近 80%，但也存在 33 位硕士研究生及以上的高学历被试；此外，有 45% 的被访者月收入在 5000 元以下，在 10001 元以上的有 71 人，占比 23%。由此可知，该样本可切实反映熟悉国潮产品、具有一定学识且月收入有限的青年群体的真实想法，也兼顾了学历一般的大众群体与高学历、高收入的中年群体，在聚焦的同时又具有广泛性。

7.4.3 数据分析与研究结果

（1）信效度检验

本研究以 Cronbach's α 数值作为指标，利用 SPSS 26.0 进行数据分析，数据显示，中国元素、文化认同、积极情绪、自我表达标准化信度系数分别为 0.718、0.820、0.798、0.796，均高于 0.7，信度非常好；审美体验总体标准化信度系数为 0.635，介于 0.6~0.7 之间，可用来进行数据分析。由表 7-3 可知，各变量项已删除的信度系数均低于总体化信度系数，变量的维度和测项不需要进行调整。量表总体的标准化信度系数为 0.888，明显高于 0.8，由此可知，该量表的信度非常好。

表 7-3 信度分析

测量题项	各变量信度分析		量表总体信度分析	
	项已删除的 α 系数	Cronbach's α 系数	项已删除的 α 系数	Cronbach's α 系数
中国元素 1	—	0.718	0.878	0.888
中国元素 2	—		0.878	
审美体验 1	0.492	0.635	0.884	
审美体验 2	0.614		0.884	
审美体验 3	0.504		0.885	
文化认同 1	0.766	0.820	0.882	
文化认同 2	0.756		0.878	
文化认同 3	0.749		0.878	
文化认同 4	0.819		0.879	
积极情绪 1	0.752	0.798	0.881	
积极情绪 2	0.665		0.878	
积极情绪 3	0.751		0.881	
自我表达 1	0.768	0.796	0.88	
自我表达 2	0.711		0.882	
自我表达 3	0.682		0.879	

由表 7-4 可知，该样本的 χ^2/df 数值为 2.061<3，达到理想值，RMSEA 数值为 0.059<0.08，该样本数据具备较为优质的拟合度与适配度。由表 7-5 可知，各个变量测项标准因子载荷均达到了 0.50 以上，中国元素、文化认同、积极情绪、自我表达的 *AVE* 值均大于 0.50，组合信度达到 0.8 以上或者接近 0.8 的水平，虽然审美体验 *AVE* 值和组合信度略低于标准，但这是审美体验测项维度差异化所引起的，故而仍然处于可接受的程度，本问卷具有良好的聚敛效度。此外，变量之间的相关系数绝大多数小于其 *AVE* 的平方根，潜变量之间具有相关性，该量表具有较为良好的区分效度（见表 7-6）。

表 7-4 整体拟合系数

拟合指标	χ^2/df<3	RMSEA<0.08	IFI>0.9	TLI>0.9	CFI>0.9
数值	2.061	0.059	0.954	0.939	0.954

表 7-5 收敛效度检验

路径	标准因子载荷	AVE	组合信度
中国元素→中国元素测项1	0.727	0.5692	0.7252
中国元素→中国元素测项2	0.781		
审美体验→审美体验测项1	0.626	0.3724	0.6401
审美体验→审美体验测项2	0.587		
审美体验→审美体验测项3	0.617		
文化认同→文化认同测项1	0.719	0.5412	0.8239
文化认同→文化认同测项2	0.793		
文化认同→文化认同测项3	0.792		
文化认同→文化认同测项4	0.626		
积极情绪→积极情绪测项1	0.72	0.574	0.8008
积极情绪→积极情绪测项2	0.843		
积极情绪→积极情绪测项3	0.704		
自我表达→自我表达测项1	0.717	0.5684	0.7978
自我表达→自我表达测项2	0.751		
自我表达→自我表达测项3	0.793		

表 7-6 区分效度检验

	中国元素	审美体验	文化认同	积极情绪	自我表达
中国元素	0.754				
审美体验	0.553	0.610			
文化认同	0.917	0.510	0.736		
积极情绪	0.530	0.696	0.521	0.758	
自我表达	0.581	0.625	0.495	0.638	0.754

（2）共同方法偏差检验

本研究采用 Harman 单因子检验法进行共同方法偏差检验，由结果可知，未旋转的探索性因子分析结果提取出特征根大于 1 的因子共 5 个，且最大因子方差解释率为 32.94%，小于 40%，故本研究不存在严重的共同方法偏差。

（3）假设检验

本研究使用最大似然估计法（ML）进行路径分析，以验证本文的理论模型是否成立。结果显示，中国元素通过促进自我表达来提高购买意愿，路径系数为 0.248 与 0.355，H1 得到支持，中国元素对消费者购买意愿会产生积极影响；审美体验通过增强积极情绪、促进自我表达来提高购买意愿，路径系数分别为 0.690 与 0.362、0.551 与 0.355，H2 得到支持，审美体验对消费者购买意愿产生积极影响。路径检验见表 7-7。

表 7-7 路径检验

路径	非标准系数	标准系数	S.E.	C.R.	P	假设检验
中国元素→文化认同	0.910	0.905	0.109	8.369	***	验证
中国元素→积极情绪	0.154	0.158	0.092	1.673	0.094	未验证
中国元素→自我表达	0.277	0.248	0.102	2.729	**	验证
审美体验→文化认同	0.019	0.013	0.127	0.147	0.883	未验证
审美体验→积极情绪	0.993	0.690	0.169	5.856	***	验证
审美体验→自我表达	0.913	0.551	0.186	4.917	***	验证
文化认同→购买意愿	-0.164	-0.194	0.255	-0.646	0.518	未验证
积极情绪→购买意愿	0.318	0.362	0.141	2.246	*	验证
自我表达→购买意愿	0.271	0.355	0.099	2.738	**	验证

注：***表示在 $P<0.001$ 的水平（双侧）上显著相关，**表示在 $P<0.01$ 的水平（双侧）上显著相关，*表示在 $P<0.05$ 的水平（双侧）上显著相关。

结合表 7-8 中 Bootstap bias corrected 数值可知，路径中国元素→自我表达→购买意愿的上下界效应值分别为 0.007、0.219，位于 0 的同侧，H5a 得到支持，自我表达在中国元素对购买意愿的影响中起到中介作用；路径审美体验→自我表达→购买意愿的上下界效应值分别为 0.073、0.366，位于 0 的同侧，H5b 得到支持，自我表达在审美体验对购买意愿的影响中起到中介作用。然而，H3a、H3b、H4a、H4b 均没有得到支持，文化认同与积极情绪的中介作用不显著，这可能是问卷测项和数据质量存在问题所引起的。

表 7-8 标准化中介效应检验

路径	效应值	SE	Bootstap bias corrected（90%CI）		
			Lower	Upper	P
中国元素→购买意愿	0.231	0.769	-0.462	1.089	0.563
中国元素→文化认同→购买意愿	-0.176	0.715	-0.982	0.361	0.541
中国元素→积极情绪→购买意愿	0.057	0.119	-0.013	0.219	0.17

续表

路径	效应值	SE	Bootstap bias corrected（90%CI）		P
			Lower	Upper	
中国元素→自我表达→购买意愿	0.088	0.064	0.007	0.219	*
审美体验→购买意愿	0.327	0.43	−0.286	0.854	0.328
审美体验→文化认同→购买意愿	−0.002	0.089	−0.08	0.074	0.821
审美体验→积极情绪→购买意愿	0.249	0.311	−0.017	0.73	0.121
审美体验→自我表达→购买意愿	0.196	0.092	0.073	0.366	*

注：*表示在 P<0.05 水平（双侧）上显著相关。

针对产品类型和品牌来源国，本文采用 SPSS 26.0 process 插件进行分析，结果显示 H6 与 H7 均未得到支持，产品类型与品牌来源国对品牌国潮化设计维度与消费者购买意愿之间的关系并没有显著的影响，但通过频率我们发现最令消费者印象深刻的国潮产品中，功能型占比为 77%，中国品牌占比高达 99%，消费者确实更偏向于来自中国的功能型国潮产品，但频率分布的极大差异影响了调节效应的检验与分析。

7.5 结论与讨论

7.5.1 研究结果与理论贡献

本文在广泛阅读文献的基础上，以品牌国潮化的具体特征和概念为切入点，通过访谈编码明确品牌国潮化设计包含中国元素和审美体验两个维度，提出了包含文化认同、积极情绪、自我表达三个中介变量，产品类型和品牌来源国两个调节变量的品牌国潮化设计维度和消费者购买意愿关系模型，并通过问卷调查验证了这一具体机制的准确性。本次混合研究得出的结论支持了部分假设，明晰了品牌国潮化设计维度与消费者购买意愿之间的内在影响机制，相关研究结论主要有以下三个方面的理论贡献。

第一，品牌国潮化设计包含中国元素和审美体验两个维度。长期以来，学者都将国潮看作一个完整概念进行探索，且脱离营销领域，未形成具备普遍认知的概念定义，本文从品牌国潮化的设计维度出发，将文献梳理与质性研究相结合，探索了作为国潮产品所必须具备的特征，创造性地提出了品牌国潮化设计的两个维度（中国元素和审美体验），丰富了国潮概念研究的理论框架。

第二，已有文化元素运用研究大多从国际视角出发，探究民族元素运用对跨国营销的影响，本文则植根于本土国潮环境，采用访谈编码与问卷调查相结合的混合研究方法，证实了中国元素和审美体验对消费者购买意愿的积极影响，即中国元素通过促进自我表达来提高购买意愿，审美体验则能够增强积极情绪、促进自我表达进而提高购买意愿，提供了充分的理论支持。

第三，学者们已经发现酷感知、品牌—国家联结在国潮产品与购买意愿之间发挥着中介作用（吴静娴，2020），也探究过文化认同的影响（He and Wang，2015），但鲜少从情感与身份角度出发。本文将自我表达和积极情绪引入品牌国潮化关系框架，证实了自我表达在品牌国潮化设计维度与消费者购买意愿之间的中介作用，拓展与延伸了国潮研究的眼界与思维。

7.5.2 实践启示

实现品牌国潮化、建立优质国潮品牌是一个漫长的过程，需要企业在产品、营销等多个方面进行自主创新。对于国潮产品的设计者来说，需要回归传统本源，从独特的象征符号、隽永的精神内涵、深厚的历史文化中提取优秀的中国元素，不断深挖中国元素内核与底蕴；同时，要与当下的潮流时尚相结合，把握当下青年的审美视角与消费趋势，突出内容生产的文化性与时代性，实现传统与现代的交融、中国元素与审美体验的隔空互动。在进行品牌宣传时，借助消费者进行自我表达的生活场景，传递给消费者独特的身份感知，在消费者脑海中留下表达自我的优质国潮品牌的好印象；此外，企业需要充分利用互联网的手段，贴近青年群体喜闻乐见的社交生活，连通青年日常生活场景，真正发挥文化产品的"实用价值"，让国潮产品更接地气、更受欢迎（高传华，2020）。

7.5.3 研究局限与展望

尽管我们严格遵循访谈编码和问卷调查的方法和步骤，却仍然存在一些局限性，这也为未来研究提供了一些方向。首先，样本局限性。本文以学生群体为主要被访者，缺乏覆盖多样群体的高质量充足数据。其次，访谈问题的设计不够聚焦深入，审美体验测项效度欠佳。未来，学者可考虑纳入多来源、多身份、高质量的数据，在保证过程完备严谨的基础上，对国潮产品的内在机制进行更深入的探索。最后，研究视野的局限性，本文探索了品牌国潮化设计维度与消费者购买意愿之间的关系，情景设置于中国环境下，结论不具有普适性，未来可考虑进行跨国界研究，纳入其他后效因素，探讨民族元素应用的具体机制，以及民族产品受欢迎的真实原因。

参考文献

［1］BELLA R，CHRISTIAN W S，BABA S. Self-Expression Cues in Product Rating Distributions：When People Prefer Polarizing Products［J］. Journal of Consumer Research，2018(4)：759-777.

［2］Beverland M B, Eckhardt G M, Sands S, et al. How brands craft national identity［J］. Journal of Consumer Research，2021，48(4)：586-609.

［3］BIRGIT L P. Mechanism connecting environmental friendliness to service loyalty：The role of positive customer emotions satisfaction［J］. Services Marketing Quarterly，2019，40(2)：157-171.

［4］BLOCH P H. Seeking the ideal form：Product design consumer response［J］. Journal of Marketing，1995，59(3)：16-29.

［5］CHITTURI R，RAGHUNATHAN R，MAHAJAN V. Delight by design：The role of hedonic versus utilitarian benefits［J］. Journal of Marketing，2008，72(3)：48-63.

［6］CHOI J H，LEE H J. Facets of simplicity for the smartphone interface：A structural model［J］. International Journal of Human-Computer Studies，2012，70(2)：129-142.

［7］CYR D，HEAD M，IVANOV A. Design aesthetics leading to m-loyalty in mobile commerce［J］. Information & Management，2006，43(8)：950-963.

［8］DAHLGAARD J J，NANDA P，BOS J，et al. Effect of smartphone aesthetic design on users' emotional reaction：An empirical study［J］. Tqm Journal，2007，20(4)：348-355.

［9］DEHGHANI, M，KIM K J. The effects of design, size, uniqueness of smartwatches：Perspectives from current versus potential users［J］. Behaviour & Information Technology，2019，38(11)：1143-1153.

［10］DHAR R，WERTENBROCH K. Consumer choice between hedonic utilitarian goods [J]. Journal of Marketing Research, 2000, 37(1): 60-71.

[11] DODDS W B, MONROE K B, GREWAL D. Effects of price, brand, and store information on buyers' product evaluations[J]. Journal of marketing research, 1991, 28(3): 307-319.

[12] ENRIC M, MARCOS N, CASTELLANOS N P, et al. Aesthetic appreciation: Event-related field time-frequency analyses [J]. Frontiers in Human Neuroscience, 2011, 4(5): 00185.

[13] GRACIA E, BAKKER A B, GRAU R M. Positive emotions: The connection between customer quality evaluations loyalty [J]. Cornell Hospitality Quarterly, 2011, 52(4): 458-465.

[14] GUO J, WANG X, WU Y. Positive emotion bias: Role of emotional content from online customer reviews in purchase decisions [J]. Journal of Retailing Consumer Services, 2020(52): 101891.

[15] HAN C M. Country image: Halo or summary construct? [J]. Journal of Marketing Research, 1989, 26(2): 222-229.

[16] HAN C M, TERPSTRA V. Country-of-origin effects for uni-national bi-national products [J]. Journal of International Business Studies, 1988, 19(2): 235-255.

[17] HE J, WANG C L. Cultural identity consumer ethnocentrism impacts on preference purchase of domestic versus import brs: An empirical study in China [J]. Journal of Business Research, 2015, 68(6): 1225-1233.

[18] HE J, WANG C L. How global brs incorporating local cultural elements increase consumer purchase likelihood: An empirical study in China [J]. International Marketing Review, 2017, 34(4): 463-479.

[19] HiRSCHMAN E C, HOLBROOK M B. Hedonic consumption: Emerging concepts, methods propositions [J]. Journal of Marketing, 1982, 46(3): 92-101.

[20] HOLBROOK M B, ZIRLIN R B. Artistic creation, artworks, and aesthetic appreciation: Some philosophical contributions to nonprofit marketing[J]. Advances in nonprofit marketing, 1985, 1(1): 1-54.

[21] HSIAO K L. Android smartphone adoption and intention to pay for mobile internet: Perspectives from software, hardware, design, and value[J]. Library Hi

Tech, 2013, 31(2): 216-235.

[22] JOHNSON R B, ONWUEGBUZIE A J. Mixed methods research: A research paradigm whose time has come[J]. Educational researcher, 2004, 33(7): 14-26.

[23] KEH H T, WANG D, YAN L. Gimmicky or effective? The effects of imaginative displays on customers' purchase behavior [J]. Journal of Marketing, 2021, 85(5): 109-127.

[24] KEILLOR B D, HULT G T M, ERFFMEYER R C, et al. NATID: The development application of a national identity measure for use in international marketing [J]. Journal of International Marketing, 1996, 4(2): 57-73.

[25] KIM H S, DROLET A. Choice self-expression: A cultural analysis of variety-seeking [J]. Journal of Personality Social Psychology, 2003, 85(2): 373.

[26] KIM H S, SHERMAN D K. "Express yourself": Culture the effect of self-expression on choice [J]. Journal of Personality Social Psychology, 2007, 92(1): 1.

[27] LANDWEHR J R, MCGILL A L, HERRMANN A. It's got the look: The effect of friendly aggressive "facial" expressions on product liking sales [J]. Journal of Marketing, 2011, 75(3): 132-146.

[28] LEDER H, BELKE B, OEBERST A, et al. A model of aesthetic appreciation aesthetic judgments [J]. British Journal of Psychology, 2004, 95(4): 489-508.

[29] MARKUS H R, KITAYAMA S. Culture the self: Implications for cognition, emotion, motivation [J]. Psychological Review, 1991, 98(2): 224.

[30] MOON J, CHADEE D, TIKOO S. Culture, product type, price influences on consumer purchase intention to buy personalized products online[J]. Journal of Business Research, 2008, 61(1): 31-39.

[31] PARK C W, MOON B J. The relationship between product involvement product knowledge: Moderating roles of product type product knowledge type[J]. Psychology & Marketing, 2003, 20(11): 977-997.

[32] REIMANN M, ZAICHKOWSKY J, NEUHAUS C, et al. Aesthetic package design: A behavioral, neural, psychological investigation [J]. Journal of

Consumer Psychology, 2010, 20(4): 431-441.

[33] REYNOLDS F D, DARDEN W R. Construing life style and psychographics[M]. Marketing Classics Press, 1974.

[34] REYNOLDS F D, DARDEN W R. Construing Life Style and Psychographics[M]. William D. Wells Chicago, 1974.

[35] ROZENKRANTS B, WHEELER S C, SHIV B. Self-expression cues in product rating distributions: When people prefer polarizing products [J]. Journal of Consumer Research, 2017, 44(4): 59-777.

[36] SHIV B, FEDORIKHIN A. Heart and mind in conflict: The interplay of affect and cognition in consumer decision making [J]. Journal of consumer Research, 1999, 26(3): 278-292.

[37] SHIV B, FEDORIKHIN A. Heart mind in conflict: The interplay of affect cognition in consumer decision making [J]. Journal of Consumer Research, 1999, 26(3): 278-292.

[38] STRAHILEVITZ M, MYERS J G. Donations to charity as purchase incentives: How well they work may depend on what you are trying to sell [J]. Journal of Consumer Research, 1998, 24(4): 434-446.

[39] STRAHILEVITZ M. The effects of product type donation magnitude on willingness to pay more for a charity-linked br [J]. Journal of Consumer Psychology, 1999, 8(3): 215-241.

[40] SWOBODA B, PENNEMANN K, TAUBE M. The effects of perceived br globalness perceived br localness in China: Empirical evidence on Western, Asian, domestic retailers [J]. Journal of International Marketing, 2012, 20(4): 72-95.

[41] VENKATESH A, MEAMBER L A. The aesthetics of consumption the consumer as an aesthetic subject [J]. Consumption, Markets Culture, 2008, 11(1): 45-70.

[42] WANG C L, LIN X. Migration of Chinese consumption values: Traditions, modernization, cultural renaissance [J]. Journal of Business Ethics, 2009, 88(3): 399-409.

[43] WANG C L, MOWEN J C. The separateness - connectedness self - schema: Scale development application to message construction [J]. Psychology & Marketing, 1997, 14(2): 185-207.

［44］WANG Y J，HONG S，LOU H. Beautiful beyond useful？The role of web aesthetics［J］. Journal of Computer Information Systems，2010，50（3）：121-129.

［45］WATSON D，CLARK L A，TELLEGEN A. Development validation of brief measures of positive negative affect：The PANAS scales［J］. Journal of Personality Social Psychology，1988，54(6)：1063.

［46］WU J X. Study on the Br's Chinese elements strategy its influence on consumer purchase intention［D］. Shanghai：East China Normal University，2020.

［47］WU T Y. Product pleasure enhancement：Cultural elements make significant difference［C］//HCI International 2011-Posters' Extended Abstracts：International Conference，HCI International 2011，Orlando，FL，USA，July 9-14，2011，Proceedings，Part I 14. Springer Berlin Heidelberg，2011：247-251.

［48］ZHANG，Y，GELB B D. Matching advertising appeals to culture：The influence of products' use conditions［J］. Journal of Advertising，1996，25(3)：29-46.

［49］安黎黎. 混合方法研究的理论与应用［D］. 上海：华东师范大学，2011.

［50］冯小亮，任巍. 社会影响易感性和虚拟产品采用：用户等级和产品类型的调节作用［J］. 南开管理评论，2018，21(5)：73-82.

［51］高传华. 青年国潮国风热何以行稳致远［J］. 人民论坛，2020(29)：134-135.

［52］郭青青，邓逊，郭伟栋. 社会拥挤对金钱捐赠意愿的影响：自我表达需要的中介作用［J］. 心理科学，2020，43(5)：1211-1219.

［53］韩震. 全球化、现代消费和人的认同［J］. 江海学刊，2005(5)：44-49.

［54］何德珍. 从中国元素看中国式广告的崛起及发展策略［J］. 学术论坛，2007(7)：113-116.

［55］何佳讯，吴漪，谢润琦. 中国元素是否有效：全球品牌全球本土化战略的消费者态度研究——基于刻板印象一致性视角［J］. 华东师范大学学报（哲学社会科学版），2014，46(5)：131-145+182.

［56］何佳讯. 中国品牌全球化：融合"中国元素"的品牌战略——"李宁"案例研究［J］. 华东师范大学学报（哲学社会科学版），2013，45(4)：124-

129，155-156.

[57] 黄海洋，何佳讯．融入中国元素：文化认同对全球品牌产品购买可能性的影响机制研究[J]．外国经济与管理，2017，39(4)：84-97.

[58] 黄敏学，叶钰芊，王薇．不同类型产品下直播主播类型对消费者购买意愿和行为的影响[J]．南开管理评论，2023，26(2)：188-198.

[59] 李东进，李研，武瑞娟．产品设计领域的消费者审美体验[J]．心理科学进展，2013，21(2)：336-346.

[60] 李红岩，杜超凡．"国潮"传播视域下的民族文化推广——基于对统万城文化的考量[J]．社会科学家，2019(6)：137-144.

[61] 李玉峰，吕巍，柏佳洁．不同购物环境下消费者享乐主义/功利主义态度测评[J]．管理科学，2008(1)：58-64.

[62] 卢正文．品牌塑造中嵌入中国元素对消费者反应的影响[J]．企业经济，2017，36(11)：10-18.

[63] 孟繁怡，傅慧芬．中国品牌利用文化元素改善外国消费者品牌态度的路径研究[J]．外国经济与管理，2016，38(4)：49-62，89.

[64] 庞隽，毕圣．广告诉求—品牌来源国刻板印象匹配度对品牌态度的影响机制[J]．心理学报，2015，47(3)：406-416.

[65] 邱林，郑雪，王雁飞．积极情感消极情感量表(PANAS)的修订[J]．应用心理学，2008，14(3)：249-254，268.

[66] 宋晓兵，徐珂欣，吴育振．用户设计能否包打天下？——自我建构对用户设计产品偏好的影响研究[J]．管理世界，2017(5)：119-130.

[67] 孙嘉．老国货—新国货—国潮，是商品也是文化[J]．美术观察，2021(2)：26-28.

[68] 王晓珍，叶靖雅，杨拴林．国际品牌的中国元素运用对消费者购买意愿的影响路径研究[J]．中央财经大学学报，2017(2)：120-128.

[69] 吴静娴．品牌融入中国元素的策略类型及其对消费者购买意愿的影响研究[D]．上海：华东师范大学，2020.

[70] 吴俊宝，江霞，杨强．不同趋近动机积极情绪对冲动性购买的影响——自我控制资源有限性视角[J]．南开管理评论，2022，25(5)：127-139.

[71] 邢海燕．"国潮"与"真我"：互联网时代青年群体的自我呈现[J]．西南民族大学学报(人文社会科学版)，2021，42(1)：126-134.

[72] 徐协．广告中的中国元素研究述评[J]．当代传播，2011(1)：

102-104.

[73] 姚林青."国潮"热何以形成[J]. 人民论坛, 2019(35): 132-134.

[74] 姚卿, 陈荣, 段苏桓. 产品类型对购物冲量效应的调节作用分析[J]. 心理学报, 2013, 45(2): 206-216.

[75] 张艳辉, 李宗伟. 在线评论有用性的影响因素研究: 基于产品类型的调节效应[J]. 管理评论, 2016, 28(10): 123-132.

[76] 章莉莉, 李姣姣. 新时代国潮热视域下的刺绣传统工艺创新设计[J]. 美术观察, 2021(2): 18-20.

[77] 朱振中, 李晓君, 刘福, 等. 外观新颖性对消费者购买意愿的影响: 自我建构与产品类型的调节效应[J]. 心理学报, 2020, 52(11): 1352-1364.

8

中国城市品牌口号的内容研究

摘 要 随着城市之间竞争的加深,越来越多的城市为了吸引游客、投资,增加城市竞争力,开始建立并推广城市品牌。城市口号是城市品牌中最具活力的部分,是品牌传承与形象之间的桥梁。然而,在旅游业框架内对中国城市品牌口号开展内容分析的文献较少。因此,本文考察了中国 296 个城市旅游目的地的口号特征,并通过内容分析的方法对每个口号进行评价总结。分析结果表明,中国的城市口号多采用 8 字对仗的句式,较为简单;多诉诸认知层面向游客描述目的地特征。最后,本文为创造更有效的城市品牌口号提出了五个建议:①城市口号不一定简短,但要清晰明了并与品牌名称联系起来;②口号制定应目光长远;③知名度低的城市品牌,制定口号时考虑联系更高级的目的地品牌;④城市口号应塑造并突出差异;⑤城市口号应关注设计与传播并重,最好在营销活动一开始就使用。

关键词 城市口号;城市品牌;目的地营销;品牌传播

8.1 引言

自 20 世纪 90 年代以来,随着城市作为旅游目的地的竞争日益激烈,许多城市开始更多地参与旅游目的地品牌的开发(Morgan et al.,2007)。在全球竞争和旅游目的地不断增加的背景下,城市管理人员开始有意识地采用营销的方法以增加城市竞争力。城市营销的对象与目标不是城市"本身",而是它的形象。城市品牌形象塑造和形象传播在城市营销组合中起着至关重要的作用。

品牌包括三个要素:品牌名称、标志、口号。作为捕捉品牌意义的"钩子"或"手柄",口号是品牌标识的关键元素,有助于提升品牌价值,传递品牌的特殊之处。一些旅游目的地已经成功地创造了充满活力、引人入胜容易辨认的口号。例如,1977 年由梅顿·戈拉瑟创作了"I ♥ NY",2003 年前柏林市长 Klaus Wowereit 提出了"柏林贫穷,但是性感"。这两句宣传口号成功地塑造了其城市的品牌形象,被频繁地应用于各种城市宣传活动中,并在游客心中留下不可磨灭的印象。

截至 2021 年年底,我国城镇人口占全国人口的比重(城镇化率)为64.72%,居民消费水平不断上升,旅游已成为小康社会人民美好生活的刚性需求。数据显示,"十三五"期间年人均出游超过 4 次。旅游业已发展为广受百姓青睐、最有群众基础的朝阳产业和幸福产业。在未来市场营销的竞争中,品牌占据了主导地位。在旅游业,目的地正在成为品牌(Morgan et al.,2002)。随着数字技术与智能技术的发展,数智化赋能传统媒体衍生出如自媒体、社交媒体等新媒体形式,以互联网、手机为代表的新媒体作为一种结构性力量,在颠覆了游客获取信息方式的同时,也为旅游市场提供了更为广阔的营销平台。社交媒体的互联互通性改变了旅游目的地与游客的沟通方式,新媒体营销可以帮助旅游目的地打造旅游品牌效应,打造专属的城市品牌口号,有利于吸引潜在游客注意力、增强潜在游客对城市品牌的记忆。为了吸引更多投资和游客注意力,提高城市知名度,增加城市竞争力,打造专属的城市品牌口号至关重要。

有关旅游目的地品牌的文献在 20 世纪 90 年代就已出现。涉及城市口号的大多数研究关注于目的地口号的评价标准与方法。例如,Pike(2004)基于对定位文献的回顾和对全球目的地营销组织口号的考察提出了六个代表了发展一套全球公认的口号标准的问题:①这个口号的价值主张是什么?②谁会觉得这个命题有意义?③该标语如何将目的地与竞争对手区分开来?④信息如何才能被记住?⑤这个提议是为长期设计的吗?⑥目标社区是否能交付该命题的承诺?也有部分针对城市口号特点的研究,Lee 等(2006)从美国 50个州的旅游组织的官方网站获取信息,对其品牌口号、图形投影、言语表达等显性或隐含信息进行分析,将口号分为五种类型;董皓(2013)按照语言学语音、词汇、语义、语法和修辞的分析方法,分析了 85 个省域和城市旅游推广口号的语言学特征,并总结出大部分口号运用了修辞手法等特点。

有效的城市品牌口号有助于建立品牌形象和品牌知名度。尽管口号在构建品牌方面非常重要,但学术界对旅游目的地使用的口号作为品牌定位要素的研究和分析很少关注（Keller et al., 2011），而目的地品牌定位口号代表了品牌识别和品牌形象之间的界面，对其进行内容分析可以帮助描绘目的地的定位策略，用以指导更多城市营销活动的开展。因此，本研究希望对中国33个省份298个城市的城市形象口号进行实证研究，以弥补这一缺陷。

8.2 城市口号文献综述

8.2.1 城市品牌与城市口号

为了吸引更多的投资和游客，越来越多的城市和地方相互竞争，在竞争过程中城市品牌起着非常大的作用。城市地区可以被视为"产品"，城市品牌可以助其区别于其他地方，从而大大促进其地方产品的推广。根据 Louro 和 Cunha（2001）的观点，品牌是功能、情感、关系和战略元素的多维组合，它们在公众头脑中共同产生一套独特的联想（Aaker, 2012）。这组关联为相关实体创造了一个"品牌形象"，即人们对该品牌的一系列想法、感受和态度（Gardner and Levy, 1999），这些想法、感受和态度总结了该品牌在公众眼中的含义（Patterson, 1999）。

城市品牌形象是解释品牌忠诚度和品牌定位的重要变量，它比城市个性更直接地影响游客的主观感知（Chon, 1990; Echtner and Ritchie, 1991; Keller, 1993; Plummer, 1985），它可以向游客传达城市有着更独特地方产品的信息。而在品牌形象的塑造过程中品牌名称、标志和口号三个要素起着重要的作用，其中品牌口号可以在一定程度上弥补名称和标志在表达方面的局限性。Ward（2005）认为，口号的形成是目的地品牌形象形成的关键任务之一。

在文献中，城市口号通常是根据其一般目的来定义的："城市口号是传达城市品牌的描述性或说服性信息的短语。"为了突出城市独一无二的品牌形象，快速区别于其他目的地品牌，传达城市的主要描述性特征或说服性信息，城市会使用一个或多个标签、排序短语等形成的宣传标语作为城市口号。

8.2.2 品牌口号的特点

品牌口号的特点很多，Dass 等（2014）分析了口号的七个特征为创意性、信息清晰性、韵律、利益的包含性、品牌和产品的适宜性、品牌和名称的包含性以及长度。

有创意的广告会吸引消费者注意，同样口号也与创造力有关（Sternberg and Lubart，1999）。向消费者传递清晰和集中信息的城市口号可以帮助阐明品牌所提供的好处，并产生积极的亲和力。

Luna等（2005）发现押韵条件下的被调查者比无押韵条件下的被调查者发现了更多押韵口号。Filkuková和Klempe（2013）报道，押韵的口号在商业广告和社交广告中都更容易被记住。

品牌口号是品牌定位的有效载体，其基于利益的定位相对于其他定位方法有一定的优势。它往往比基于特征的定位更能得到消费者的好评（Fuchs and Diamantopoulos，2010），也能产生更强的积极影响（Mahajan and Wind，2002）。

在品牌传播的文献中，信息和品牌之间的不一致被认为会增加消费者的认知负荷，迫使他们对信息产生反对意见，对品牌的看法也不那么积极（Slater and Rouner，2002）。因此口号需要适合品牌，如迪士尼的口号"全世界最快乐的地方"。一个有效的口号可以与消费者产生共鸣，并将他们与品牌联系起来（Pike，2004），因此加入品牌名称的口号可能会比没有名称的口号更有说服力。

口号长度是指口号的字数。Molian（1993）研究了英国的顶级广告主，并揭示出口号的简单性可以提高人们的记忆力。Corder（1986）认为短口号比复杂口号更容易学习。成功的口号通过重复、押韵、旋律、头韵、比喻、双关语或三段论帮助游客回忆和记忆（Dass et al.，2014；Gali et al.，2017；Lee et al.，2006）。

8.2.3　城市口号的作用

口号是品牌标识的关键元素，有助于提升品牌价值。在今天的市场上，几乎所有的品牌都使用口号，它们提高了品牌的形象，有助于品牌的识别和召回，并有助于在消费者心中创造品牌的差异化（Kohli et al.，2007）。关于城市品牌口号的好处，现有文献指出它有助于改善品牌形象（Bassols，2016）；传达目的地的特点、资源和定位（Tsaur，Liao，and Tsai，2020）；增加消费者视觉关注（Lourenção et al.，2020）；将城市的差异化浓缩在关键概念中（Galí et al.，2017）；为城市带来经济价值和文化价值。

(1) 改善地区品牌形象，传达品牌特点

标语就像一条缎带，把品牌和重要的含义包装在里面，这也暗示了包装里面的秘密是什么（Aaker，2012）。根据目的地的具体情况，已经确定并区分了的成功口号的独特特征如下：①城市口号的内在特征提升了品牌形象；②强有力的广告活动提高了品牌的召回和认知度（Gali et al.，2017；Kohli et al.，2013）。

与消费品/品牌相似，旅游目的地具有丰富的象征价值和个性特征，因为它们由与特定价值、历史、事件和感受相关的一系列有形和无形成分（如旅游景点、酒店和人）组成。处于相同地理位置的地区之间很容易发现相似的成分，必须要突出各地区具体的或独特的因素才能使其与竞争者区分开。数字化技术的发展、全球竞争的加剧、国家旅游口号和标识的成功，强化了国家品牌形象和在国际市场上的地位（Tsaur et al.，2020）。

(2) 增加消费者视觉关注

地方品牌传播可以发生在国家、城市或区域层面（Dinnie，2018）。它也可能有清晰的目标，如出口激励、投资增加、对人才或游客的吸引（Dinnie，2015）。在游客游览目的地的过程中，只有他们关注广告后才会对广告产生反应。因此，旅游广告中的符号元素应首先寻求获得游客的视觉注意，然后获得较大的感知广告效果（Li et al.，2016）。通常在一个地区的旅游宣传广告中，除必备的地区旅游图像外，最重要的便是城市口号。

目前，文献中对国家品牌标志和标语的视觉注意力进行测量的研究较少。但一些关于一般标识和标语的研究表明，消费者对广告中的这些符号学标识具有视觉注意（Simola et al.，2020）。Lourenção 等（2020）通过收集分析巴西一所公立大学的本科生和研究生数据发现，出现在目的地广告中的目的地国家的品牌标识和口号，有助于增加视觉关注。

(3) 塑造品牌独特性

在为一个国家进行旅游营销时，一个有效的国家口号应该能够让消费者记住目的地的名字；在需要的时候，国家口号应该提高目的地在消费者心中的地位（Supphellen and Nygaardsvik，2002）。之前的研究结果表明，对于目的地及其口号的类似情绪可以显著增强消费者区分该目的地与其他目的地的能力（Lehto et al.，2014）。

Lee 等（2006）通过对美国 50 个州的旅游网站的内容分析，调查了旅游口号的重要元素，研究描述了它们独特的销售主张（USPs）和市场目标，其特点是潜在的旅游资源和单个州的大力推广。旅游口号努力将目的地的多样性浓缩成几个关键概念，使目的地具有独特的吸引力。

(4) 经济价值和文化价值

自 20 世纪 70 年代末以来，"I ♥ NY"一直是历史上最著名的旅游口号，它不仅是城市形象的宣传口号，更被印在广告牌、杯子和 T 恤衫等诸多纪念产品上，每年可为纽约州带来上千万元的收益；同样，2009 年哥伦比亚举办了城市宣传活动，其城市形象口号"Colombia, the only risk is wanting to stay"为该城市增加了游客关注度，在活动之后的一年中，访问该国的国际游客数量大幅增加。

在我国，根据国家统计局数据，2019 年全国旅游及相关产业增加值占 GDP 的比重为 4.56%，2020 年全国旅游及相关产业增加值占 GDP 的比重为 4.01%。为了吸引更多的投资和游客、增加城市竞争力，各个城市都制定了独特的城市形象口号，从而使潜在消费者在想要游览某处景观可以快速联想到特定城市，如长沙的"多情山水，璀璨星城"、桂林的"山水甲天下、魅力新桂林"。

身为符号的城市形象主题口号，既反映了城市居民对自己所在城市形象高度凝练的认知，也折射出外域人员对城市的一种想象和期望。每个城市在确定该城市的城市形象宣传口号时会深耕其城市文化内涵，将厚重的文化与简短有力的口号结合起来，不仅符合地区的形象，也凸显出了城市的灵动和韵味。文化意旨的加入，提升了城市的品位和城市的底蕴。同时，许多城市会定期举办城市形象口号征集活动，号召全城或全球居民投稿并设置奖励，在推广城市的同时提升城市居民的文化自信和自豪感。

8.3 研究设计与过程

8.3.1 样本来源

截至 2020 年 12 月 31 日，全国共有 34 个省级行政单位，333 个地级行政单位。综合考虑城市发展水平、地理区位、城市宣传口号的有无等因素，本研究选取 33 个省级行政单位（除台湾地区）中 296 个城市宣传口号作为内容分析样本，通过量化分析口号结构和口号内容定位。所有的城市口号均通过各省市人民政府官网、新闻客户端报道等网络渠道检索关键词搜集。

8.3.2 研究方案

本研究对每个口号进行内容分析，考虑到这种方法对拟议目标的适当性，以该领域之前的研究为基础，总共考虑了8个不同变量（Donaire and Galí，2012；Garrido and Ramos，2006；Klenosky and Gitelson，1997；Kohli et al.，2007；Lee et al.，2006；Menero，2002；Martínez et al.，2006；Pike and Ryan，2004），从而对口号的特点进行深入分析。将选择评价的8个变量分为两类（见表8-1）：

（1）城市口号的结构。这一部分包括字数、虚词数、有意义词数、品牌名称是否包含在口号中、名称在口号中的位置等。

（2）城市口号的定位。确定城市口号的定位、定位对象、地理语境诉求、定位焦点和语义场。

同时使用SPSS软件进行描述性和基于Pearson相关性的双变量分析。

表8-1 内容分析框架

变量	描述	作者
一、字数	计算口号中包含的字数	Garrido 和 Ramos（2006）；Ortega 等（2006）；Pike（2004）；Donaire 和 Galí（2012）
二、空字和有意义的词	计算空词（代词、介词、连接词等）的数量和有意义的词（名词、动词或形容词）	Garrido 和 Ramos（2006）
三、包含城市名称（是/否）	包括简写	Klenosky 和 Gitelson（1997）；Kohli 等（2007）；Ortega 等（2006）；Garrido 和 Ramos（2006）
四、地名在口号中的位置 1. 口号之外（不在口号中） 2. 口号开头 3. 口号结尾 4. 口号之中	确定品牌名称是否位于口号的外面、开头或结尾	Martínez 等（2006）

续表

变量	描述	作者
五、内容的倾向 1. 供应导向 2. 需求导向	判断口号是否试图突出目的地的一些特点（供应导向），还是口号呼吁游客进行一些行动（需求导向）	Garrido 和 Ramos（2006）；Klenosky 和 Gitelson（1997）；Donaire 和 Galí（2012）；Garrido 和 Ramos（2006）
六、地理环境 1. 无 2. 具体区域 3. 未定义	检测引用目的地的地理位置，无指没有提到具体位置，未定义指没有明确说明具体位置，仅有地理参考	Garrido 和 Ramos（2006）；Obiol（2002）；Donaire 和 Galí（2012）
七、口号的焦点 1. 购买我们，因为我们很好 2. 基于共同属性 3. 基于独特属性 4. 专属吸引力 5. 普通口号	确定通过口号传递的信息类型	Lee 等（2006）
八、语义场/诉求类型 1. 认知的 2. 情感的 3. 意动的	考虑认知诉求、情感诉求或观念诉求，确定口号的含义	Pike 等（2004）；Donaire 和 Galí（2012）

8.3.3 研究过程

根据 Kassarjian（1977），可靠性是指研究的再现性，与内容分析所选择的类别和评判员之间的一致意见有关。为保证可靠性，口号的分类编码分三步进行：首先，由两名不同的评价者在经过对编码分类规则的充分学习后，分别独立地对所有城市品牌口号进行分类。其次，对分类结果进行仔细检查，筛选出分类结果不一致的选项进行讨论，以求达成一致意见。最后，将经过讨论仍意见不统一的口号交由一名营销专业的高级研究员进行比较评定。

8.4 统计结果

8.4.1 城市口号的结构

对数据进行描述性分析,结果显示,中国城市口号平均字数为 8.56,最少为 4,最多为 22。

如表 8-2 所示,超过一半(63.2%)的城市口号总字数为 8,这些口号巧妙运用前 4 字后 4 字的对仗句式,使口号朗朗上口,方便读者记忆。简单的口号可以提高游客的记忆力,随着字数的增加,口号的数量减少。同时过少的字数可能不利于阐述城市的价值主张。因此,为了使游客记忆中的品牌联想强烈、有利和独特,作为一个简短的陈述,大部分城市口号限制在 8 个词左右,以较为简单的语言,表达出可能会使目标感兴趣的城市特点或价值主张。

表 8-2 按词语类型分类的描述性统计

	N	%	最小值	最大值	均值	中位数	标准差
字数	2533	100	4	22	8.56	8	2.215
有意义的词	2388	94.3	3	19	8.07	8	2.09
空词	145	5.7	0	6	0.49	0	0.921

Garrido 等(2012)确立了确定构成口号的词语类型的重要性,区分词语是否有意义,即它们是名词、动词或形容词,还是空词(代词、介词、连词等)。他们的研究结果显示,为了更显著地表达自己的想法、和品牌相关联的属性,西班牙的口号滥用了有意义的词,而牺牲了空词(连词、介词等)。这一特征也显示在中国城市口号中,如表 8-2 和表 8-3 所示,在 296 个城市的宣传口号中,94.3%的字数是有意义的词,剩下的 5.7%是空词;所有的口号至少使用了 3 个有意义的词,70.3%的城市口号没有使用空词,而全部由有意义的词构成。

表 8-3 字数频率

字数	总字数		有意义的词		空词	
	N	%	N	%	N	%
0	0	0	0	0	208	70.3
1	0	0	0	0	53	17.9

续表

字数	总字数		有意义的词		空词	
	N	%	N	%	N	%
2	0	0	0	0	19	6.4
3	0	0	3	1	12	4.1
4	11	3.7	12	4.1	3	1
5	3	1	5	1.7	1	0.3
6	7	2.4	22	7.4	0	0
7	18	6.1	43	14.5	0	0
8	187	63.2	154	52	0	0
≥9	70	23.6	57	19.3	0	0
总计	296	100	296	100	296	100

表8-4显示了字的数量与它们是否有意义或是否为空之间的正相关关系。这些相关性具有统计学意义（$p<0.01$），说明口号的字数越多，有意义的词和空词的数量也越多。这些结果表明了城市口号的结构趋势，字数越多的口号结构越复杂，这可能会影响口号记忆的容易程度。

表8-4 相关性

		字数	有意义的词	空词
字数	皮尔逊相关性	1	0.910**	0.339**
	Sig.（双尾）		0.000	0.000
	个案数	296	296	296
有意义的词	皮尔逊相关性	0.910**	1	−0.081
	Sig.（双尾）	0.000		0.166
	个案数	296	296	296
空词	皮尔逊相关性	0.339**	−0.081	1
	Sig.（双尾）	0.000	0.166	
	个案数	296	296	296

注：＊＊＊表示在P<0.001的水平（双侧）上显著相关，＊＊表示在P<0.01的水平（双侧）上显著相关，＊表示在P<0.05的水平（双侧）上显著相。

口号的功能之一是它们有助于将品牌与某些传播价值联系起来，并独家使用这些价值（Garrido et al., 2012; Garrido, 2005; Kohli et al., 2007; Obiol, 2002; Ortega et al., 2006）。因此正如Pike（2004）指出的，若口号

中包含品牌名称可以对品牌传达的想法产生积极影响，同时用品牌名称加强这些想法，并加入了一个独特的和不可模仿的元素。在分析过程中，我们发现有 24.3% 的城市口号中没有包含品牌名称（见表 8-5）。同时如表 8-6 所示，多数城市口号选择将品牌名称放置于口号结尾，这一结果与 Galí 等 (2017) 的研究不同，他们认为品牌名称在口号开头的口号和品牌名称在口号结尾的口号之间存在一定的平衡，这可能是因为所选的城市口号样本之间语言和文化存在差异。

表 8-5 品牌名称是否在口号中

		频率	百分比（%）	有效百分比（%）	累计百分比（%）
有效	否	72	24.3	24.3	24.3
	是	224	75.7	75.7	100.0
	总计	296	100.0	100.0	

表 8-6 品牌名称在口号中的位置

	频率	百分比（%）
口号之外	72	24.3
口号开头	21	7.1
口号之中	57	19.3
口号结尾	146	49.3
总计	296	100

8.4.2 城市口号的内容倾向

分析口号定位的第一个变量为口号内容的倾向，考虑口号的倾向是供应还是需求。以供应为导向的城市口号旨在突出城市作为旅游目的地的一些特征，如目的地所能提供的资源（伊春的"林都伊春，天然氧吧"）、城市的历史资源（宿迁的"项王故里　酒都宿迁"）等。以需求为导向的城市口号呼吁游客采取一些行动，如"爱 TA 就带 TA 去三亚""走遍全世界，还是张家界"。根据统计结果（见表 8-7），以供应为导向制定的城市口号数量突出，90.5% 的城市口号为游客提供了城市的相关特征，这点与多数研究的结果相同。在所有的口号中有几个较为特殊的口号，如"追着阳光去台州""世界佤乡好地方，避暑避寒到临沧"，这些口号在呼吁游客采取行动的同时也向游客展示了其所拥有的资源。

表 8-7 口号的内容倾向

	频率	百分比（%）
供应导向	268	90.5
需求导向	28	9.5
总计	296	100

8.4.3 城市口号体现的地理环境

分析口号定位的第二个变量是对地理环境的具体化，根据统计结果（见表8-8），仅有3.7%的口号没有提及目的地的地理位置，而72.3%的口号提及了目的地的地理位置，包括城市、区域或所在大陆。除此之外，24%的城市口号没有提到明确的地理位置，仅提供了一些地理空间的参考，如北京的"东方古都，长城故乡"、舟山的"海天佛国 渔都港城"。

表 8-8 地理环境

	频率	百分比（%）
无	11	3.7
具体区域	214	72.3
未定义	71	24
总计	296	100

8.4.4 城市口号的焦点

Lee等（2006）在其研究中分析了美国50个州的旅游宣传口号并确定了五种不同的类别来确定口号宣传的焦点，这是分析口号定位的第三个变量。与其研究结果相似，我国大部分城市口号属于其前三个分类，统计结果如表8-9所示。

表 8-9 口号的焦点

	频率	百分比（%）
购买我们，因为我们很好	76	25.6
基于共同属性	79	26.7

续表

	频率	百分比（%）
基于独特属性	89	30.1
专属吸引力	21	7.1
普通口号	31	10.5
总计	296	100

（1）购买我们，因为我们很好

76个城市（25.7%）采取了"购买我们，因为我们很好"的宣传重点。此类口号的特点是宽泛、模糊，没有明确地向游客展示品牌形象或者独特卖点。例如，"大美新余，山水情""魅力海西"，在此类口号中使用"大美+品牌名称"的口号就出现了12个。此类口号多采用整体形象的形容词，主要关注其自然、文化或历史的吸引力，但形容过于宽泛，没有向潜在游客提供他们为什么要去游玩的信息，缺乏独特的吸引力。换言之，这类口号不提供USP。

（2）基于共同属性

此类口号基于产品属性向游客提供信息，但它们所提供的产品属性不是独特的，是其他城市也提到或可以提供的产品属性。例如，重庆的"山水之城，美丽之地"、六安的"绿水青山 红色六安"、吉安的"红色摇篮，山水吉安"。79个城市（26.7%）的口号采取了这种策略，这类口号没有描述品牌的独特卖点，提供的旅游资源与其他城市趋同，难以界定明确具体的目标市场。

（3）基于独特属性

此类口号侧重独特的产品属性，如"宜春，一座四季如春的城市""中国文房，诗意宣城"等，属于这一类的口号共有89个。此类型口号可以为城市提供独特的卖点，可以很好地定义目标市场。

（4）专属吸引力

21个城市口号属于此类型，这种类型的口号与其他类型口号的不同之处在于它们具有排他性，可以唤起游客对其品牌的情感依恋。例如，"最忆是杭州""爱TA就带TA去三亚""成都，一座来了就不想离开的城市"等。此类口号会使游客对目的地产生特殊感觉，从而区别于其他城市。

(5) 平庸口号

此类口号有 31 个，此类口号最明显的特征是意义模糊或者形象不匹配，如"遇见咸阳 花开向阳""在湖州看见美丽中国"，在读者阅读到这些口号时，可能会觉得难以想象、理解甚至无法形成印象。

8.4.5 城市口号的语义场

最后一个需要考虑的变量是语义场/诉求类型，分为三个类型：认知的、情感的、意动的。从表 8-10 中可以看出，79.7% 的口号诉诸有形的品牌产品特性，旨在在认知层面影响潜在游客的选择；12.2% 的口号试图影响游客的情感，本质上是情绪性的；8.1% 的城市口号是通过请求的语境方式试图影响游客的行动。

由此得出结论：城市试图通过加强它们的属性，使游客产生感情，鼓励游客采取行动的方式来影响游客的决策过程，说服他们去该城市旅游。

表 8-10 语义场

	频率	百分比（%）
认知的	236	79.7
情感的	36	12.2
意动的	24	8.1
总计	296	100

8.5 研究结论与建议

8.5.1 研究结论

在城市口号的结构方面，中国城市口号平均字数为 8.56，大部分口号的字数为 8；同时基本所有口号都追求韵律美且较少使用没有意义的词语；24.3% 的城市口号中没有包含品牌名称；多数城市口号选择将品牌名称放置于口号结尾。

在城市口号的定位方面，我国城市品牌口号在制定时内容倾向供应导向；绝大多数的口号提及了目的地的地理位置；宣传焦点集中属于"购买我们，因为我们很好""基于共同属性""基于独特属性"三种类型；旨在在认知层面影响潜在游客选择的口号数量较多。

8.5.2 建议

Supphellen 和 Nygaardsvik（2002）认为，定义有效的国家口号是非常困难的，因为国家品牌比消费者和企业品牌复杂得多。国家品牌形象来源于对这个国家的个人经验或对该国人民、地理、文化、社会、政治和经济条件的形象的混合，这些因素在一个国家内的地理区域之间往往有很大的差异，因此人们对一个国家的印象可能在很大程度上取决于他们听说或访问过的特定地理区域。国家品牌营销者无法像消费品牌营销者那样控制国家品牌形象的不同来源。然而，为了使国家品牌具有强烈的认知度和鲜明的、有利的、差异化的品牌形象，应优化利用可控的来源。国家口号便是这一努力的重要工具。城市品牌口号同样如此。

为创造更有效的口号，中国城市品牌应注意城市品牌口号以下几个方面内容：

（1）城市口号设计需强调简明和清晰原则

相较于国外平均 4 个单词的城市口号而言，中国城市口号平均字数略多。虽然一些研究强调口号长度的相关性，例如 Donaire 和 Galí（2012），他们的研究表示由于口号的主要目的是保留，所以口号倾向于尽量简化。但在 Bradley 和 Meeds（2002）的研究中发现"保持简单"不一定能更好地让人记住它们，因为复杂的口号会导致更深层次的处理，增加记忆。

Lagerwerf（2002）发现有意的歧义（特别是双关语的使用）可以提高城市口号的欣赏度。但 Sidelinger 和 McCroskey（1997）发现信息清晰度与对信息发起者的喜爱之间存在正相关关系。

一个口号需要进一步解释才能使读者理解，会使游客不能意识到口号的模糊性并进行处理，这种口号就会无效甚至会产生负面效应。例如，江西省萍乡市的口号"萍水乡逢，缘聚天下"，前半句通过谐音成语"萍水相逢"包含了萍乡市品牌名称与其母亲河萍水河的名称，后半句解释为萍乡市以开放的心态欢迎海内外游客观光旅游。对于不了解萍乡市并且第一次听到这个口号的游客来说，很难通过其表面意义延伸到深层含义并对萍乡市产生积极联想。

此外，根据 Kohli 等（2007）总结的有效的口号标准中提到的，提高正确的品牌记忆的一个明显方法是在口号中包含品牌名称。虽然在口号中加入品牌可能会限制创意，但潜在的好处是巨大的。

因此，在制定城市品牌口号时不需要太过注意口号长短的问题，可以使用各种修辞手法，但不能过于模棱两可，要清晰明了地将口号想要表现的东西展示出来。另外，除非城市在人们心中的品牌形象已经根深蒂固，如罗马的"永恒之城"，否则最好将品牌名称包含在城市口号之中。

（2）城市口号内容应突出城市受众利益导向

品牌战略是要知道你在哪里，更重要的是要知道你要去哪里。这需要有长远的眼光，今天创造的口号应该能够拥抱明天的业务。随着经济的发展，市场需求与市场细分越发多样。为了适应市场的变化，城市品牌管理者眼光应放长远，通过更科学的市场调查等多种方式来设计城市口号。

本文经过内容分析发现，90.5%的中国城市品牌口号为游客提供了城市的相关特征，79.7%的口号在语义场方面也诉诸有形的品牌产品特性。而Fuchs 和 Diamantopoulos（2010）发现与基于特征的定位相比，基于利益的定位更容易获得消费者的好感，也能产生更积极的影响。需求驱动的口号可以直接吸引目标市场，因此城市品牌管理者可以考虑基于可以提供的利益方面设计城市口号。

（3）低知名度城市口号可关联高知名度城市

作为品牌的目的地，指定精确的地理环境实际上是在地理上定位目的地品牌的努力。根据分析结果，中国72.3%的城市口号提及了目的地的地理位置，但大部分提及的是城市的名称。

但中国地大物博，城市的知名度有高有低。知名度高的城市，例如"千年古都，常来长安"，游客在听到这句口号时可以立即反应出这个目的地位于哪里，地理环境有什么特点。而知名度低的城市，例如"红色摇篮，山水吉安"，当潜在游客听到这句口号时可能需要通过地图或搜索引擎才能对这个城市的地理位置进行定位，但若是将其更高一级的省份或城市的名称融入口号，结果会有所不同。

因此，在制定城市口号时，若是城市知名度较低，管理者可以考虑将更高一级的目的地品牌融入城市口号，以在游客心智中产生更明确的定位。

（4）城市口号焦点应聚焦差异化和形象塑造

针对城市口号的焦点这一项目，目前有76个城市品牌（25.7%）的焦点在于"购买我们，因为我们很好"；79个城市（26.7%）的口号的焦点在于

"基于共同属性",31个城市(10.5%)的口号是平庸口号。例如,在样本中直接使用"山水"一词的口号便有15个,虽然口号试图强调城市山水的美丽,但在过于雷同易导致目的地混淆的同时会使消费者感到厌倦。

口号有三个互补的功能:一是提升品牌形象;二是促使消费者承认品牌形象;三是在消费者心中创造品牌差异化。只有定制信息和专注于差异化特征的口号才能实现更好的目的地定位、得到更独特和更大的认可度。

在制定城市口号时,城市品牌应该运用USP理论,深入挖掘城市特色,对口号进行修改以在游客心中建立独特的品牌形象。需要注意的是,不能将品牌属性全部包含于口号之中。这样的口号内容是对城市特征的罗列,很容易适用于许多地方,最后会导致口号在所有城市是通用的,使口号无效。

(5)城市口号应关注设计与应用传播并重

在城市口号的搜集过程中笔者发现,各个城市对城市口号的重视程度不同,一些城市会在面向公众宣传的网页直接应用城市口号并且匹配与口号相符合的画面或设计的专属形象标识。但大部分城市并不重视,需要在网页搜索城市口号关键词才能找到该城市的口号,这样不利于城市品牌的推广。

口号是品牌识别的一个基本组成部分,若不使用,营销人员会失去一个建立品牌形象的重要工具。城市口号作为城市传播关键要素需要在传播媒介中合理应用,向潜在游客传达信息、唤起情感、形成态度、诱发行动,从而达成目的地吸引游客的目标。因此,各个城市品牌需要在品牌推广的营销活动中合理使用城市口号,尤其在最先开始的营销活动中。

8.6 研究局限与展望

本文所使用的研究变量主要来自国外学者的过往研究,由于不同语言和地区文化之间存在差异,一些口号背后的含义难以识别与获取。例如,"最忆是杭州"这一口号出自唐代白居易的《忆江南词三首》——"江南忆,最忆是杭州",通过诗词婉转地表现出杭州的魅力。因此在后续研究中可以考虑通过文化特色对中国城市口号进行分析,同时本文在分析时主要关注口号所呈现的整体特征,且对口号定位中的变量进行衡量时研究人员主观因素的判断难以避免,需要在未来的研究中加入更多的客观特征对口号进行多维度分析。此外,本文是基于口号作为更广泛的品牌和营销策略的一部分进行的内容分析,后续可以根据口号的作用对其如何适应品牌战略和目的地营销并在其中发挥作用进行更深入的探讨。

参考文献

[1] AAKER D A. Building strong brands[M]. New York: Simon and Schuster, 2012.

[2] AAKER D A. Building strong brands[M]. Simon and Schuster, 2012.

[3] BASSOLS N. Branding and promoting a country amidst a long-term conflict: The case of Colombia[J]. Journal of Destination Marketing & Management, 2016, 5(4): 314-324.

[4] BRADLEY S D, MEEDS R. Surface-structure transformations and advertising slogans: The case for moderate syntactic complexity[J]. Psychology & Marketing, 2002, 19(7-8): 595-619.

[5] CHON K S. The role of destination image in tourism: A review and discussion[J]. The Tourist Review, 1990, 45(2): 2-9.

[6] CORDER C. Adimpact—a multi-media advertising effectiveness-measurement method[J]. Managerial and Decision Economics, 1986, 7(4): 243-247.

[7] DASS M, KOHLI C, KUMAR P, et al. A study of the antecedents of slogan liking[J]. Journal of Business Research, 2014, 67(12): 2504-2511.

[8] DINNIE K. Contingent self-definition and amorphous regions: A dynamic approach to place brand architecture[J]. Marketing Theory, 2018, 18(1): 31-53.

[9] DINNIE K. Nation branding: Concepts, issues, practice[M]. London: Routledge, 2015.

[10] DONAIRE J A, GALí ESPELT N. Eslóganes turísticos: Un análisis de los eslóganes de los destinos catalanes[J]. Boletín de la Asociación de Geográfos Españoles, 2012(60): 521-533.

[11] ECHTNER C M, RITCHIE J B. The meaning and measurement of destination image[J]. Journal of Tourism Studies, 1991, 2(2): 2-12.

[12] FILKUKOVá P, KLEMPE S H. Rhyme as reason in commercial and social

advertising[J]. Scandinavian Journal of Psychology, 2013, 54(5): 423-431.

[13] FUCHS C, DIAMANTOPOULOS A. Evaluating the effectiveness of brand-positioning strategies from a consumer erspective[J]. European Journal of Marketing, 2010, 44(11): 1763-1786.

[14] GALí N, CAMPRUBí R, DONAIRE J A. Analysing tourism slogans in top tourism destinations[J]. Journal of Destination Marketing & Management, 2017, 6(3): 243-251.

[15] GARDNER B B, LEVY S J. The product and the brand[J]. Sidney J. Levy und Dennis W. Rook (Hg.): Brands, consumers, symbols, & research. Sidney J. Levy on marketing. Thousand Oaks, Calif: Sage Publications, 1999, 3(10): 131-141.

[16] GARRIDO LORA M. La publicidad turística en Andalucía (2002-2005): Andalucía sólo hay una. La tuya vs. Andalucía te quiere[J]. Questiones Publicitarias: Revista Internacional de Comunicacióny Publicidad, 2005, 1(10): 77-97.

[17] GARRIDO LORA M, REY J, RAMOS-SERRANO M. Evolucióny desarrollo del eslogan publicitario: Tercer análisis[J]. Pensar la Publicidad: Revista Internacional de Investigaciones Publicitarias, 2012, 6(2): 407-426.

[18] GARRIDO M, RAMOS M. La evolución del eslogan en la publicidad gráfi ca española[J]. Trípodos, 2006, 6(3): 183-193.

[19] KASSARJIAN H H. Content analysis in consumer research[J]. Journal of Consumer Research, 1977, 4(1): 8-18.

[20] KAVARATZIS M. From city marketing to city branding: Towards a theoretical framework for developing city brands[J]. Place Branding, 2004, 1(1): 58-73.

[21] KELLER K L. Conceptualizing, measuring, and managing customer-based brand equity[J]. Journal of Marketing, 1993, 57(1): 1-22.

[22] KELLER K L, PARAMESWARAN M, JACOB I. Strategic brand management: Building, measuring, and managing brand equity[M]. New York: Pearson Education India, 2011.

[23] KIM H-B, LEE S. Impacts of city personality and image on revisit intention[J]. International Journal of Tourism Cities, 2015, 1(1): 50-69.

［24］KLENOSKY D B, GITELSON R E. Characteristics of effective tourism promotion slogans［J］. Annals of Tourism Research, 1997, 24(1): 235-238.

［25］KOHLI C, LEUTHESSER L, SURI R. Got slogan? Guidelines for creating effective slogans［J］. Business Horizons, 2007, 50(5): 415-422.

［26］KOHLI C, THOMAS S, SURI R. Are you in good hands? Slogan recall: What really matters［J］. Journal of Advertising Research, 2013, 53(1): 31-42.

［27］KOLBE R H, BURNETT M S. Content-analysis research: An examination of applications with directives for improving research reliability and objectivity［J］. Journal of Consumer Research, 1991, 18(2): 243-250.

［28］LAGERWERF L. Deliberate ambiguity in slogans: Recognition and appreciation［J］. Document design, 2002, 3(3): 244-260.

［29］LEE G, CAI L A, O'LEARY J T. WWW. Branding. States. US: An analysis of brand-building elements in the US state tourism websites［J］. Tourism Management, 2006, 27(5): 815-828.

［30］LEHTO X Y, LEE G, ISMAIL J. Measuring congruence of affective images of destinations and their slogans［J］. International Journal of Tourism Research, 2014, 16(3): 250-260.

［31］LI Q, HUANG Z J, CHRISTIANSON K. Visual attention toward tourism photographs with text: An eye-tracking study［J］. Tourism Management, 2016 (54): 243-258.

［32］LOURENçãO M, GIRALDI J D M E, DE OLIVEIRA J H C. Destination advertisement semiotic signs: Analysing tourists' visual attention and perceived ad effectiveness［J］. Annals of Tourism Research, 2020(84): 103001.

［33］LOURO M J, CUNHA P V. Brand management paradigms［J］. Journal of Marketing Management, 2001, 17(7-8): 849-875.

［34］LUNA D, LERMAN D, PERACCHIO L A. Structural constraints in code-switched advertising［J］. Journal of Consumer Research, 2005, 32(3): 416-423.

［35］MAHAJAN V, WIND Y. Got emotional product positioning?［J］. Marketing Management, 2002, 11(3): 36.

［36］MARTíNEZ E O, ANTóN P M, CAMPOS L R. El eslogan en el sector turístico español［J］. Cuadernos de Turismo, 2006(17): 127-146.

[37] MENERO E M O. Marcas turísticasy territorio. Un análisis geográfico del turismo valenciano[J]. Cuadernos de Turismo, 2002(9): 85-102.

[38] MOLIAN D. "I am a doughnut": Lessons for the sloganeer[J]. European Business Journal, 1993, 5(2): 40.

[39] MORGAN N, PRITCHARD A, PIGGOTT R. New Zealand, 100% pure. The creation of a powerful niche destination brand[J]. Journal of Brand Management, 2002, 9(4): 335-354.

[40] MORGAN N, PRITCHARD A, PRIDE R. Destination branding[M]. London: Routledge, 2007.

[41] PATTERSON M. Re-appraising the concept of brand image[J]. Journal of Brand Management, 1999, 6(6): 409-426.

[42] PIKE S. Destination brand positioning slogans-towards the development of a set of accountability criteria[J]. Acta Turistica, 2004, 16(2): 102-124.

[43] PIKE S, RYAN C. Destination positioning analysis through a comparison of cognitive, affective, and conative perceptions[J]. Journal of Travel Research, 2004, 42(4): 333-342.

[44] PLUMMER J T. How personality makes a difference[J]. Journal of Advertising Research, 1985, 24(6): 27-31.

[45] SIDELINGER R J, MCCROSKEY J C. Communication correlates of teacher clarity in the college classroom[J]. Communication Research Reports, 1997, 14(1): 1-10. [46] SIMOLA J, KUISMA J, KAAKINEN J K. Attention, memory and preference for direct and indirect print advertisements[J]. Journal of Business Research, 2020(111): 249-261.

[47] SLATER M D, ROUNER D. Entertainment—education and elaboration likelihood: Understanding the processing of narrative persuasion [J]. Communication Theory, 2002, 12(2): 173-191.

[48] STERNBERG R J, LUBART T I. The concept of creativity: Prospects and paradigms[J]. Handbook of Creativity, 1999, 1(3-15).

[49] SUPPHELLEN M, NYGAARDSVIK I. Testing country brand slogans: Conceptual development and empirical illustration of a simple normative model[J]. Journal of Brand Management, 2002, 9(4): 385-395.

[50] TSAUR S-H, LIAO Y-L, TSAI C-F. Analyzing the important implica-

tions of tourismmarketing slogans and logos in Asia Pacific nations[J]. Asia Pacific Journal of Tourism Research, 2020, 25(4): 355-368.

[51] WARD S.Selling places: The marketing and promotion of towns and cities 1850-2000[M]. Routledge, 2005.

[52] 董皓.旅游目的地品牌推广口号的语言学构成分析——以省域及重点旅游城市为例[J].人文地理, 2013, 28(2): 148-153.

[53] 吴耀宇.新媒体在江苏入境旅游市场营销中的应用及趋势[J].旅游学刊, 2018, 33(4): 3-5.

[54] 许加彪, 王博.城市形象主题口号的话语修辞与品牌营销研究[J].现代传播: 中国传媒大学学报, 2019(1): 5.